코기토 총서

세계사상의 고전

코기토 총서 047
세계사상의 고전

시학

아리스토텔레스 지음 | 이상인 옮김

도서출판 길

옮긴이 **이상인**(李相仁)은 1962년 전북 군산에서 태어나 연세대 철학과를 졸업했다. 같은 대학교 대학원을 졸업한 뒤, 독일 마인츠 대학과 마르부르크 대학에서 고전문헌학과 철학을 연구했다. 마르부르크 대학에서 박사학위를 받았으며, 현재 연세대 철학과 교수로 있다.

저서로 『"메논"에서의 상기: 형상에 따른 지식 매개의 가능성과 방법에 대한 플라톤의 고찰』(*Anamnests im Menon. Platons Überlegungen zu Möglichkeit und Methode eines den Ideen gemässen Wissenseruerbes*)(독일어 출간)과 『플라톤과 유럽 전통』(이제이북스, 2006), 『진리와 논박: 플라톤과 파르메니데스』(도서출판 길, 2011)가 있으며, 역서와 편역서로는 『메논』(플라톤, 이제이북스, 2009/아카넷, 2019), 『고대와 근대의 논쟁들: 문제로 읽는 서양철학사』(아르보가스트 슈미트, 도서출판 길, 2017) 등이 있다.

코기토 총서 047
세계사상의 고전

시학

2023년 11월 10일 제1판 제1쇄 인쇄
2023년 11월 20일 제1판 제1쇄 발행

지은이 | 아리스토텔레스
옮긴이 | 이상인
펴낸이 | 박우정

펴낸곳 | 도서출판 길
주소 | 06032 서울 강남구 도산대로 25길 16 우리빌딩 201호
전화 | 02) 595-3153 팩스 | 02) 595-3165
등록 | 1997년 6월 17일 제113호

ISBN: 978-89-6445-272-1 93100

인류 최초의 문학 이론서 『시학』을 저술한 아리스토텔레스
그는 시(詩)에 대한 철학적 분석을 통해 시와 철학이 불화를 겪던 당대에 새롭게 시와 철학을 융합하고 '문학'이라는 학문의 새로운 분야를 개척했다(그림: 후세페 데 리베라(Jusepe de Rivera, 1591~1652)의 「아리스토텔레스」(1637)).

고대 그리스를 대표하는 시인들
과학적이고 합리적인 사고로 무장한 철학자들이 등장하기 이전에, 그리스인들은 시를 통해 인생을 배웠으며 극장을 삶의 지혜를 배우는 공간으로 활용했다. 왼쪽부터 시계 방향으로 인간의 행복과 불행을 노래한 서사시인이자 '교육의 지도자'(플라톤) 호메로스와 유명한 3인의 비극시인 소포클레스, 에우리피데스, 아이스퀼로스.

아랍의 아리스토텔레스주의를 주도한 대표적 학자들
이들은 중세 유럽 학자들이 13세기 들어서야 『시학』 번역에 나서는 데 반해, 이미 10세기부터 『시학』을 연구했다. 이들의 공통점은 『시학』에 대한 주석서를 썼다는 것, 『시학』을 전 학문체계에 배치하는 것에서 『시학』 해석의 출발점을 찾았다는 것, 그리고 『시학』을 안드로니코스가 '오르가논'으로 편집한 논리학적 저술에 속하는 것으로 간주했다는 것이다. 왼쪽부터 시계 방향으로 알-파라비, 아비켄나, 아베로에스.

미에자(Mieza, 현재의 나오우사[Naoussa] 부근)의 아리스토텔레스 학원 유적
현재 우리에게 전승되고 있는 아리스토텔레스의 저술들은 '에소테리코이 로고이'(esōterikoi logoi), 즉 대중에게 읽힐 목적으로 쓰인 것이 아니라 강의를 준비하기 위해 작성된 일종의 강의록과 뤼케이온에서의 연구와 교육을 위해 아리스토텔레스가 수집한 자료들이다.

베니네 가네로(Benigne Gagneraux, 1756~95)의 「자식들을 신에게 의탁하는 눈먼 오이디푸스」(1784)
아리스토텔레스는 『시학』에서 완벽한 비극이 어떻게 구성되어야 하는지를 소포클레스의 비극 『오이디푸스 왕』을 통해 명쾌하게 설명하고 있다.

해제 : 아리스토텔레스의 『시학』, 인류 최초의 문학 이론서

1. 아리스토텔레스의 생애

아리스토텔레스는 기원전 384년 마케도니아의 스타게이로스라는 작은 도시에서 태어났다. 아버지 니코마코스는 궁정 의사였으며, 아리스토텔레스는 어린 시절을 궁정에서 보냈다. 의사들의 조직이었던 아스클레피아다이는 전통적으로 자식들에게 해부 훈련을 시켰다. 아리스토텔레스도 어려서부터 해부 수련을 받았을 텐데, 이는 그가 생물학적 탐구에 몰두하는 계기가 되었을 것이다.

  17세가 되던 해인 기원전 367년에 그는 아테나이로 유학을 떠났다. 거기에는 당대 최고의 학자 플라톤(Platon)이 있었기 때문이다. 아카데메이아에 도착했을 때, 플라톤의 나이는 이미 60세였다. 노(老)스승은 이탈리아 시켈리아 여행으로 인해 부재중이었다. 아카데메이아의 입구에는 '기하학에 무지한 자는 누구도 들어오지 말라'고 쓰인 현판이 있었다. 이 글귀를 보고 자연과학적 기질의 아리스토텔레스는 반신반의하는 마음을 품었을 것 같다. 그래도 기부금에 의해 운영된 기숙사에서 별문제 없이 적응기를 보냈다. 그의 주변에는 '이데아론을 추종

한'(Meta., 990b21-22) 동료들이 있었는데, 이들과 교류하면서 수학과 철학에 대한 지식도 쌓아갈 수 있었다. 스승은 부재중이었지만 그는 대중을 위한 플라톤의 저술을 읽었으며, 정치·예술·도덕·수학·자연학·논리학·수사학 등에 대한 당대의 철학적 담론을 광범위하게 익혔다.

소크라테스(Socrates)는 그가 태어나기 15년 전에 이미 세상을 떠났다. 소크라테스 사후, 그가 아카데메이아 입학 때까지 강산이 세 번은 변했을 30여 년이라는 긴 시간이 흘렀다. 소크라테스와 동시대를 살 수 없었고 그에게 직접 사사하지는 못했지만 『소크라테스의 변론』이나 다른 플라톤의 초기 대화편들을 통해, 특히 도덕적 가치에 대한 정의를 귀납적으로 추구한 소크라테스의 철학적 면모를 간접적으로 체험했다. 또한 그는 '판단'(doxa)의 진리와 허위의 경계 자체를 무너뜨리고 그리스의 민주주의가 요구하는 시민을 양성하는 데 치중했던 소피스트들의 급진적인 철학도 익히 경험했으며, 말과 대화의 '논리'를 둘러싼 소피스트와 플라톤의 논쟁을 접하면서 올바른 사고와 타당한 추론의 규칙들을 규명하는 명철한 논리학자로서의 꿈을 키웠다.

플라톤이 시라쿠사이에서 돌아온 후에는 '선에 대하여'라는 강의를 듣고 기록으로 남기기도 했으며, 자연의 학문적 이해를 위해 수학이 본질적이라는 스승의 가르침을 '수학이 아예 철학이 된 것 아닌가'(Meta., 992a32-3)라는 회의적 시선으로 경청하기도 했다.

기원전 347년 플라톤이 세상을 떠났다. 이때 아리스토텔레스의 나이는 37세였으며, 플라톤의 나이는 80세였다. 아테나이에 20년 동안 머물렀던 셈이다. 아카데메이아에서 누구보다 총기 있는 제자로 두각을 나타냈으리라는 것은 그의 학문적 업적을 보면 충분히 짐작할 수 있다. 스승의 총애도 받았을 것이다. 『테아이테토스』에서 플라톤은 퀴레네 출신의 저명한 노(老)수학자 테오도로스 대신에 전도유망한 젊은 수학자 테아이테토스를 소크라테스의 대화 상대자로 선택했다. 『파르메니데스』에서는 소크라테스 대신에 아리스토텔레스라는 젊은이를 논리적 사고 훈련을 위한 파르메니데스의 대화 상대자로 선택한다. 이 젊은이가 우리가 아는 아리스토텔레스라면,[1] 『파르메니데스』의 극적 설정은 아리스토텔레스가 아카데메이아에서 수학했던 동안에 이미 대화와 토론에서 남다른 탁월한 논리적 재능을 입증했음을 보여준다. 실제로 그는 이 시기에 수사학 강의도 하면서 교육자로서의 경력도 쌓을 수 있었는데, 특히 논리학 연구에서 두각을 나타냈다고 한다. 이때 쓰인 대표적 저술이 『토피카』다.[2]

아리스토텔레스 저술을 전체적으로 확인할 수 있는 목록에는 세 가지가 있는데, 그중 하나가 디오게네스 라에르티오스의 것이다. 그의 목록은 총 147개의 저술을 포함하고 있고, 첫 19개 저술은 대화의 형식으로 쓰인 것으로 주제도 플라톤 대화편들의 주제와 많은 부분 일치한다.[3] 아리스토텔레스가 시간이 흐르면서 점차 플라톤의 그늘에서 벗어나 이른바 '형상에 대한 견해'에 대해 비판적 태도를 보였다고 하더라도, 대화편으로 쓰인 이 저술들은 적어도 이 시기에 플라톤 철학을 배우고 익히는 과정에서 쓰였을 것으로 추정된다.[4]

플라톤 사후에 아카데메이아의 제2대 원장으로 플라톤의 여동생 아들인 스페우시포스가 결정되었다. 마케도니아 출신인 아리스토텔레스에게는 그의 온화한 성품과 무관하게 유쾌한 일은 아니었을 것이다. 아리스토텔레스는 20년을 체류했던 아테나이를 떠났다. 아카데메이아에

---

1 양태범(2015), 「『파르메니데스』편의 도입부에 나타난 플라톤의 극적인 배경설정의 철학적 함의에 관한 연구」, 『철학논집』 41, 133ff. 참조.
2 이재현(2017), 「아리스토텔레스의 저작과 그의 철학」, 『철학연구』 144, 295 참조.
3 디오게네스 라에르티오스/김주일, 김인곤, 김재홍, 이정호 옮김(2021), 『유명한 철학자들의 생애와 사상 1/2』, 나남, 5. 22-27.
4 W. D. 로스/김진성 옮김(2011), 『아리스토텔레스』, 누멘, 27f.

서 동문 수학한 헤르메이아스의 초청으로 아소스로 가서 3년을 머물렀으며, 이때 첫 번째 아내인 피티아스를 만났다. 기원전 345년 그는 다시 아소스 건너편에 있는 레스보스섬의 뮈틸레네로 갔다. 그의 학문적 동지인 그곳 출신의 테오프라스토스의 권유 때문이었다. 아소스와 레스보스섬에 체류했던 이 시기는 무엇보다도 수학적 탐구에 치중한 아카데메이아의 학풍에서 벗어나 동식물에 관한 방대한 자료들을 수집하고 분류하면서 생물학적 탐구에 몰두했던 시기였다. 생물의 생식과 번식에 대한 그의 통찰은 모든 시대를 뛰어넘어 지금까지 유효한 것으로 여겨진다.

기원전 343년에는 마케도니아의 왕 필리포스의 요청으로 당시 13세였던 알렉산드로스 대왕의 교육을 맡았다. 그러던 중 기원전 339년에 아카데메이아의 제2대 원장이었던 스페우시포스가 세상을 떠나 제3대 원장 자리가 초미의 관심사가 되었다. 아리스토텔레스 역시 후계자 중 한 사람으로 지목되었겠지만 투표로 결국 크세노크라테스가 선출되었다. 아카데메이아의 역사와 관련해 '클레오파트라의 코'에 대한 파스칼의 이야기가 떠오르는 대목이다. 제2대 원장 선임 때 아리스토텔레스는 아테나이를 떠났다. 그가 이 직을 얼마나 간절히 원했는지는 확인할 길이 없지만, 그는 다시 한 번 상처를 받았을 것이다. 그런데 이번에는 사정이 달랐다. 그는 아테나이를 떠난 것이 아니라 아테나이로 다시 돌아왔다. 기원전 336년 필리포스가 세상을 떠나자 20세의 알렉산드로스가 왕위를 물려받았다. 따라서 아리스토텔레스는 더는 그의 곁에 머물 필요가 없었다. 아테나이로 돌아와 그는 아카데메이아로 복귀하지 않았다. 이번에는 아예 자신의 학교를 설립했다. 이 학교가 '뤼케이온'이다. 거기서 그는 학생들에게 윤리학, 정치학, 시학 등 철학 전반을 가르쳤다. 풍부한 필사본과 지도, 해부도를 갖춘 도서관도 세웠다. 기원전 323년에 정치적 문제로 칼키스로 돌아가 이듬해 생을 마칠 때까지 이곳에서 12년 동안 강의와 저술에 몰두했으며, 과학자이자 철학자로서의 위대한 명성을 쌓았다.

2. 아리스토텔레스 저술의 전승과 분류

아리스토텔레스의 저술에는 세 종류가 있다. 하나는 '내부 저술'을 의미하는 이른바 '에소테리코이 로고이'(esōterikoi logoi)다. 대중에게 읽힐 목적으로 쓰인 것이 아니라 강의를 준비하기 위해 작성된 일종의 강의록이었으며, 학파 내부적으로만 사용되었다. 다른 하나는 '외부 저술'을 의미하는 이른바 '엑소테리코이 로고이'(exōterikoi logoi)다. 학파 외부에 공개된 대중 교육용 저술들로서 플라톤을 모방해 대화 형식으로 쓴 대화편들이다. 끝으로 뤼케이온에서의 연구와 교육을 위해 아리스토텔레스가 수집한 자료들이다.

아쉽게도 대중을 대상으로 쓴 대화편들은 우리에게 전해지지 않는다. 이들은 후대의 저술목록을 통해 그 제목만을 확인할 수 있을 뿐이며, 그 내용은 일부 단편을 통해 부분적으로만 알 수 있다. 우리가 현재 읽을 수 있는 형태로 현존하는 것은 뤼케이온 시절에 작성된 강의록('에소테리코이 로고이')과 일부 자료집이 전부다. 대화편이 전부 소실되고 강의록이 오늘날 우리가 알고 있는 '아리스토텔레스 전집'으로 전승되는 과정은 한 편의 소설을 방불케 한다.

아리스토텔레스 전집의 기원을 거슬러 올라가면 우리는 가장 먼저 1831~70년까지 총 5권으로 출판된 '아리스토텔레스 총서'(*Aristotelis Opera Omnia*) 중에서 1831년 독일의 고전문헌학자 이마누엘 베커(Immanuel Bekker)가 편집해 총서의 첫 두 권으로 출간한 아리스토텔레스의 그리스어 전집(Aristoteles Graece)을 만날 수 있다. 아리스토텔레스의 저술에 대한 인용의 기준이 되는 이른바 '베커의 쪽수 표기'(Bekker

Pagination)는 베커가 편집한 이 판본의 쪽수를 따른 것이다. 베커는 당시까지 전승된 102개의 방대한 사본을 정리해 아리스토텔레스 전집을 총 46권으로 편찬했으며, 이들을 5개 학문 영역별로 분류했다. 가장 앞에는 학문의 '도구'(Organon)에 해당하는 논리학적 저술, 다음으로 순서에 따라 자연학, 제1철학(형이상학), 윤리학과 정치학, 그리고 수사학과 시학의 저술이 배치되었다.

학문 영역에 따른 이러한 저술 분류는 베커 자신에 의해 처음 시도된 것은 아니다. 베커 판본 이전에 베커 판본만큼 완전한 체계를 갖추지 못했지만 '아리스토텔레스 총서'로 인정받을 수 있는 전집본이 존재했다. 고전 문예 부흥을 기치로 내세운 르네상스 휴머니즘에 동참한 학자이자 교육자면서 알디네(Aldine)라는 자신의 출판사를 직접 운영하기도 했던 알두스 마누티우스(Aldus Manutius, 약 1449/1452~1515)는 아리스토텔레스 전집을 1495년부터 1498년까지 4년에 걸쳐 차례로 편집해 출판했다.[5] 이 전집은 필사하지 않고 활자로 인쇄한 최초의 아리스토텔레스 전집이기도 하다. 마누티우스는 1495년에 먼저 『오르가논』을 내놓고 이어서 1497년에 『자연철학』과 『형이상학, 역학, 문제들, 그리고 테오프라스토스의 식물학적 저술들』을, 그리고 1498년에는 『도덕철학』을 차례로 출판했다. 『수사학』과 『시학』은 이 전집에 포함되지 않았다. 이것들은 1508년부터 2년에 걸쳐 총 2권으로 출판된 『그리스의 수사학자들』에 실려 있다. 마누티우스가 수사학과 시학에 어떤 위상을 부여했으며, 어떤 이유로 그것들을 처음에 전집에서 누락시켰고 왜 시학을 수사학적 저술에 배속시켰는지는 명확히 알 수 없다. 하지만 베커의 저술 분류가 아리스토텔레스 저술을 5개 영역으로 구분해 편찬

---

5 마틴 로리/심정훈 옮김(2020), 『알두스 마누티우스: 세계를 편집한 최초의 출판인』, 도서출판 길, 206.

한 마누티우스의 판본에 기초한 것임은 거의 확실시된다.

그렇다면 문제는, 마누티우스의 인쇄본이 기준으로 삼은 판본은 무엇인가. 마누티우스는 아리스토텔레스의 저술을 논리학, 자연학, 형이상학, 윤리학·정치학, 수사학·시학의 5개 학문 영역으로 대별하는 방식을 분명히 이전 편집 전통으로부터 물려받았을 것이다. 그런데 중세에도 많은 필사본이 로마나 아랍에 전승되었고 발견되었지만, 우리가 아는 한 전집류는 없다. 따라서 기원전 시기의 고대 그리스로까지 더 거슬러 올라가 아리스토텔레스 사후에 그의 저술들이 어떻게 보관되고 후대로 전승되어 마누티우스와 베커의 판본에 이르게 되었는지를 전체적으로 조망할 필요가 있다.

베커의 아리스토텔레스 전집을 통해 아리스토텔레스 작품을 읽는 사람이라면 누구나 아리스토텔레스 자신이 베커가 편집한 것과 같은 방식으로 계획적으로 저술했으며, 그와 같은 체계적 가르침이 아리스토텔레스 사후 지금까지 2400여 년 동안 지속되었던 것이라고 생각할 것이다. 하지만 우리가 가지고 있는 그의 저술은 일부 자료집을 제외하고는 강의 노트들이 전부이며, 여기에는 아리스토텔레스 자신이 직접 편찬했다고 하는 것들도 있지만 대부분 후대에 정리되고 한 권의 책으로 편찬된 것들이다.[6] 매우 방대한 자료를 수집했다고 해서 누구나 분산된 강의록을 하나의 책으로 편찬하고 이런 책들을 적절한 기준에 따라 배치한 전집을 만들어낼 수는 없다. 따라서 베커와 마누티우스가 존재했다면, 그들 이전에 강의 자료를 수집하는 것을 넘어 아리스토텔레스의 전체적인 철학적 기획에 대한 충분한 이해를 바탕으로 아리스토텔레스 저술들에 대한 마누티우스와 베커의 체계적 편찬을 가능하게 했던 사람이 있어야 한다. 그 사람이 바로 기원전 1세기에 살았던 것으

---

6 이재현(2017), 295 참조.

로 알려진 로도스 출신의 안드로니코스(Andronikos ho Rhodios)다. 뤼케이온의 제11대 원장이었다는 것 정도 외에는 그의 생애에 대해 알려진 바가 거의 없다. 대화편이나 강의록 같은 아리스토텔레스의 저술이 이 사람에게 흘러 들어가 전집의 형태로 완성되고 베커에게까지 다다르게 된 것은 어떻게 보면 기적과도 같은 일이다.

10여 년 동안 뤼케이온에서 강의와 저술에 몰두한 이후 아리스토텔레스는 기원전 322년에 죽음을 맞이했다. 테오프라스토스(Theophrastos, 기원전 371?~기원전 287)는 뤼케이온의 제2대 원장으로 취임하면서 아리스토텔레스의 저술 원고들을 물려받았다. 그리고 테오프라스토스가 세상을 떠나자, 그의 유언에 따라 아리스토텔레스와 테오프라스토스의 저작들은 노년의 넬레오스에게 상속되었다. 그는 아리스토텔레스의 공개 저작인 대화편들과 비공개 강의 원고 모두를 물려받았을 것이다.[7] 넬레오스는 '엑소테리코이 로고이'를 이집트의 프톨레마이오스 2세 (기원전 309~기원전 246) 치하에서 장서를 수집하던 알렉산드리아 도서관에 팔았던 것으로 보이며, 나머지 '에소테리코이 로고이'만을 그의 고향인 소아시아의 스켑시스(Skepsis)로 가져갔다. 기원전 48년 알렉산드리아 도서관의 화재로 대화편들은 모두 불타버렸을 것으로 추정된다. 이로써 우리는 아쉽게도 아리스토텔레스의 플라톤적 필체와 담론을 직접 접할 수 없게 되었다. 우리에게 남아 있는 것은 오직 스켑시스에 보관했던 강의 원고들뿐이다. 이것들이나마 온전하게 전승될 수 있었던 데는 넬레오스 사후에 이것들을 물려받은 그의 후손들 덕분이었다. 철학에는 무관심해 아리스토텔레스의 원고를 방치하고 있던 이들은 당시 알렉산드리아 도서관 다음으로 규모가 컸던 페르가모스 도서관에서 책을 수집한다는 소문을 듣고 지하에 감추었다고 한다. 이렇게

---

7 이재현(2017), 298, 각주 21 참조.

200여 년 동안 아리스토텔레스의 소중한 학문적 업적은 보존될 수 있었지만 외부에 공개되지 않은 채 먼지와 습기가 가득 찬 어느 지하실 한쪽에 방치되어 있었다. 아리스토텔레스의 저술을 세상에 내놓기 위해서는 또 한 번의 반전이 필요했다.

기원전 1세기에 아펠리콘(Apellikōn, 기원전 ?~기원전 84?)이라는 그리스인이 있었는데, 그는 아테나이의 부유한 서적 수집가였다. 그는 넬레오스의 후손으로부터 아리스토텔레스와 테오프라스토스의 저작을 구입해 아테나이로 가져와 결함투성이였던 사본을 복원해 공개했다. 기원전 86년에 로마 장군 술라(Lucius Cornelius Sulla, 기원전 138~기원전 78)는 아테나이를 정복한 이후에 아테나이의 서적들을 약탈해 로마로 가져갔는데, 거기에는 아펠리콘의 장서도 포함되어 있었다. 아리스토텔레스의 강의 원고들은 또 한 번의 극적인 만남을 기다리고 있었다. 아펠리콘의 장서는 당시 전쟁 포로로 로마로 끌려온 그리스의 문법학자 튀란니온(Tyranniōn, 기원전 약 1세기)의 수중에 들어왔는데, 그는 술라가 약탈한 문헌의 정리를 위해 고용된 사람이었다. 그는 거기에 아리스토텔레스의 강의 원고들이 있음을 알아내고는 이를 편찬하는 작업에 착수했으나 끝까지 완성하지는 못했다. 뤼케이온의 강의록을 토대로 아리스토텔레스 전집을 완성해야 할 또 다른 사람이 필요했다. 아리스토텔레스 저작의 전승 과정에서 꼬리를 물고 일어난 반전의 끝을 장식한 사람은 바로 로도스의 안드로니코스였다. 이 사람을 통해 어두운 지하 창고에 쌓여 있던 종이 더미가 우아한 체계를 지닌 한 철학자의 평생의 역작으로 빛을 보게 되었으며, 아리스토텔레스 철학에 대한 본격적인 연구의 계기가 마련되었다. 여기까지가 주로 스트라본(Strabōn, 기원전 64/63~기원후 24)과 플루타르코스(Plutarchos, 46?~119?)가 전하는 이야기다.

문제는 안드로니코스가 편찬했다고 하는 이 아리스토텔레스 전집의 실체를 확인할 방법이 없다는 것이다. 안드로니코스가 어떻게 각각의 저술을 편찬하고 주제별로 분류했는지, 그가 편찬한 전집이 어떤 과정을 통해 어떤 식으로 후대에 전승되었는지, 그의 전집이 실제로 마누티우스와 베커의 전집으로 계승되었는지를 우리는 직접적으로 알 수 없다. 그런데 다행히 한 저술목록의 발견과 더불어 우리는 안드로니코스 전집의 원래 모습이나 편찬 방식에 대해 간접적으로나마 조금 더 정확히 알 수 있게 되었다. 그 저술목록은 아랍인들이 '이방인 프톨레마이오스'(Ptolemaios al-Gharib)라고 불렀던 한 철학자가 작성한 것으로 보이는데, 그는 대략 300년 전후에 활동했던 신플라톤주의자로 추정된다.[8] 그는 친구 갈루스의 요청에 따라 그리스어로 『아리스토텔레스의 생애』를 썼다. 그리스어 원본은 소실되었지만, 이 책에 포함된 그의—갈루스를 위해 쓴—서문과 아리스토텔레스 저술목록을 아랍어로 번역한 것이 1940년대에 이스탄불에서 발견되었다. 이 목록에는 총 105개의 저술명이 기록되어 있다. 103번 저술은 안드로니코스가 찾아낸 20편의 편지와 기타 메모를 모아놓은 것이었다. 그는 또한 갈루스를 위해 쓴 서문에서 아리스토텔레스의 저술목록이 이미 로도스의 안드로니코스에 의해 작성되었으며, 그의 목록이 자신의 목록보다 더 많은 자료를 포함하고 있다고 고백한다.[9]

프톨레마이오스의 목록이 안드로니코스의 목록을 완벽하게 재현하고 있지는 않지만 적어도 그가 안드로니코스의 편집본을 참조했다는

---

8 이 사람이 누구인가에 대한 여러 견해들을 종합적으로 검토하는 논문으로는 G. Dietze-Mager(2015), "Aristoteles-Viten und Schriftenkatalog des Ptolemaios im Licht der Überlieferung", *Studi Classici e Orientali* 61, 127ff. 참조.

9 I. Düring(1971), "Ptolemy's *Vita Aristotelis* Rediscovered." In: *Philomathes. Studies and Essays in the Humanities in Memory of Philip Merlan*, edited by Palmer, Robert B. and Hamerton-Kelly, Robert, 266ff. 참조.

것만큼은 분명하다.[10] 게다가 29번 저작부터 55번 저작까지 총 26개 저술은 베커 총서의 저작과 거의 일치한다. 이것은 안드로니코스 전집과 베커 전집의 관계를 이해하는 데 매우 중요하다. 프톨레마이오스는 이 26개 저술을 논리학(29~34번), 윤리학과 정치학(35~37번), 수사학과 시학(38~39번), 자연학(40~54번), 그리고 형이상학('자연학 차서次書', 55번)의 순서로 배치하고 있다. 가장 먼저 나오는 것은 논리학적 저술에 속하는 『범주론』(29번)이며, 가장 마지막에 배치되는 것은 제1철학 또는 형이상학으로 불리는 '자연학 차서'(55번)다. 물론 프톨레마이오스는 베커처럼 5개 영역을 명시적으로 구분한 뒤 각 영역에 이 저술들을 배치한 것은 아니다. 그리고 저술들을 배치하는 순서와 관련해서도 그는 논리학, 자연학, 형이상학, 윤리학·정치학, 수사학·시학 순으로 배열하는 베커와 다르다. 하지만 저술들을 자의적으로 뒤섞지 않고 주요 영역별로 구분해 배치한 점은 베커의 편집 원칙과 전적으로 일치한다. 이는 한편으로 프톨레마이오스가 목록을 작성할 때 참고했던 안드로니코스 전집부터 주제별·학문별 분류가 어떤 식으로든 이루어져 있었다는 점을 시사하며, 다른 한편으로는 마누티우스와 베커의 편찬 전통이 안드로니코스 전집을 충실하게 계승하고 있다는 점을 보여준다. 안드로니코스는 사고의 도구로서 '오르가논'에 해당하는 논리학적 저술을 맨 처음 배치하고 그중에서도 『범주론』을 가장 앞자리에 위치시키는 편찬 전통을 만들어낸 사람이다. 특히 그는 여러 편의 소논문을 '자연학 차서'를 의미하는 '형이상학'이란 하나의 저술로 편집한 사람으로 오늘날 일반적으로 받아들여지고 있다.

그렇다면 문제는 안드로니코스가 각 저술을 편찬하는 것을 넘어 그

---

10 L. Taran & D. Gutas(2012), *Aristotle Poetics, Editio Maior of the Greek Text with Historical Introductions and Philosophical Commentaries*, Leiden/Boston, 16-17 참조.

것들을 학문 영역별로 분류할 때 무엇에 근거했는가다. 아리스토텔레스의 필사된 강의 원고들을 광범위하게 수집하면서 200여 년 동안 먼지가 쌓여 글자도 희미해진 필사본을 비판적으로 읽어내는 것을 넘어 흩어진 자료들을 통일적 저술로 편찬하고 다수 저술을 학문 분야별로 체계적으로 분류했다는 것은 안드로니코스가 아리스토텔레스에 대해 방대하면서도 매우 전문적인 지식을 가지고 있다는 점을 방증한다. 따라서 안드로니코스가 아리스토텔레스 자신이 다양한 학문을 그 특성에 따라 분류하는 방식을 고려하지 않고 논리학, 자연학, 형이상학, 윤리학·정치학, 수사학·시학의 5개 영역으로 분류했다고는 상상하기 힘들다. 물론 헬레니즘 시대의 논리학, 자연학, 윤리학의 일반적 분류법이 안드로니코스에게 아무런 영향을 끼치지 않았다고 단언할 수는 없다. 그렇다고 해도 아리스토텔레스 전집의 편찬자가 아리스토텔레스 자신의 학문 분류법보다 다른 어떤 것을 우선으로 고려했다고 보기는 힘들다.

3. 아리스토텔레스의 학문 분류: '테오리아', '프락시스', '포이에시스'

아리스토텔레스의 학문 분류는 인간에게 주어진 삶의 잠재적 가능성을 훌륭하고 탁월하게 실현하는 데 필수적으로 요구되는 인간 고유의 활동들에 대한 분석에 기초하고 있다. 아리스토텔레스는 인간이 이성에 기반해 펼치는 다양한 활동을 그 목적과 대상에 따라 크게 세 종류, 즉 '테오리아'(Theōria), '프락시스'(Praxis), '포이에시스'(Poiēsis)로 나눈다 (*Meta.*, 1025b25, *EN*, 1139a21ff.).

훌륭한 삶의 영위를 위해 요구되는 인간의 합리적 활동에는 첫째로 테오리아, 즉 관조하는 이론적 인식이 있다. '관찰하다', '보다'를 의미하는 '테오레인'(theōrein)에서 파생한 '테오리아'는 마치 올림피아 경기장에서 선수로 직접 뛰지 않고 경기를 관람자로서 경기장 밖에서 관찰하는 것과 같은 활동으로, 세상에서 한 걸음 물러나 이성 고유의 자유로운 시선으로 세상을 바라보는 관조적 인식 활동을 가리킨다. 관람자는 경기에서 얻을 승리의 보상으로 주어지는 명예를 위해 경기에 참가하는 선수도 아니고, 경기장에서 돈을 벌기 위해 먹을 것을 파는 장사꾼도 아니다. 관람자는 경기 자체를 바라보는 자이고, 그러한 바라봄 자체를 즐기는 자다. 진정한 키타라 연주자는 연주하는 활동 자체를 위해 연주하고 연주 자체를 즐기는 사람이지, 그 연주 활동이 가져다주는 명예나 이익을 위해 연주하는 사람이 아니다.[11] 테오리아도 관람자나 연주자의 활동과 비슷하다. 보이는 것을 보는 것 자체를 위해 관조하는 활동처럼 테오리아는 인식을 통해 얻을 수 있는—부나 명예 같은—결과가 아니라 오로지 인식이 주는 즐거움 자체를 목표로 하여 인식을 오직 그 자체를 위해 추구하는 비목적적이고 이론적인(theōretikos) 활동이다. 이런 의미에서 테오리아의 원리는 테오리아를 수행하는 자 속에 있다고 할 수 없다. 테오리아는 인간이 자신의 개인적 목적을 실현하기 위해 수행하는 활동이 아니기 때문이다. 따라서 테오리아는 '테오레인'하는 인간의 주관적 필요에 의해 움직이는 것들이 아니라 "자체 안에 운동의 원리들을 가지고 있는 것들"(Meta., 1064a15-16)을 대상으로 한다. 여기에는 일차적으로 자연의 사물들이 속한다. 물론 테오리아는 항상 다른 것으로 변화하는 자연적 사물을 그것의 개별적인 측면에서(kath ekaston) 인식하는 '감각'이나 '경험' 같은 것은 아니다. 테오리아는 달리 될 수 없는 자연적 사물의 보편적(katholou) 원리와 원인에 대한 학문적 인식이다. 그러므로 테오리아가 대상으로 삼는 자연적 실체는 정확히 말하면 정의 가능한 질료의 형상적 본질('무엇')(Meta., 1026a4)

---

11 아르보가스트 슈미트/이상인 옮김(2017), 『고대와 근대의 논쟁들: 문제로 읽는 서양철학사』, 도서출판 길, 278 참조.

이나 육체의 형상으로서 영혼(*Meta.*, 1026a5-6)이다. 운동의 원리를 (운동의 관찰자가 아니라) 자체 속에 지니는 자연적 사물 외에도 테오리아의 대상에는 부동적이고 분리 가능한 수학적 대상, 분리 가능하고 부동적인 신학적 대상이 있다(*Meta.*, 1026a16). 결과나 유용성과 무관하게 있는 것들 중 가장 존귀한 것, 즉 영원한 보편적 원인들에 대한 테오리아를 추구하는 탐구를 아리스토텔레스는 통칭해 '이론적 철학'(theoretikē philosophia), '이론적 학문'(theoretikē epistēmē)으로 불렀으며, 여기에 자연학, 수학, 제1철학 또는 신학을 포함했다(*Meta.*, 1026a19, 1064b1-3).

둘째로 프락시스, 즉 행위가 있다. 아리스토텔레스에게 한 인간이 하는 모든 행동이 행위로 불리지는 않는다. 아무 의도 없이 무심코 하는 행동이나 타인의 강요로 어쩔 수 없이 하는 행동은 온전한 의미의 행위라 할 수 없다. 행동의 단초와 원인이 행동하는 자 자신에게 있을 때(*EN*, 1110a1f.), 즉 그 자신의 합리적 숙고와 선택으로부터 자발적으로 발생할 때 임의의 행동은 비로소 행위가 된다. 지적 판단과 확고한 성격적 품성 상태 없이는 어떤 선택도 없고, 어떤 선택도 없으면 어떤 행위도 없다(*EN*, 1139a31-35). 무엇인가를 자발적으로 선택할 수 있는 능력은 사유와 사려와 특정한 성격으로부터 비로소 생기기 때문이다. 행위와 선택은 아리스토텔레스에게 단적으로 같은 것이다(*Meta.*, 1025b24). 이런 의미에서 동물과 어린이는 원칙적으로 행위하지 않고 오직 경험과 어느 정도 성격적 성숙을 갖춘 인간만이 행위한다고 말할 수 있다.[12] 이처럼 행위는 언제나 행위자의 주관적 관심으로부터 발생하고 행위자가 욕구하는 주관적 쾌와 선의 실현을 목적으로 이루어진다. 그런 의미에서 이론적 인식으로서의 테오리아와 달리, 합리적 선택으로서의 프락시스는 목적적이고 그 원리는 행위하는 사람 자체 안에

---

12 아르보가스트 슈미트/이상인 옮김(2017), 144, 각주 15 참조.

있어야 한다(*Meta.*, 1064a13-15). 이와 같이 인간이 쾌와 선을 현실적으로 욕구하고 실제 행위를 통해 개인으로서나 공동체의 일원으로서 행복을 성취할 수 있는 제반 조건을 다루는 학문이 '실천적 학문'(praktikē epistēmē)이다. 여기에는 대표적으로 윤리학과 정치학이 속한다.

마지막으로 포이에시스, 즉 제작이 있다. 행위와 마찬가지로 제작 활동도 목적적이다. 제작자는 자신의 주관적 필요와 선을 실현하기 위해 아직 있지 않은 것을 있게 만들며, 그런 의미에서 제작의 원리 역시 제작자 안에 있다(*EN*, 1139b1-2, *Meta.*, 1064a11-12). 하지만 주관적 선을 실현하는 방식에서 제작은 행위와 다르다. 잘 행위하는 것은 올바른 이성을 가지고 올바르게 욕구하는 행위자의 실천적 품성 상태로부터 내적으로 실현되지만, 잘 제작하기 위해 제작자는 제작의 성공적 구현에 필요한 외적 조건들에 주목해야 한다.[13] 가령 비와 눈과 바람으로부터 보호할 수 있는 안식처의 확보라는 주관적 선과 필요는 전적으로 집의 제작자에 달려 있지만, 집을 제작하는 목적의 현실적 실현은 건축 자재의 선별이나 배치 등과 같은 객관적 조건들의 충족에 달려 있다. 삶에 필요한 것들의 제작과 관련된 학문이 제작적 학문(poiētikē epistēmē)이며, 여기에는 건축술, 직조술, 제화술, 제과술 등이 속한다(*Meta.*, 1164b20-21).

아리스토텔레스는 학문을 이처럼 테오리아(이론적 인식), 프락시스(실천적 행위), 포이에시스(실용적 제작)라는 인간 정신의 세 가지 근본 활동의 대상과 목적에 따라 크게 이론적 학문, 실천적 학문, 제작적 학문으로 구분한다. 안드로니코스의 저술 편집과 분류의 가장 기본적인 척도도 이러한 아리스토텔레스의 학문 3분법이었을 것이다. 그는 이론적 학문에 속하는 것으로서 일차적으로 자연학에 속하는 일군의 저술을 순서

---

13 A. Schmitt(2008), *Aristoteles, Poetik. Übersetzt und Erläutert von*, Berlin, 94 참조.

에 따라 배치한 다음, 제1철학 또는 신학에 속하는 강의록들을 모아 '자연학 차서'란 제목의 단권으로 편집했을 것이며, 끝으로 실천적 학문에 윤리학과 정치학의 저술을 배치했을 것이다. 그렇다면 문제는 '오르가논'이다. 이 저술군은 아리스토텔레스가 분류한 세 종류의 학문 어디에도 속하지 않는 것처럼 보인다. 안드로니코스는 논리학이 마치 하나의 독립된 학문 영역인 것처럼 일군의 논리학적 저술을 '오르가논'으로 묶어 편찬하지만, 아리스토텔레스는 앞서 말한 세 학문 영역 외에 제4의 영역에 대해서는 어떤 언급도 하지 않기 때문이다.

'논리학'(logikē)이란 명칭은 고대 후기 신플라톤주의자들이 아리스토텔레스를 주석할 무렵, 아프로디시아스의 알렉산드로스(Alexandros ho Aphrodisieus, 2세기에 활동한 페리파토스 학파의 철학자)에 의해 처음 사용되었다.[14] 아리스토텔레스 자신은 그의 대표적인 논리학적 저술을 다른 이름으로 불렀다. 유클리드는 정의와 공리와 요청 같은 도형의 근본 원리에 대한 분석(analysis)으로서 그의 논증학에 '[기하학의] 원리들'(stoicheiai)이라는 명칭을 붙였으며, 아리스토텔레스도 유사하게 논증적 사유의 보편적 원리에 대한 분석으로서 그의 논증학(apodeiktikē)에 '분석학'(analytika)이라는 명칭을 붙였다.[15] 알렉산드로스는 아리스토텔레스적 의미의 '분석학'을 'logikē'로 통칭했다. 그는 단순히 명제들 상호 간의 가능한 형식적 관계에 대한 탐구만을 떠올리면서 이 명칭을 생각해내지는 않았을 것이다. 'logikē'는 글자 그대로 '이성학'을 의미한다. 이 말은 그가 논증의 규칙에 대한 아리스토텔레스의 형식적 분석을 다름 아닌 이성 자체에 의해 이성 자체를 대상으로 수행되는 작업으로 이해했다는 것이다. 알렉산드로스에게 '분석학'이란 이성의 올

---

14 W. D. Ross(2011), 43; 아리스토텔레스/김재홍 옮김(2017), 『정치학』, 도서출판
    길, 673.
15 W. D. Ross(2011), 43.

바른 사용을 위해 이성이 자신의 활동 자체를 대상으로 자신의 사유의 형식과 원리를 분석적으로 탐구하는 일종의 '이성의 학문'이었던 셈이다.[16] 그렇다면 'logikē'가 논증의 보편적 규칙에 대한 인식을 다른 부수적 결과가 아니라 오직 그 자체를 위해 추구하는 인간 이성의 활동 영역, 즉 테오리아에 속한다는 것은 분명하다.[17] 디오게네스 라에르티오스가 모든 학문의 도구로서 논리학을 자연학과 같은 유형의 학문으로 여긴 것도[18] (자연의 보편적 원인을 이성적으로 탐구하는) 자연학과 마찬가지로 논리학이 (사유의 보편적 원인에 대한) 이성의 테오리아이기 때문이며, 안드로니코스가 논리학을 모든 학문과 기술의 보편적 도구로 간주한 것도 그것이 모든 학문과 기술이 공통으로 사용하고 공통으로 전제하는 이성의 가장 보편적인 테오리아이기 때문이다. 이런 측면에서 이성의 자기 인식적이고 자기 분석적인 탐구로서의 논리학은 '이론적 학문'으로 분류될 수밖에 없으며, 이성의 '오르가논'으로서 논리학은 이성의 활용을 수반하는 모든 학문이나 기술을 배우기에 앞서 가장 먼저 학습되어야 할 예비학에 배치되어야 한다.

논리학의 이러한 '이론적' 특성은 논리학이 제작적 학문이나 실천적 학문과 어떻게 다른지를 생각해보면 더 분명해진다. 논리학이 다루는 타당한 추론과 부당한 추론은 행위가 행위자를, 그리고 제작이 제작자를 원리로 포함하듯이 논리학의 연구자를 포함하지 않는다. 행위자가 달리 될 수 있는 것을 행하고 제작자는 존재할 수도 있고 존재하지 않을 수도 있는 것을 제작할 수 있지만(EN, 1140a12-13), 논리학 연구자는 상황에 따라 존재하지 않을 수 있고 달리 될 수 있는 추론의 원리를

16 Alfarabi(2001), *Philosophy of Plato and Aristotle*, trans., *with an introduction by Mushin Mahdi*, rev. ed., New York, 81-84 참조.
17 A. Schmitt(2008), 94.
18 디오게네스 라에르티오스/김주일, 김인곤, 김재홍, 이정호 옮김(2021), 5. 28.

추구하지 않는다. 추론의 원리 자체는 달리 될 수 없고, 그런 한 논리학은 비록 자연적·수학적·신학적 실체 자체를 직접 고찰하지 않더라도, 이런 대상들을 이론적으로 인식할 때 이성이 반드시 준수해야 할 불변적이고 필연적이면서 보편적인 추론 법칙에 대한 인식을 추구한다. 따라서 논리학을 어떤 유형의 학문에 속하는지를 말하기 위해 인간의 세 가지 근본적 활동을 제외한 제4의 활동을 찾을 필요는 없다. 논리학이 이성의 테오리아에 속한다면, 그것이 이론적 학문에 속한다고 말하는 것이 맞다. 이런 측면에서 안드로니코스의 저술 분류와 아리스토텔레스의 학문 분류는 일치한다. 논리학('오르가논')과 자연학, 수학과 신학은 이론적 학문에, 그리고 윤리학과 정치학은 의심할 여지 없이 실천적 학문에 속한다.

그러면 마지막으로 남는 것은 수사학, 그리고 우리가 지금 여기서 관심을 두는 시학이다. 아리스토텔레스는 수사학과 마찬가지로 시학이 어떤 학문 영역에 속하는지에 대해 직접 언급하지 않는다. 따라서 안드로니코스 자신이 시학을 어떤 학문 분야에 배치했는지도 우리로서는 알 수 없다. 아리스토텔레스에게 시학은 어떤 종류의 학문인가? 제작적 학문인가, 실천적 학문인가, 아니면 이론적 학문인가?

4. '이론적 학문'으로서의 시학

시에 대한 아리스토텔레스의 저술에는 두 개가 있다. 하나는 『시학』이라는 학파 내부용 저술('에소테리코이 로고이')이며, 다른 하나는 디오게네스의 저술목록에 포함된 대중 공개용 저술('엑소테리코이 로고이')인 『시인에 대하여』다. 전자는 학파 내부적으로 사용된 아리스토텔레스의 강의 교재이며, 후자는 외부에 공개된 초기 대화편으로 그 이름만 알려져 있다. 『시학』이 비극과 서사시를 주로 다루는 제1권과 희극을 독립적으로 다루는 제2권으로 쓰였다는 주장도 있지만,[19] 어쨌든 현재 제2권은 전해지지 않는다. 그러면 아리스토텔레스와 안드로니코스는 과연 시에 대한 탐구를 인간의 어떤 활동에 배속시켰을까? 포이에시스인가, 프락시스인가, 아니면 테오리아인가?

일반적으로 시는 포이에시스, 즉 제작적 활동과 관련되고 시학은 제작적 학문에 속한다고 알려져 있다. 이런 생각은 '제작하다'를 의미하는 '포이에인'(poiein)으로부터 '포이에티케'(poiētikē)가 파생되었다는 사실에 기초해 있다.[20] 하지만 아리스토텔레스는 어디에서도 제작적 활동에 속하는 학문의 예로 수사학은 물론 시학을 거론한 적이 없다. 이를 모르는 아리스토텔레스 연구자는 없다. 하지만 그래도 시학이 이론적 학문이나 실천적 학문에 속하지 않는다는 것이 자명하다고 생각하기 때문에, 그리고 아리스토텔레스도 제4의 학문 영역을 따로 정립하지 않았기 때문에 어원적 기원에 근거해 시학을 통상적으로 제작적 학문에 배속해왔다. 가령 반즈도 시학이 어디에 속하는지에 대해 아리스토텔레스가 '상대적으로 …… 거의 말하지 않았다'[21]는 단서를 달면서도 시학을 여전히 제작적 학문에 속하는 것으로 분류한다.

상식적으로 시학을 건축술과 나란히 어떤 실용적 기술이나 학문에 배치하는 것은 받아들이기 어렵다. 시인이 쓰는 시집과 건축가가 짓는 집이 같은 탐구 영역에 속한다고도 할 수 없으며, 건축술의 달인이 되는 원리와 시 창작의 달인이 되는 원리가 같을 수 없기 때문이다. 아리스토텔레스 자신도 '제작하다', '만든다'를 의미하는 동사 '포이에인'을

---

19 움베르토 에코가 『장미의 이름』에서 실존한 것으로 추정한 『시학』 제2권의 실재 가능성에 대한 상세한 논의로는 김헌(2010), 「아리스토텔레스의 『시학』 제2권의 실재 가능성에 관한 문헌학적 연구」, 『서양고전학연구』 41, 89-121 참조.
20 가령, 조나단 반즈/문계석 옮김(1989), 『아리스토텔레스의 철학』, 서광사, 51 참조.
21 조나단 반즈/문계석 옮김(1989), 51.

운율과 결부해 '서사시인'이나 '비가시인'으로 부르는 것은 시인이 추구하는 근본적 활동으로서 모방에 기초한 것이 아님을 분명히 밝힘으로써(1447b13f.) '포이에티케'가 단순히 '포이에인'이라는 단어에서 유래했다는 사실에 근거해 '시학'을 '제작학'으로 규정하지 않도록 암묵적으로 주의를 주고 있다. 그러므로 아리스토텔레스의 모든 저술에서 우리가 『시학』이 제작학에 속한다는 언급을 발견할 수 없는 것은 아쉬운 일이라기보다는 어찌 보면 당연한 일이다. '포이에티케'를 종종 '시 창작술'이나 '시 제작술'로 번역하는데, 이 번역도 적절하다고 할 수 없다.[22] 섣부른 번역에 앞서 먼저 우리가 잠정적으로 '시학'으로 번역하고 있는 '페리 포이에티케스'(Peri poiētikēs)가 철학자 아리스토텔레스에게 어떤 책인지를 정확히 이해할 필요가 있다.

아리스토텔레스 이전에 이미 위대한 그리스 시인은 많았다. 인간의 행복과 불행을 노래한 서사시인 호메로스와 유명한 3인의 비극시인이 있었으며, 내면에서 분출되는 감정을 리라의 음악적 선율에 실어 노래한 서정시인도 있었다. 이들 모두 시인이었다. 그들은 시에 대해 연구한 사람들이 아니라 직접 시를 썼던 사람들이었다. 그리스인들은 이들의 시를 통해 인생을 배웠으며, 극장을 삶의 지혜를 배우는 공간으로 활용했다. 플라톤도 『국가』에서 호메로스를 "교육의 지도자"(600a9)로 말하면서 "헬라스를 교육했으며 인간사의 경영 및 교육과 관련해 그에게서 배우고 그[의 가르침]를 따라 자신의 온 생애를 설계해 살아가는 데 받들어 모실 만한 가치가 있는"(606e1-5) 사람이었다고 전한다.

기원전 7세기에 그리스의 변방으로부터 새로운 방식으로 지혜를 추구했던 일단의 지성인이 등장했다. 퓌타고라스 또는 플라톤은 이들이

---

22 사무엘 헨리 부처/김진성 옮김(2014), 『아리스토텔레스의 창작예술론』, 세창출판사, 5-6 비교.

추구했던 새로운 형식의 탐구를 지칭하기 위해 처음으로 '지혜의 사랑'을 의미하는 '철학'(philosophia)이란 용어를 만들어냈다고 한다. 시인이 문학적 상상력과 음악적 선율로 세상과 삶의 이치를 설파했던 그리스에, 과학적이고 합리적인 사고로 무장한 철학자 집단이 등장하면서 시나 신화가 전통적으로 누렸던 영예는 새로운 도전에 직면할 수밖에 없었다. 문화를 주도하는 지적 힘이 시에서 철학으로 급격히 이동하던 이런 시대적 상황을 플라톤은 『국가』에서 '시와 철학 사이의 불화의 시작'으로 묘사했으며(607b), 『소크라테스의 변론』에서는 이러한 불화를 시인의 반지성을 비판하는 철학자 소크라테스에 대한 시인들의 집단적 공격을 통해 간접적으로 조명했다(19bf.).

소크라테스와 플라톤은 철학적 지혜를 여전히 시의 운율에 맞춰 노래한 엠페도클레스나 파르메니데스보다 더 급진적으로 철학의 편에서 시인과는 다른 길을 걸었다. 시를 철폐하고 시를 철학으로 대체하기 위한 것은 아니었다. 사실 철학이 학문 주도권을 장악하기 이전이나 이후에도 그리스와 로마에는 위대한 시인들이 있었으며, 시의 역사는 단절 없이 계속 이어졌다. 아테나이의 철학자들은 스스로 시인이기를 원하지 않았다. 시인으로서 지혜의 전통적 교육자가 되기보다는 철학자로서 지혜의 새로운 전형을 구축하면서 새 시대의 개척자가 되기를 원했다. 소크라테스와 플라톤의 만남에 대한 유명한 일화가 있다. 소크라테스의 제자가 되고 싶은 플라톤은 소크라테스가 말과 행위로 보여준 지혜의 전형을 따르기 위해 '소크라테스가 하는 말을 듣고는 써두었던 시를 불태'웠다고 한다.[23] 일종의 절필 선언이다. 지나치게 확대 해석할 필요는 없다. 플라톤을 예술의 가치를 드높인 아리스토텔레스와 대비해 시의 무용(無用)과 완전한 종식을 선언한 자로, '지금까지 유럽이 배

---

23 디오게네스 라에르티오스/김주일, 김인곤, 김재홍, 이정호 옮김(2021), 3. 5.

출한 가장 위대한 예술의 적(敵)'[24]이라 말할 필요도 없다. 시를 시인으로서 제작하고 창작하는 사람이 아니라 시를 관조하는 철학자로서 시 밖에서 바라보고 구경하는 '관람자'가 되겠다는 것이 플라톤의 진짜 뜻이었다.

철학이 만학(萬學)의 여왕으로 학문의 패권을 차지했던 시기(특히 기원전 5세기~기원전 4세기)에 철학은 거의 모든 주제를 탐구 대상으로 삼을 수 있게 되었다. 그리스 철학은 정치, 학문, 도덕, 자연, 예술, 역사, 언어 등에 대해 질문하기 시작했으며, 이후 유럽에서 다양한 개별 학문이 탄생하는 계기를 마련했다. 시 역시 철학이 탐구하는 수많은 주제 가운데 하나였을 뿐이며, 철학의 이론적 분석의 수많은 대상 가운데 하나였을 뿐이다. 소크라테스는 시인이 공언하는 지혜의 실체를 공개적으로 폭로했으며, 플라톤은 『국가』 제10권에서 예술로서의 시가 지향해야 할 모방의 최선과 차선의 형식을 비판적으로 분석했다.

아리스토텔레스도 플라톤의 이러한 분석적 태도를 이어받았다. 아리스토텔레스 역시 시를 창작하는 법을 가르치는 대신에 예술로서의 시의 본질을 철학적으로 분석하는 데 집중했다. 아리스토텔레스는 뤼케이온에서의 『시학』 강의를 통해 그의 제자들을 훌륭한 시인으로 육성하고자 하지는 않았다. 그는 제자들을 시 고유의 숭고한 목표와 인간학적 가치에 대한 인식으로 안내하고자 했다. 그의 『시학』은 시인의 관점에서 시의 제작의 원리를 밝히는 '시 제작론' 또는 '시 창작론'보다는 철학자의 관점에서 시의 본질을 천착하는 '시 분석론'에 가깝다.

물론 시가 '포이에시스'(제작)와 전적으로 무관하다고 할 수는 없다. 시는 인간의 행위에 대한 모방이다. 모방 역시 무엇인가를 생산하는 활

---

24 F. Nietzsche(1968), *Zur Geneologie der Moral*, in: ders., *Werke. Kritische Gesamt-ausgabe* hrsg. von G. Colli und M. Montinari, VI. 2, Berlin, 420.

동이며, 시는 모방을 통해 실제로 많은 다양한 유형의 인물과 그들의 행위를 만들고 제작한다. 하지만 제작의 대상은 현실에 실제로 존재하는 것이다. 우리가 벽돌과 나무를 가지고 짓는 집은 우리가 실제로 사는 집이다. 그런데 시가 모방하고 생산하는 인물은 현존하는 사람이 아니라 언어에 의해 묘사되고 무대 위에서 행위하는 가상적 인물이다. 메넬라오스가 현실에서는 스파르타의 왕이라 해도 무대 위에서의 메넬라오스는 가공의 인물이고 가능적으로 존재하는 인물, 즉 현실 속에서 실제로 존재할 수 있는 가능성만을 지닌 인물이다. 제작술이 현실 속에 존재하는 것을 제작하는 능력이라면, 시는 현실 속에 존재하지 않는 것을 제작하는 능력이다. 우리가 극장에 가는 것도 어떤 것을 실제로 제작하고 생산하는 법을 배우기 위해서는 아니다. 비록 비극 배우가 무대 위에서 호미를 만드는 과정을 연기하더라도 호미를 만드는 법을 배우기 위해 극장에 갔다고 우리는 말하지 않는다. 시인이 행위와 인물을 만들고 제작하는 데는 어떤 실용적이고 기술적인 관심도 개입되어 있지 않다.

마찬가지로 우리는 시를 '프락시스'(행위)라고 부르지도 않는다. 물론 '모방'으로서 시에 대한 아리스토텔레스적 규정의 출발점은 시의 대상이 '행위하는 인간'(1448a1), 더 정확히 말하면 '인간의 행위'다. 그런데 시는 행위를 선악의 척도의 관점에서 다루지도 않고 도덕적으로 완벽한 인물의 행위를 겨냥하지도 않는다. 실제로 비극적 인물의 전형을 아리스토텔레스는 '도덕적으로 완벽한 사람'(epieikēs)이 아니라 지선한 사람과 극악한 사람 '중간에 있는 인물'(ho metaxy toutōn), '덕과 정의에서는 특출나지 않아도 악덕과 악의 때문이 아니라 어떤 잘못(hamartia) 때문에 불행에 빠지는 사람'(1453a7f.)에서 찾는다. 에우리피데스의 비극 『히폴뤼토스』에는 파이드라같이 현실 속에서 거의 존재할 것 같지 않은 부도덕한 인물도 등장한다. 그녀의 행위가 시의 대상인 것은 그녀가 가진 '우월한 덕' 때문이 아니라 '의지와 감정의 힘, 행동과 사유의 힘' 때문이다.[25] 아리스토텔레스에게 예술적으로 모방할 가치 있거나 없는 행위가 반드시 도덕적으로 가치 있거나 없는 행위와 일치하지는 않는다. 비극의 주인공이 도덕적으로 완벽한 존재일 필요는 없다. 우리가 극장에 가는 것도 무엇이 옳고 그른지를 판단할 수 있는 능력을 키우기 위해서도, 어떤 도덕적 교훈을 얻기 위해서도 아니다.[26] 따라서 시학이 인간의 행위를 대상으로 삼는다고 해서 그것이 행위의 옳고 그름의 조건과 판단 기준을 탐구하는 실천적 학문에 속한다고 말할 수는 없다.

시학이 실천적 탐구도 아니고 제작적 탐구도 아니라면, 그것은 논리학이나 자연학이나 수학이나 제1철학처럼 이론적 탐구에 속해야 할 것처럼 보인다. 하지만 '이론적 학문'에 대한 아리스토텔레스의 일관된 주장은 시를 이론적 인식을 추구하는 활동의 산물로 간주할 수 없게 만든다. 테오리아는 이성의 사유와 추론의 형식, 자연 사물의 본질, 수와 도형 자체, 존재인 한에서의 존재를 대상으로 추구된다. 이들은 달리 있을 수 없는 것이고 보편적이고 영원한 것이며, 그런 의미에서 이들을 다루는 학문의 원리는 프락시스나 포이에시스에서처럼 대상 자체에 속해 있지 결코 인식하는 자에 있지 않기 때문이다. 테오리아가 필연적이고 엄밀한 반면에, 시학은 항상 달리 될 수 있는 개별적 행위와 관계한다는 점에서 절대로 수학과 자연학이 요구하는 수준의 엄밀성을 견지할 수도 없다. 따라서 시를 이해하고 분석하는 활동을 순수 이론적 인식의 활동, 즉 테오리아로 말하기 어렵다.

『시학』의 전승과 연구의 역사는 사실 2천 년을 훌쩍 뛰어넘는다. 이 긴 기간 동안 『시학』이 제작적 학문에 속한다는 통상적 답변 외에 다른

---

25 사무엘 헨리 부처/김진성 옮김(2014), 145.
26 A. Schmitt(2008), 95.

어떤 주목할 만한 답변도 제시되지 못했다. 시의 본성과 자연적 기원, 그리고 그 문학적 형식에 대한 아리스토텔레스의 상세한 분석이 있음에도 불구하고, 학(學)으로서 시학의 위상이 지금까지 충분히 규정되지 않았다는 것은 장구한 『시학』 연구사를 비추어보면 놀랍기 그지없다. 아리스토텔레스 자신이 시학의 학문적 특성과 위치를 직접 밝히지 않았다는 것을 참작하더라도 말이다.

　다행히 『시학』을 번역하고 주석하고 해석하는 유럽 중심의 전통으로부터 눈을 돌려 중세 스콜라 철학의 발흥과 융성에 지대한 영향을 끼친 아랍 세계의 아리스토텔레스 연구로부터 시학의 학문적 위상을 규정하려는 시도가 비교적 최근에 학계의 많은 주목을 받고 있다.[27] 중세에 이미 『시학』에 대한 여러 라틴어 번역본과 주석본이 있었다. 빌헬름 폰 뫼르베케(Wilhelm von Moerbeke)는 그리스어 문장 구조를 매우 충실히 따르면서도 의도된 실질적 의미를 결코 무시하지 않고 원문에 대한 정확한 이해를 끌어낼 수 있게 번역하라는 토마스 아퀴나스의 요청에 따라 『시학』을 라틴어로 1278년에 번역했는데,[28] 그의 번역본은 두

---

27 가령, O. J. Schrier(1997), "The Syriac and Arabic Versions of Aristotle's Poetics", in: G. Endress u. R. Kruk (Hgg.), *The Ancient Tradition in Christian and Islamic Hellenism. Studies on the Transmission of Greek Philosophy and Sciences dedicated to H. J. Drossaart Lulofs on his ninetieth birthday*, Leiden; D. Gutas(1988), *Avicenna and the Aristotelian Tradition. Introduction to Reading Avicenna's Philosophical Works*, Leiden; S. Kemal(1990), "The Poetics in Avicenna's Commentary", *Oxford Studies in Ancient Philosophy* 8, 173-210, ─(1991a), "Truth and Unity in Ibn Rushd's Poetics", *British Journal for Middle Eastern Studies* 18, 350-357, ─(1991b), *The Poetics of Alfarabi and Avicenna*, Leiden (Islamic Philosophy, Theology and Science 9); S. Stroumsa(1992), "Avicenna's Philosophical Stories: Aristotle's Poetics Reinterpreted", *Arabica* 39, 183-206; T. Ludescher(1996), "The Islamic Roots of the Poetic Syllogism", *College Literature* 23, 93-99; A. Schmitt(2008), 92ff.; G. Schoeler(2013), "The 'Poetic Syllogism' Revisited", *Oriens* 41, 1-26.

28 A. Schmit(2008), 92.

라틴어 필사본(O, T)으로 전승된다. 하지만『시학』전승에서 더 주목할 것은 빌헬름 폰 뫼르베케의 번역이 나오기 이전에 이미 10세기부터 『시학』을 연구했던 아랍 철학자들이다. 알-파라비(al-Farabi), 아비켄나(Avicenna), 아베로에스(Averroes) 등이 아랍의 아리스토텔레스주의를 주도한 대표적 인물들이다. 이 세 사람의 공통점으로는 세 가지가 있다. 하나는 이들 모두『시학』의 주석을 썼다는 것이다.[29] 다른 하나는『시학』을 전 학문체계에 배치하는 것에서『시학』해석의 출발점을 찾았다는 것이며, 마지막은『시학』을 안드로니코스가 '오르가논'으로 편집한 논리학적 저술에 속하는 것으로 간주했다는 것이다.[30]

아랍 주석가들이『시학』을 개념과 명제의 형식을 다루는 일반 논리학의 범주에 귀속시킨 것은 아니다. 만일 그들이 모든 시적 표현과 전개가 엄밀한 삼단논법으로 완벽하게 재구성될 수 있다거나 개별적 시에 적용되는 추론의 규칙을 가르치고자 했다면,『시학』이 논리학에 속한다는 그들의 주장을 진지하게 받아들일 이유는 없다. 안드로니코스가 말하는 '오르가논'은 이성이 자신의 사유를 대상으로 자신의 사유 원리와 규칙을 탐구하는 이성학이다. 이런 관점에서는 '오르가논'에 배속되는 시학도 이성이 인간 행위를 인식하는 자신의 활동을 대상으로 자신의 행위 인식의 논리를 탐구하는 일종의 이성학이다. 그리

---

29 al-Farabi(1937), "Fārābī's Canons of Poetry", ed. and translation by A. J. Arberry, *Rivista degli Studi Orientali* 17, 266-278; Avicenna(1974), *Avicenna's Commentary on the Poetics of Aristotle. A Critical Study with an Annotated Translation of the Text by I. M. Dahiyat*, Leiden, 1974; Averroes(1977), *Averroës' Three Short Commentaries on Aristotle's Topics, Rhetoric, and Poetics. Ed. and Translated by Ch. E. Butterworth*, Albany (N. Y.) (Studies in Islamic Philosophy and Science), ─(2000), *Averroes' Middle Commentary on Aristotle's Poetics. Translation, introduction, and notes by Ch. E. Butterworth*, South Bend.

30 Avicenna(1974), 29-58; Averroes(2000), 14, 49 참조.

스 시에 정통하지 못했던 아랍 주석가들의 『시학』 이해를 전적으로 신뢰할 수는 없다고 하더라도, 그들이 『시학』의 학문적 위치를 어떤 식으로든 아리스토텔레스의 학문 분류에 따라 규정하려 시도하고 『시학』의 저술 목표가 시적 대상에 대한 인식의 논리학을 구축하는 데 놓여 있다는 점을 통찰한 것은 무엇보다도 예술로서의 시의 탄생을 인식('manthanein')을 추구하고 인식을 즐기는 인간의 근본적 능력과 자연적 성향으로부터 설명하는 『시학』 제4장의 언급에 주목하게 한다.

아리스토텔레스는 『시학』 제1장에서 시 예술이 다른 모든 예술과 공유하는 유적 본성을 '모방'에서 찾으면서 "서사시와 비극시, 또한 희극[시]과 디튀람보스시 [같은 시 예술들], 그리고 아울로스 및 키타라 연주술 같은 대부분의 [기악] 예술은 모두 모방이라는 공통점을 갖는다"고 말한다. 제2장에서는 시가 고유하게 모방하는 대상을 '행위하는 인간들'로 특정한 후, 제4장에서는 시 예술의 기원을 인간이 어릴 때부터 자연적으로 수행하고 즐기는 모방에서 찾는다.

아리스토텔레스의 모방은 인간들 사이에서 벌어지는 실제 행위들의 단순한 재현이나 모사에 국한되지 않는다. 사실 '개별적 행위에 대한 모방'이라는 표현은 많은 사람으로 하여금 너무 쉽게 그리고 너무 오랫동안 시 예술을 자연의 모방('ars imitatur naturam')으로, 즉 자연 속에서 발생하는 개별 사건이나 행위를 관찰하는 대로 묘사하고 비슷하게 흉내 내는 활동으로 오해하게 했다. '미메시스'를 이처럼 사실적 재현이나 모사로서 해석하는 것은 『시학』에서의 아리스토텔레스의 언급과 상반되며, 심지어 그것을 심각하게 왜곡한다. 아리스토텔레스는 제4장에서 모방이 '인간이 어릴 때부터 [인식을 추구하는 본성에 따라] 추구하는 자연적 활동'이며, '인간이 다른 동물과 구별되는 것도 인간이 가장 뛰어난 모방능력을 가지고 있으며 모방을 통해 인식의 첫걸음을 내디딘다는 데 있'고, 모방이 주는 즐거움도 '[어떤 것을] 인식하는 것'에서 생기는 지적 쾌감이라 쓰고 있다. 제4장의 이 설명을 모방의 수단, 대상, 방식에 대한 제1장에서 제3장까지의 논의와 결부해보면, 모방은 개별적 행위의 질서와 규칙을 인식하고 다양한 수단과 방식으로 그렇게 인식된 것과 유사한 것을 창출하는 예술적 활동으로 정의된다. 슈미트의 다음과 같은 예시적 설명은 이러한 정의를 이해하는 데 유익하다.[31] "헬레나가 그녀의 이름을 딴 에우리피데스의 비극에서 이집트 왕의 딸 테오도네에게 도움을 청하면서 '아버지의 정의로운 모습을 모방하라'고 말할 때, 그녀는 테오도네가 그녀의 아버지와 정확히 같은 행위들을 해야 한다고 생각하지 않는다. 그녀는 오히려 테오도네의 아버지가 행위를 결정하는 데 사용한 원칙과 기준을 따르도록 그녀에게 요청하는 것이다." 아리스토텔레스가 모방의 예술적 활동을 이처럼 '행위의 원칙과 기준'에 대한 모방자의 인식 활동으로부터 해명하는 것은 『시학』이 인간의 행위와 삶에 대한 시적 인식을 오직 그 자체를 위해 추구하는 인간의 탐구영역에 속하며, 그런 점에서 '테오리아'에 기반한 이성적이고 논리적인 학문의 부류에 속한다는 점을 잘 보여준다.

물론 『시학』이 추구하는 테오리아가 사유와 자연과 존재의 보편적 원리를 엄밀하게 고찰하는 순수 이론철학적 테오리아와 같을 수는 없다. 그래서 아리스토텔레스는 시인이 철학자와 마찬가지로 인식의 즐거움에 참여하지만 철학자와 같은 수준에서 참여하는 것이 아니라는 제한을 둔다(1448b14-15). 시적 테오리아는 어쨌든 인간의 개별적 행위를 대상으로 삼기 때문이다. 어떤 행위가 어떤 사람에 의해 선택되는 방식을 묘사하는 것은 자연에서 물체의 운동이 발생하는 방식이나 특정한 선분 위에 정삼각형이 작도되는 방식과 같을 수는 없다. 후자는

---

31 아르보가스트 슈미트의 미출판 원고 "Mimesis bei Aristoteles"(2023년 출판 예정) 에서 인용. 또한 Euripides, *Helena*, 940f. 참조.

달리 될 수 없는 필연성을 내포하고 있지만, 전자에는 그 어떤 필연성도 없기 때문이다. 하지만 그 어떤 필연성에 따라 측정될 수 없는 개별적 행위에 대해 어떻게 테오리아가 가능한가? 아랍 주석가들처럼 시적 대상에 대한 인식의 학이 가능하다고 어떻게 말할 수 있는가?

이 지점에서 아리스토텔레스는 『시학』의 논의를 한 단계 더 진척시킨다. 그는 개별적 행위라는 테오리아의 대상을 넘어 이 개별적 행위에 대한 테오리아의 조건을 찾으며, 이를 통해 자연 이해의 보편적 원리에 대한 순수 테오리아와 구별되는 시적 테오리아의 특수성과 고유성을 밝힌다.

시적 테오리아가 가능하기 위해서는 인식이 언제나 보편자에 대한 것이어야 한다는(*Meta.*, 1003a14f., 1086b33f.; *Anal. post.*, 73b25ff.) 인식 가능성의 일반적 조건이 충족되어야 한다. 모든 대상은 그 자체로는(per se) 인식될 수 없고 항상 보편적으로 규정 가능하기 때문이다. 그런 점에서 시적 테오리아는, 엄밀히 말하면 단순히 개별적 행위에 대한 것이 아니라 개별적 행위를 특정한 것으로 인식할 수 있게 해주는 보편적 근거에 대한 것이어야 한다. 아리스토텔레스는 이 근거를 행위를 실행하는 사람의 특정한 성질, 즉 '성격'(ēthos)에서 찾는다. 왜냐하면 행위자는 각기 자신의 성격에 따라 필연적으로 어떤 특정한 성질을 가진다는 점에서(1449b37-38) 성격은 행위자의 선택을 분명하게 인식할 수 있도록 하며, 어떤 사람이 무엇을 선호하거나 회피하는지를, 이것이 그의 행위로부터 분명하지 않은 상황에서도 분명하게 인식할 수 있게 하기 때문이다(1450b8-10). 우리는 많은 일을 행하지만 거기에는 우리 자신이, 더 정확히 말하면 우리 자신의 성격이 원인이 되어 행해지지 않는 것도 많다. 아리스토텔레스에게 무엇인가를 선호하거나 회피하는 의지와 욕구를 포함하지 않는 행위는 분명하게 인식될 수 없기 때문에 시의 대상일 수 없다. 모방의 대상은 언제나 성격적으로 유발된 행위여야 하며, 그 행위는 엄격히 한 인간의 보편적 성격 성향으로부터 따라 나오고 그러한 성격 성향을 통해 가능해지는 행위여야 한다. 시가 일종의 테오리아인 것도 시가 개별적 행위를 모방하면서 그 개별적 행위를 근본적으로 이성과 연결되어 있는 성격에 의해 실행된, 그래서 누구의 이성에 의해서도 인식될 수 있는 합리적 선택의 산물로서 모방하기 때문이다.

성격의 보편성은, 자연법칙의 보편성 같은 것은 아니다. 개별적 행위를 모방하는 것은 개별적 행위 속에서 직접적으로 드러나는 성격적 보편성을 인식하는 것이지, 개별자로부터 보편적 원리와 법칙을 추상하고 분리해 인식하는 것이 아니다. 또한 시의 대상으로서 인간 행위는 자연에서 발생하는 사건처럼 필연성을 띨 수 없다. 의붓아들에게 버림받은 파이드라가 그를 향해 복수할 것이라는 사실은 필연적이지 않고 개연적이다. 사랑하는 사람에게 버림받은 사람은 누구나 상대방에게 복수해야만 하는 것은 아니기 때문이다. 그렇다고 복수를 결단하고 실행에 옮기는 파이드라의 행위가 순전히 개연적인 것은 아니다. 파이드라의 행위는 자신의 명예에 상처를 주는 사람에게 항상 그에 상응하는 고통을 주는 것이 정의에 합당한 것임을 마음속에 깊이 간직한 파이드라의 성격적 성향으로부터 나온 것이다. 파이드라가 한 여성으로서 평생에 걸쳐 형성한 그런 보편적 성격에 근거해 행위하는 한, 복수라는 최종적 처방을 내리는 그녀의 개별적 선택과 행위는 필연성의 요소도 지닌다. 시가 주목하는 보편적 성격의 개별적 실현은 필연성과 개연성의 사이 어딘가에 있다. 따라서 아리스토텔레스는 "어떤 성질의 것을 말하거나 행하는 것이 어떤 성질의 사람에게 개연성 또는 필연성에 따라 속한다"(1451b8-9)고 말한다. 이것이 아리스토텔레스가 시적 모방과 인식의 대상으로 말하는 '보편자'의 의미다. 모방이 보편자에 대한 인식을 추구하는 인간의 예술적 활동에 속하는 한, 시는 순수 이론적 학문의 대상으로서 필연적이고 달리 될 수 없는 보편자에 대한 테오리아가 아니라 인간의 개별적 행위를 그 보편적 원인과 근거로부터 그 보편자의 필연적 또는 개연적 실현으로서 포착하는 특수한 형태의 테오리아다.[32]

아리스토텔레스는 시적 테오리아 고유의 특징을 제9장에서 다시 한 번 역사서술과의 차이를 통해 다음과 같이 설명한다.

> "역사가는 일어난 일을 말하고 시인은 일어날 것 같은 일을 말한다. ……
> 따라서 시는 역사서술보다 더 철학적이며 더 위대하다. 시는 보편적인 것
> 을 말하고 역사서술은 개별적인 것을 말하기 때문이다."

시가 모방하는 보편적 성격은 오늘은 이렇게 내일은 저렇게, 어떤 상황에서 이렇게 다른 상황에서 저렇게 매번 다르게 표출되지 않는다. 성격은 개별적 행위를 통해 드러날 때 일반적 규칙성, 즉 '필연성 또는 개연성'을 띤다. 용감한 아킬레우스는 만약 그의 성향을 발휘하는 데 특별한 방해가 없다면 그가 오랜 경험을 통해 내적으로 형성한 성격적 상태에 따라 용감하게 행위할 것이며, 치명적 분노가 그의 정신을 삼킨 상황에서도 평소의 자신에 가깝게 용감한 행위를 할 수 있을 것이다. 또한 성격의 보편성은 한 개인을 넘어 모든 인간이 공유하는 인간의 보편적 본성 같은 것도 아니다. 보편적인 것은 한 개인에 속하는 것이고 한 개인에 오직 그 사람인 한에서, 즉 그의 고유의 성격적 본성으로부터 속하는 것이다. 따라서 시가 주목하는 보편자는 개별자에 내재하는 보편자이며, 한 개인의 행위 속에서 실현되는 성격적 성향이다. 그래서 역사와 시의 차이를 단순히 개별자와 보편자의 차이로 환원해

---

32 A. Schmitt(2008), 92-97 참조.

양자가 다루는 대상의 차이로 이해하는 데는 주의가 필요하다. 역사와 시 모두 개별자, 즉 개별적 인물, 특히 그 인물의 개별적 행위를 다루기 때문이다. 양자의 차이는 '무엇'을 다루느냐보다는 각각의 대상을 '어떻게' 다루느냐에 있다. 개별적 행위를 역사가는 행위자를 둘러싼 외적 조건과 상황으로부터 발생한 것으로 다루는 데 비해, 시인은 성격의 내적 가능성으로부터 발생한 것으로 다룬다. 역사가는 알키비아데스가 어떤 특정한 시대적·정치적·외교적 상황에서, 그리고 어떤 특정한 다른 사람이나 민족과의 관계에서 무엇을 행했고 무엇을 겪었는지를 서술한다. 하지만 '알키비아데스'가 겪고 행한 많은 중요한 역사적 사건에는 그의 고유한 성격이 전혀 원인이 되지 않고 발생한 것도 많다. 따라서 시인은 역사가처럼 알키비아데스가 개별적으로 겪고 행한 것이 아니라 개별적으로 겪고 행한 것이 무엇으로부터 발생했는지에 주목한다. 그래서 시인은 알키비아데스의 특정한 성격에 놓인 선택의 보편적 성향과 가능성으로 거슬러 올라가고 그의 개별적 행위를 성격의 보편성에 근거해 필연적 또는 개연적으로 규정될 수 있는 것으로 묘사한다. 역사나 시 모두 개별적인 것을 대상으로 삼더라도 역사는 개별적인 사건을 말하고 시는 보편적인 성격을 말한다. 아울러 역사는 개인의 행위를 단순히 '일어난 일'로 서술하고 시는 개별적인 것을 오직 그에 내재하는 보편자로부터 필연적 또는 개연적으로 귀결되는 것, 즉 성격적으로 '가능한 일'(dynata)로 묘사한다. 이것이 역사와 시의 차이를 단순히 운율로 환원할 수 없는 이유이자, 시가 역사보다 더 위대한 이유다. 시인이나 역사가나 모두 트로이아 전쟁에서 발발한 역사적 사실을 다룰 수 있지만, 시인은 개별적인 역사적 사실을 시적으로 승화시킨다. 시인이 예술가로서 지닌 이러한 특별한 재능은 수없이 많은 개별적 행위를 목격하면서도 이 행위들 중에서 정확히 행위자가 '이' 인간이고 '다른' 인간이 아니었기 때문에 수행할 수 있었던 것을 선별할 수 있으며, 그렇게 선별된 행위들을 특정한 성격적 성향 속에서 행해질 수 있는 것으로 보편적으로 인식할 수 있는 '철학적' 안목의 소유에 있다. 철학에 비견되는 시의 예술적 위대성은 다름 아닌 개별적 행위를 '가능한 일'로 구성하기 위해 개인의 행위 속에서 보편자의 인식을 추구하는 이런 '이론적'(theōretikos) 정신의 공적이다. 비록 시학이 수학이나 자연학과는 다른 차원의 대상을 다루고 다른 종류의 테오리아를 추구한다고 하더라도, 아리스토텔레스가 이 책에서 제시한 시적 테오리아에 대한 체계적 분석은 정당하게 '시 예술에 대한 학문적 고찰'로 평가될 수 있으며, 이 책의 제목도 그런 이유로 '시학'으로 옮겼다.[33]

물론 '시학'을 논리적이고 이론적인 학문으로 구축하려는 아리스토텔레스의 기획은 행위의 자연적 원인과 근거인 성격의 보편성에 대한 분석에서 끝나지 않는다. 성격은 인간의 행위를 인식하는 전제 조건이지만, 시적 인식의 궁극적 대상은 성격이 아니라 성격으로부터 필연적 또는 개연적으로 발생하는 행위이고 행위를 통해 결과하는 인간의 행복과 불행이기 때문이다. 아리스토텔레스의 말처럼 어떤 특정한 성질의 인간이 어떤 특정한 행위를 하는 것은 그의 어떤 특정한 성격에 의해서지만, 그의 행복과 불행은 오직 그의 행위에 달려 있다(1450a16-18). 그리고 무대 위의 배우들은 성격을 모방하기 위해 행위를 모방하지 않고 행위를 모방하기 위해 성격을 끌어들일 뿐이다(1450a20-21). 시가 모방하는 것은 일차적으로 행위이며, 특히 각각의 인간의 보편적

---

33 이 책의 원 제목은 'peri poiētikēs (scil. technēs)'다. 'technē'는 어떤 실용적 기술을 표현하기보다는 순수 기술(fine art), 즉 예술에 가깝다(사무엘 헨리 부처/김진성 옮김(2014), 19 참조). 예술에는 여러 형태가 있지만, 그 가운데 한 형태로서 아리스토텔레스가 여기서 집중적으로 다루는 것이 시 예술(poiētikē technē)이다. 이 책의 제목인 'peri poiētikēs (scil. technēs)'는 글자 그대로 '시 예술에 관하여'를 뜻한다. 나는 '시 예술에 관한 이론적·학문적 탐구(theōrēma)'라는 의미에서 '시학'으로 옮겼다.

성격으로부터 일어날 것으로 예상되는 행위다. 따라서 인식과 인식의 즐거움을 지향하는 모방 시학은 '행위'를 모방하는, 즉 인식에 적합하게 논리적으로 조직하는 '구성'(mythos)에서 최종적으로 완성된다.

구성을 통한 행위의 조직에서 아리스토텔레스가 가장 강조하는 것은 행위의 통일성이다. 구성은 단지 개별적 행위들이 어떻게 발생했는지를 시간 순서에 따라 병렬해서는 안 된다. 구성은 어떻게 "이 행위는 필연적으로 또는 개연적으로 저 행위 다음에 [그 결과로서] 발생"(1454a35-36)하는지가 분명하게 인식되도록 조직되어야 하며, 최초에 '이 행위'가 왜 발생했고 행위자의 이 선택이 어떤 행위들로 이어지며 행위자가 마지막에 어떤 결말을 맞게 되는지의 전체 과정을 '하나의 행위', '하나의 이야기'로 조직해야 한다(§7). 또한 구성은 단순히 행위하는 인간의 단일성으로부터 행위의 통일성을 성취해서도 안 된다(§8). 특정한 성격을 지닌 '한 사람'에 의해 수없이 많은 행위가 이루어진다고 해서 그로부터 '하나의 구성', '하나의 행위'가 생기는 것은 아니기 때문이다 (1451a16-19). 이처럼 구성은 특정한 성격의 한 인간으로부터 나오는 가능한 행위들이 필연적 또는 개연적으로 서로 연결된 채 전체가 항상 동일한 전체로서 유지되고 그 어떤 부분도 누락되거나 추가되거나 교환될 수 없도록 '하나의 행위 전체에 대한 모방'이어야 한다(1451a32). 하나의 행위 전체에 첨가하든 거기에서 빼든 간에, 구성의 통일성과 전체성을 구현하는 데 아무 영향도 주지 않는 부분은 하나의 전체의 부분이라고 할 수 없기 때문이다. 더 나아가 구성은 행위의 통일적 전개에 대한 인식을 가능하게 함으로써 그에 적합한 예술적 쾌감을 산출해야 한다. 따라서 구성은 운명의 변화를 보여주는 복잡한 구조를 가져야 한다(§10). 이를 위해 반전과 발견뿐만 아니라 고통을 포함하고 있어야 하며(§11), '중간적 인물'이 '중대한 잘못' 때문에 불행에 빠지는 구조를 가져야 한다(§13).

아리스토텔레스의 『시학』은 시 예술이 행위의 모방이라는 일반적 규정으로부터 출발해 모방을 일종의 인식으로 해석하고 시적 인식의 가능성을 행위의 자연적 원인인 보편적 성격을 통해 정초한다. 그런 다음에 마침내 하나의 행위를 이루는 부분행위들의 논리적 조직에 관한 학, 즉 행위의 논리학에서 종결된다. "행위들에 [행위 전개의 내적 논리를 해치는] 불합리한(alogon) 어떤 것도 있어서는 안 된다"(1454b6-7)는 그의 요구를 보면, 아랍 주석가들이 시학을 논리학에 배치한 것도 그리 놀랄 일은 아니다. 아리스토텔레스에게 시 예술에 대한 탐구는 행위 논리학, 즉 필연성 또는 개연성의 원칙에 따라 다채롭게 펼쳐지는 인간의 삶의 논리학이었기 때문이다.

『시학』은 시를 읽거나 보고 즐기는 대중이 아니라 자연이나 정치나 도덕이나 존재의 원리를 학문적으로 탐구하는 뤼케이온의 수강생을 위해 강의 목적으로 저술된 책이다. 『시학』이 주는 감동은 호메로스의 작품이나 소포클레스의 연극이 주는 감동과는 다르다. 『시학』을 통해 그가 그의 수강생에게 제공하려 한 것은 단순히 '읽을거리'나 '볼거리'가 아니라 '생각거리'였다. 아리스토텔레스는 시의 창작 원리와 비평의 척도뿐만 아니라 인간 행위의 보편적 근거, 인간의 삶에 놓여 있는 필연적 또는 개연적 질서와 법칙, 인간이 마주칠 수밖에 없는 행복과 불행의 원인 등에 대한 시적 성찰과 인식의 깊이를 이해해보도록 뤼케이온의 학생들에게 요구한다. 호메로스의 『오뒤세이아』를 읽고 소포클레스의 비극 한 편을 보는 것이 더 재미있음에도 불구하고 그런 작품들 대신에 『시학』을 읽어야 할 이유는, 아마도 시라는 하나의 문제 영역에 철학의 다양한 분석적 관점을 가지고 깊숙이 침투해가는 그의 이론적 탐구 정신에 있지 않을까 한다. 무용하다는 힐난에도 철학하는 이유는 인식과 배움 자체가 주는 즐거움 때문이다. 시도 마찬가지다. 시를 쓰고 읽고 보는 것도 인식과 배움이 주는—물론 수학이나 철학이 주는 것과는 다른—시 고유의 즐거움 때문이다. 그래서 아리스토텔레스는 시를 역사보다 더 철학적이고 더 위대하고 더 이론적이라고 말하면서 시를 삶의 지혜를 추구하는 인간의 위대한 업적 가운데 하나로 칭송하는 것이다. 아리스토텔레스의 『시학』은 시를 사랑하는 모든 사람이 시를 읽기 전에 왜 시를 읽고, 시를 통해 무엇을 배우고, 시의 고유한 즐거움이 무엇인지를 가르치는 교과서다. 지(知)에 대한 사랑을 표방하는 철학의 입문서로도 훌륭한 작품이다. 아리스토텔레스는 시에 대한 철학적 분석을 통해 시와 철학이 불화를 겪던 그 옛 시절에 새롭게 시와 철학을 융합하고 '문학'이라는 학문의 새로운 분야를 개척했다. 『시학』은 인류 최초의 문학 이론서다.

5. 『시학』의 전체 개요

『시학』은 총 26장으로 구성되어 있다. 논의 전개의 '내용적' 완결성까지는 아니더라도 저술의 처음과 끝은 적어도 저술의 '형식적' 완결성을 보여준다. 아리스토텔레스는 『시학』을 저술 전체의 목표를 제시하는 데서부터 시작한다. 예술의 일종으로서 시는 그 자체로 무엇인가? 무엇이 시를 예술로 만들며, 시가 무용이나 조각이나 회화 등의 예술과 공통으로 추구하는 것은 무엇인가? 시 예술 자체에는 어떤 개별적 종류가 있으며, 각각은 어떤 고유의 기능을 가지고 있고 어떤 부분으로 이루어져 있으며, 그 부분 중 가장 중요한 '구성'은 어떻게 예술적으로 조직되어야 하는가? 그 외에도 시 예술과 관련해 어떤 비판들이 제기되고 또 해결되는가? 아리스토텔레스는 소기의 목표 달성을 다음과 같이 선언하면서 『시학』을 마친다.

"비극과 서사시에 대한 우리의 논의, 즉 그것들 자체, 그 종류와 부분, [부

44

분의] 수와 [부분 사이의] 차이, [작품 구성의] 예술적 탁월성과 열등성에 대한 판단의 근거들, 그리고 반론들과 해결들에 대한 논의는 이 정도로 하자."

아리스토텔레스는 그가 다른 저술에서도 채택한 절차에 따라 '본성적으로 더 앞서는 것'에서 '우리에게 더 앞서는 것'으로, '더 보편적인 것'에서 '더 개별적인 것'으로 논의를 진행한다. 『형이상학』은 "모든 사람은 본성적으로 알고 싶어 한다"(980a1)는 인식을 추구하는 인간 본성에 대한 일반적 규정에서, 『니코마코스 윤리학』은 "모든 기술과 탐구, 그리고 마찬가지로 모든 행위와 선택은 어떤 좋음을 목표로 하는 것 같다"(1094a1f.)는 윤리학의 제1원리에서, 그리고 정치학은 "우리는 모든 폴리스가 어떤 종류의 공동체이고, 모든 공동체는 어떤 좋음을 위해 구성된다는 것을 관찰한다"(1252a1f.)는 공동체적 동물로서 인간의 보편적인 정치적 본성에 대한 기술에서 시작하는 것처럼 『시학』은 저술의 목표를 제시한 후 다음과 같은 일반적 규정에서 시작한다.

"서사시와 비극시, 또한 희극[시]과 디튀람보스시 [같은 시 예술들], 그리고 아울로스 및 키타라 연주술 같은 대부분의 [기악] 예술은 모두 모방이라는 공통점을 갖는다."

이와 같은 시 예술에 대한 일반적 규정으로부터 아리스토텔레스의 논의는 시 예술에 대한 보다 개별적인 규정으로 크게 세 단계에 걸쳐 진행된다.

제1장에서 제5장까지는 모든 예술이 공통으로 전제하는 유(類)를 종차(種差)와 결합해 시 예술에 대한 정의를 제시한 이후, 시 예술의 개별적 종류를 특히 그 역사적 생성과 발전의 측면에서 개괄적으로 다룬다.

제6장에서 제22장까지는 시 예술의 대표적인 한 종류인 비극을 그 자체뿐만 아니라 그 부분들과 관련해 분석하며, 제23장에서 제26장까지는 비극의 출현에 중대한 영향을 주었던 서사시를 비극과의 비교 관점에서 고찰한다.

제1장에서 제5장까지의 논의는 다시 두 부분으로 구분된다.

제1장에서 제3장까지 아리스토텔레스는 시 예술을 유(genus)와 종차(differentia)로 정의한다. 제1장에서는 시 예술이 다른 예술들과 함께 공유하는 유적 본성으로서의 '모방'을 제시하면서 모방의 수단(§1)과 대상(§2), 방식(§3)의 차이를 통해 종차를 밝힌다. 수단과 관련해 서사시나 극시는 필수적으로 언어를 수단으로 사용하는 시 예술로 규정되는데, 특히 서사시는 운율(리듬)을 갖춘 언어를 사용하되 한 가지 운율만을 사용하는 시 예술로, 그리고 극시는 리듬(운율)과 선율을 갖춘 언어를 사용하되 이들 수단을 번갈아 사용하는 시 예술로 규정된다(§1). 시적 모방의 대상은 행위하는 인간이다. 행위자가 어떤 성질의 성격을 형성했는지로부터 행위의 차이가 드러나고 행위의 차이로부터 시 예술의 다양한 형태가 등장한다. 가령 서사시와 비극에서는 성격을 잘 형성한 (우리보다 월등한) 인간이 모방되며, 희극에서는 성격적 결함을 지닌 (우리보다 열등한) 인간이 모방된다(§2). 모방의 방식에는 서술적 묘사와 극적 묘사, 그리고 이 양자를 섞은 혼합적 묘사가 있다. 극적 묘사의 방식을 사용하는 것이 비극과 희극인데, 혼합적 묘사 방식을 사용하는 대표적 예가 호메로스의 서사시다(§3). 이상의 논의로부터 대표적 시 형태인 서사시와 비극과 희극은 최종적으로 다음과 같이 함축적으로 정의될 수 있다. 서사시는 운율을 갖춘 언어를 수단으로 사용하되 오직 한 가지 운율만을 사용해 위대한 인물을 혼합적 방식으로 모방하는 시다. 비극시는 리듬과 선율과 언어를 번갈아 사용하면서 위대한 인물을 극적 방식에 의해 모방하는 시다. 희극시는 리듬과 선율과 언어를 번갈

아 사용해 저급한 인물을 극적 방식으로 모방하는 시다.

　제4~5장에서 아리스토텔레스는 시 예술의 기원과 개별적 형태들의 역사를 간략히 추적한다.

　제4장에서는 시 예술의 발생 원인, 특히 비극의 발전 과정을 기술한다. 모든 시 예술은 근본적으로 인식을 추구하고 즐길 수 있는 인간의 자연적 능력에서 비롯되는데, 이는 누구나 어릴 때부터 모방과 음악을 즐기는 데서 분명히 드러난다. 시 예술은 이러한 능력들을 타고난 자들의 즉흥적 창작에서 시작해 점차 완성된 형태를 갖추어갔다. 초기의 시인은 개인적 성향에 따라 저속한 행위를 모방하는 풍자시의 작가와 위대한 행위를 묘사하는 찬가나 영웅시의 작가로 나뉘었으며, 전자로부터 희극시인이, 후자로부터 비극시인이 등장했다. 즉흥적 창작으로부터 발원한 비극은 배우의 수나 코로스의 역할, 비극의 크기, 구성, 언어적 표현, 운율, 삽화의 수 등과 관련해 변화의 과정을 거쳐 최종적으로 완성되었다. 제5장에서 아리스토텔레스는 희극의 정의와 역사를 간략히 논의하고 비극과 서사시의 공통적 기반과 차이점을 제시한다. 희극은 '악하다'는 의미가 아니라 '우스꽝스럽다', '추악하다'는 의미의 '열등한' 인간들에 대한 모방인데, 구성을 하나의 전체로 조직하면서 서서히 풍자시의 전통에서 벗어나 희극 고유의 체계를 갖추었다. 서사시는 위대한 인물의 모방이라는 점에서 비극과 일치하지만 운율, 모방의 방식, 길이 등에서 비극과 구별된다.

　제6장부터 제22장까지 아리스토텔레스는 비극을 독립적으로 고찰하고 네 단계에 걸쳐 논의를 진행한다.

　제6장에서는 비극 자체와 비극을 이루는 개별적 부분을 규정한다. 제7장부터 제12장까지는 비극의 예술적 구성 조직의 일반적 원칙들을 제시한다. 제13장부터 제18장까지는 실제로 구성을 조직하고 마무리할 때 주목하거나 주의해야 할 세부 원칙들을 구체적으로 다룬다. 마지

막으로 제19장부터 제22장까지는 비극의 가장 핵심 요소인 구성 외에 사유방식과 언어적 표현을 분석한다.

제6장에서 비극은 위대한 행위의, 예술적으로 장식된 언어에 의한, 극적 방식의, 특히 연민과 공포 감정의 정화를 목표로 하는, 그 자체로 완결되어 있고 일정한 크기를 가지고 있는 모방으로 정의된다. 비극의 목표와 임무를 수행하는 데는 여러 요소가 필수적으로 요구된다. 모든 비극에는 우선 (1)(부분)행위들을 하나의 (전체)행위로 결합하는 '구성'(mythos)이 있어야 하며, (2)행위는 특정한 '성격'(ēthos)과 (3)특정한 '사유방식'(dianoia)을 가지고 (4)특정한 언어적 표현(lexis)으로 말하는 인물들에 의해 이루어져야 하며, 그 외에 (5)배우들이 부르는 '노래'(melopoiia)와 (6)관객이 극장에서 보는 '공연'(opsis)도 필요하다. (5)(노래의 음악적 요소)와 (6)(공연의 시각적 요소)은 관객을 사로잡는 데 효과적인 수단이지만, 경연이나 배우 없이도 비극의 효력은 보존되기 때문에 시 예술의 본질적 요소라고 할 수는 없다.

제7장에서 제12장까지는 비극의 영혼이자 비극에서 가장 중요한 요소인 구성을 다루면서 구성을 예술적으로 조직하기 위해 요구되는 조건들을 명시한다.

구성은 처음과 중간과 끝을 가지는 하나의 전체로서 완결되어야 하고 그 크기도 적정해야 한다(§7). 아울러 한 사람의 행위가 아니라 하나의 행위를 모방해야 하고(§8), 행위의 통일성을 성격의 가능성과 보편성으로부터 그것의 구체적이고 개별적인 실현으로서 개연성 또는 필연성의 원칙에 부합하게 이끌어내야 하며(§9), 운명의 변화를 통해 극적 효과를 거둘 수 있도록 복잡해야 하고(§10), 이를 위해 반전과 발견뿐만 아니라 고통을 포함하고 있어야 한다(§11). 마지막으로 양적인 관점에서 구간별로 분류된 공연의 형식에 부합해야 한다.

제13장에서 제18장까지는 최선의 비극적 구성을 조직할 때 준수해

야 할 구체적 실행 원칙과 유의 사항을 제시한다.

연민과 공포라는 비극 고유의 쾌감을 최선의 방식으로 산출하기 위해 구성은 '중간적 인물'이 '중대한 잘못' 때문에 불행에 빠지는 구조를 가져야 하며, 이중적 결말을 가져서는 안 된다(§13). 비극의 감정적 효과는 시각적 수단을 통해서가 아니라 친근한 사람들 사이에서 고통이 수반된 채 발생하는 행위들 자체로부터 산출되어야 한다. 특히 그것은 무지의 상태에서 실행하려고 하지만 실행 직전에 알고서 결국 실행에 옮기지 않는 행위들을 통해 최선의 방식으로 산출될 수 있다(§14). 성격을 묘사할 때는 비극적 인물을 좋고 적합하며 유사하고 일관적인 성격으로 그려야 하는데, 특히 행위를 인물의 특정한 성격으로부터 필연적 또는 개연적으로 발생하도록 그려야 한다. 이때 행위 전개의 내적 논리를 해치는 불합리한 것이 포함되지 않도록 유의해야 한다(§15). 행위들 자체로부터 발생하는 발견이 가장 좋고 추론을 통한 발견이 차선의 것인데, 가능한 한 시인이 자의적으로 고안해낸 행위의 구성에 불필요한 외적 징표나 오류 추론에 의한 발견은 지양해야 한다(§16). 행위 묘사의 일관성을 위해서 시인은 행위의 발생과 진행을 실제 눈앞에서 이루어지는 것처럼 그려야 하며, 행위 묘사의 설득력을 높이기 위해서는 자신이 느끼고 겪은 감정을 쉽게 형상화하고 등장인물의 동작으로 이전할 줄 알아야 한다. 이야기의 전개와 관련해서는 전체 구도를 먼저 잡은 다음에 삽화들을 배치하면서 점차 늘여가는 방식으로 구성을 짜야 하는데, 이때 삽화들이 전체 구도에 부합하도록 유의해야 한다(§17). 모든 비극에는 분규와 해결이 있는데 우리는 양자가 일치되도록 해야 한다. 또한 비극에는 비극의 어떤 부분이 지배적이냐에 따라 네 종류가 있는데, 가능한 한 한 작품에서 이 네 부분 모두 활용하는 것이 가장 좋다. 아울러 비극은 여러 개의 구성을 가진 서사시적 구조를 피하고 하나의 구성을 추구해야 하며, 코로스는 배우 중 하나로 취급해야 한다(§18).

　제7장에서 제18장까지는 비극의 부분 중 구성을 중심으로 논의를 펼치지만, 제19장에서 제22장까지는 더 정확한 설명이 요구되는 '사유의 논변방식'과 '언어적 표현방식'을 다룬다.

　행위들의 묘사에서 특정한 시적 효과를 산출하기 위해서는 사유방식에 주목해야 한다. 행위자의 사유는 그가 논변과 논증을 구사하면서 자신의 행위를 말을 통해 정당화하는 방식에서 드러난다. 그런 한 사유의 논변방식에 대한 전문적 탐구는 시 예술과 무관하고 오히려 수사술의 소관이다. 따라서 예컨대 문장 종류의 세부적 구별에 대한 시인의 무지 때문에 시 예술에 비난을 가하는 것은 부당하다(§19). 모든 언어적 표현은 문자, 음절, 결합사, 명사, 동사, 분절사, 굴절, 문장의 부분들로 이루어져 있으며, 소리의 형태로 인식된 언어의 여러 요소를 결합해 하나의 특정한 의미를 전달하는 언어의 기본 단위는 문장이다(§20). 시적 표현의 다양성과 예술성을 위해서는 단어 활용의 가능한 방식들(가령 일상어, 외래어, 은유적 표현, 장식어 등)과 단어 형성의 가능한 방식들(가령 신조어, 연장어, 단축어, 변형어 등)을 숙지해야 한다(§21). 최선의 시적 표현은 명료하고 저속하지 않아야 하며, 생소한 단어의 절도 있는 활용은 시적 표현에 비통상성과 명료성을 가져다준다(§22).

　비극에 대한 독립적 고찰을 마친 후 제23장부터 제26장까지는 서사시를 중점적으로 분석한다. 특히 앞서 다루어진 비극과의 관계에서 서사시의 고유성을 밝히고 최종적으로 서사시와 비극의 우위에 관한 논의를 끝으로 『시학』을 마친다.

　서사시는 서술의 방식으로 운율에 의해 모방하는 시로서 구성의 조직과 관련해 비극과 마찬가지로 그리고 역사서술과는 다른 방식으로 통일성의 조건을 충족해야 한다. 호메로스는 이러한 조건을 충족한 최고의 시인이었다(§23). 서사시는 노래와 공연을 제외한 구성, 성격, 사유방식, 언어적 표현의 네 부분을 다루는 데서는 비극과 같지만, 구성의 길이와 운율과 묘사의 방식, 그리고 놀라움을 불러일으키는 것과 불합리한 것을 다루는 데서는 다르다(§24). 서사시와 비극 같은 시 예술에 대한 반론에는 크게 불가능한 것, 불합리한 것, 해로운 것, 모순적인 것, 그리고 시 예술과 다른 기술에서 참된 것으로 인정되는 것에 반하는 것과 관련된 다섯 종류가 있으며, 이에 대한 해결에는 총 열두 가지가 있다(§25). 비극이 저속한 모방이라는 점에서 교양 있는 서사시보다 열등하다는 비난은 비극 자체보다는 연기술에 대한 것에 불과하며, 사실 비극은 서사시가 가진 모든 요소를 다 가지고 있으면서도 음악적 요소와 시각적 요소까지 지니고 있는 점, 모방의 목표가 상대적으로 더 짧은 구성의 길이에 의해 성취될 수 있으므로 비극적 모방이 서사시적 모방보다 더 완벽하게 구성의 통일성을 기할 수 있다는 점, 단적으로 비극이 시의 목표를 더 잘 달성할 수 있다는 점에서 비극은 서사시보다 더 우월하다(§26).

6. 『시학』의 텍스트 전승사

'옥스퍼드 고전 텍스트'는 오늘날 고대 철학자나 시인 등의 작품을 인용하는 표준 판본이다. 나 역시 『시학』 텍스트로 카셀이 여러 필사본을 종합적으로 검토해 완성한 옥스퍼드 편집본을 참조했다. 카셀이 참조한 필사본 중 가장 중요한 것은 두 종류의 그리스어 사본('A'와 'B'), 그리고 라틴어('Lat.')와 아랍어 번역본('Ar.')이다.

아리스토텔레스의 그리스어 원전을 필사한 것 중에서 가장 오래되었지만 아쉽게도 소실된 그리스어 사본은 'Σ'다. 이것은 약 900년경 이샤크 이븐 후나인(Ishaq ibn Hunain, 910/11 사망)의 시리아어 번역본('Syr')의 원본이다. 아랍어 번역본('Ar')은 약 932년경 아부 비슈르 마타

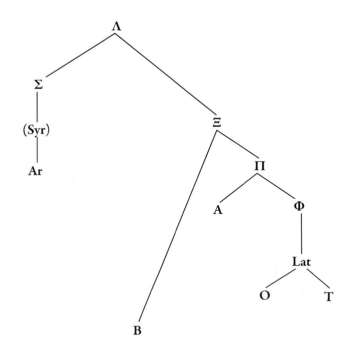

(Abu Bishr Matta, 940년 사망)가 이 시리아어 번역본을 아랍어로 옮긴 것이다.

우리에게 소실되지 않고 전해지는 그리스어 필사본에는 'A'와 'B'라는 약어로 표기되는 두 사본이 있다. 필사본 'A'는 약 10세기경에 만들어진 '파리시누스'(Parisinus)로서 그리스어 필사본 중 가장 오래된 것이다. 다음으로 오래된 필사본 'B'는 14세기경에 만들어진 것으로 '리카르디아누스'(Ricardianus)다.

라틴어 번역본에는 1280년경의 톨레타누스(Toletanus) 필사본('Lat T')과 약 1300년경의 에토넨시스(Etonensis) 필사본('Lat O')이 있다. 이 두 필사본은 1278년 빌헬름 폰 뫼르베케에 의해 이루어진 라틴어 번역본('Lat')에서 전승된 것으로 추정된다. 뫼르베케가 참조한, 지금은 소실된 그리스어 원본은 약어 'Φ'로 표기된다.

이외에 카셀은 'A'와 'Φ'가 유래한 공통의 그리스어 판본을 'Π'로, 'Π'와 'B'가 유래한 공통의 그리스어 판본을 'Ξ'로, 그리고 'Ξ'와 'Σ'가 유래한 것으로 추정되는 공통의 그리스어 원전을 'Λ'로 표기한다. 카셀은 『시학』의 텍스트 전승사를 약어를 사용해 앞의 도식과 같이 정리한다.[34]

---

34 R. Kassel(1965), *Aristotelis De arte poetica liber*, rec. Rudolf Kassel, Oxford, xii.

차례

일러두기

- 번역의 기준 판본으로는 옥스퍼드 고전 텍스트(Oxfords Classical Texts) 시리즈인 루돌프 카셀의 편집본(*Aristotelis De arte poetica liber*, rec. Rudolf Kassel, Oxford, 1965)을 사용했다. 카셀과 다르게 읽으면 (필요하면) 각주에서 설명했다.
- 단락 구분은 아르보가스트 슈미트(Arbogast Schmitt, *Aristoteles, Poetik. Übersetzt und Erläutert von*, Berlin, 2008)를 따랐다.
- 각 장('§')의 제목은 옮긴이가 붙였다.
- 원문 쪽수는 이마누엘 베커(*Aristotelis Opera*, ex rec. I. Bekkeri ed. Academia Regia Borussica, vol. II, Berlin, 1831)를 따랐다.
- 대괄호([ ])는 내용의 이해를 돕기 위해 옮긴이가 원문에 없는 문구를 첨가한 경우 사용했다.
- 카셀 원문의 큰따옴표(" ")는 그대로 표기했으며, 작은따옴표(' ')는 옮긴이가 문장의 적절한 이해를 위해 사용했다.
- 소괄호(( ))는 1) 우리말 번역어에 해당하는 한자어나 그리스어를 표기하는 경우에 사용했다. 예: '데모스'(dēmos). 2) 카셀이 소괄호로 묶어 표기한 문장이나 문장을 번역할 때는 카셀의 표기 그대로 사용했다. 아리스토텔레스는 논의를 전개하면서 그때그때 주장의 근거나 이유('gar')를 제시한다. 그의 이런 논의 방식은 앞의 문장을 이해하는 데 도움이 되지만 뒤의 문장과의 연결성을 파악하는 데에는 방해가 되기도 한다. 따라서 카셀은 앞뒤 문장 중간에 놓인 앞의 문장에 대한 부가적 설명을 소괄호로 묶어 독자가 논의의 연속성을 쉽게 파악할 수 있도록 했다. 카셀에 따라 소괄호로 묶인 부분의 앞뒤 문장을 연결해 읽으면 논의의 연속적인 진행 과정을 더 쉽게 이해할 수 있을 것이다. 3) 카셀이 앞 문장에 대한 부가 설명임을 나타내기 위해 사용한 줄표(—)도 소괄호로 표기했고 각주에 간략히 언급했다. 이 경우에도 소괄호로 묶인 부분의 앞뒤 문장을 연결해 읽으면 논의의 연속적인 진행 과정을 더 쉽게 이해할 수 있을 것이다.
- 각주에서 플라톤과 아리스토텔레스의 저작은 일반적인 라틴어 약어 표현법에 따랐다.
- 그리스어를 우리말로 표기할 때, 그리스어 발음에 가깝게 했다. '윕실론'(υ)도 '위'로 표기했다. 예: 오뒤세우스, 스퀼라.

시 예술 자체와 그 개별적 종류에 대한 고찰

1447a   Περὶ ποιητικῆς αὐτῆς τε καὶ τῶν εἰδῶν αὐτῆς, ἥν τινα δύ-
ναμιν ἕκαστον ἔχει, καὶ πῶς δεῖ συνίστασθαι τοὺς μύθους εἰ
10   μέλλει καλῶς ἕξειν ἡ ποίησις, ἔτι δὲ ἐκ πόσων καὶ ποίων ἐστὶ
μορίων, ὁμοίως δὲ καὶ περὶ τῶν ἄλλων ὅσα τῆς αὐτῆς ἐστι
μεθόδου, λέγωμεν ἀρξάμενοι κατὰ φύσιν πρῶτον ἀπὸ τῶν
πρώτων.

---

1   시 예술(poiētikē (scil. technē) autē): 즉 예술(의 한 종류)로서 시. 책의 제목인 'peri poiētikēs'의 번역에 대해서는 '해제', 특히 각주 33 참조.

2   자체(autē): '자체'(autē)와 곧이어 나오는 '종류'(eidē)를 '유'와 '종'의 관계로 해석하는 것에 대해서는 G. F. Else(1957), 3ff.; D. W. Lucas(1968), 53 참조.

3   능력(dynamis): 아리스토텔레스는 탐구의 대상을 항상 어떤 특정한 것을 이루어낼 수 있는 그것의 능력(dynamis)과 기능(ergon)에 입각해 정의한다. 아리스토텔레스는 서사시나 비극시나 희극시 같은 시 예술의 개별적 형태를 각각의 능력과 기능에 따라 규정하는 것을 『시학』의 주요 과제 중 하나로 삼고 있다. 비극의 기능에 대한 아리스토텔레스의 언급에 대해서는 '1450a31', '1452b29' 참조.

4   시(poiēsis): 'poiēsis'는 본래 '(시를) 만들고 제작하는 활동이나 과정'을 지칭하기 위해 사용되는 용어다. 엘스는 'poiēsis'의 본래적 의미에 충실하게 'poetic process'로 옮기지만(G. F. Else(1957), 1), 루카스는 헤로도토스 이후로 'poiēsis'가 '시'의 장르를 지칭하기 위해 사용되었다고 주장한다(D. W. Lucas(1968), 54). 나는 루카스에 따라 시 예술의 모든 형태를 총괄적으로 지칭하는 '시'(poetry, Dichtung)로 옮겼다. 아리스토텔레스는 '1447a13'에서 시의 여러 개별적 종류를 열거한다.

5   예술적 완성을 위한(kalōs echein): 'kalōs echein'은 '(어떤 일이 성공적으로) 잘 되어간다'(It is going on well)를 뜻하며, '[시가] 성공적이 되기 위해' 정도로 직역된다. 시 창작의 성공과 우수성은 결국 시의 예술적 완성도에 놓여 있다는 점에서 나는 '예술적 완성'으로 옮겼다. 다른 번역의 사례들도 참조: "예술적으로 만족스럽기 위해"(G. F. Else(1957), 1, "to be artistically satisfactory"); "시적 탁월성을 위해"(S. Halliwell(1987), 29, "for poetic exellence"); "성공적이 되기 위해"(L. Golden & O. B. Hardison(1981), 3, "to be successful"). 아리스토텔레스는 시의 예술적 완

58

제1장 저술의 목표, 모방으로서의 예술, 모방의 수단

우리는 시 예술[1] 자체,[2] 그 [개별적] 종류와 각각의 고유한 능력[3], 시[4]의 1447a
예술적 완성을 위한[5] 구성[6] 조직의 방법, 시의 부분들[7]의 수와 성질에 10
대해 논의할 것이며, [이와] 같은 [시에 관한] 탐구에 속하는 다른 문제들[8]
에 대해서도 마찬가지 방식으로 논의할 것이다. [탐구의] 자연적 순서에
따라 먼저 [예술에 관한] 가장 일반적인 규정에서[9] 논의를 시작해보자.

성에 가장 중요한 요소로 '구성'(mythos)을 제시하며 §7-§18에서 상세히 다룬다.

6 구성(mythoi): '뮈토스'(mythos)의 기본적 의미는 '이야기'(story)다. '이야기'에는
   구전 설화나 신화도 포함되지만 아리스토텔레스가 말하는 '이야기'는 인간에 대한
   이야기다. 즉 인간이 자유롭게 선택한 삶(bios)에 관한 이야기다. 그것은 인간에 의
   해 선택된 삶의 행복과 불행에 관한 이야기이며, 자발적으로 선택한 행위들을 통
   해 인간이 행복과 불행으로 이행하는 과정을 '하나의 통일적 행위'(mia praxis)로 조
   직해 만든 이야기다. 이런 측면에서 아리스토텔레스는 '뮈토스'를 '행위들의 결합과
   조직', '행위들의 통일성' 등으로 정의한다. 영어권에서는 '이야기의 줄거리'라는 의
   미에서 '플롯'(plot)으로 번역하는데, 나는 여러 행위를 하나의 행위와 하나의 이야
   기 속에 배치해 구조화한다는 의미에서 '구성'으로 옮겼다. 때에 따라 '이야기의 전
   개', '행위들의 전개', '행위들의 구조'로도 옮겼다('찾아보기' 참조). 아리스토텔레스
   는 『시학』의 거의 절반에 해당하는 총 12개 장(§7-§18)을 구성의 조직과 그 최종적
   완성에 할애한다.
7 부분들(moria): 시가 예술로서 성립되기 위해 필수적으로 요구되는 부분들을 말한다.
8 다른 문제들: 여기에는 가령 서사시나 비극에 대해 비평가들이 제시하는 문제들이
   속한다. 이에 대해 아리스토텔레스는 §25에서 상세히 다룬다.
9 [예술에 관한] 가장 일반적인 규정에서(apo tōn prōtōn): 아리스토텔레스가 논의의
   출발점으로 삼는 예술의 '가장 일반적인 규정'은 시 예술과 다른 형태의 예술들, 가
   령 회화나 조각, 무용, 기악 예술 등이 공유하는 모든 예술의 공통적 본질, 즉 '모
   방'이다. 아리스토텔레스의 '자연적으로(physei) 더 앞선'과 '우리에게(pros hēmas)
   더 앞선'의 구별에(Anal. post., 72a1-7; Meta., 1018b9ff. 참조) 따르면, '모방'이 '가장
   일반적인 것', '본성상 가장 앞선 것', 즉 시 예술을 포함한 모든 예술의 '제1원리'(ta
   prōta)다.

ἐποποιία δὴ καὶ ἡ τῆς τραγῳδίας ποίησις ἔτι δὲ κωμῳδία καὶ

15 ἡ διθυραμβοποιητικὴ καὶ τῆς αὐλητικῆς ἡ πλείστη καὶ κιθα-
ριστικῆς πᾶσαι τυγχάνουσιν οὖσαι μιμήσεις τὸ σύνολον· δια-
φέρουσι δὲ ἀλλήλων τρισίν, ἢ γὰρ τῷ ἐν ἑτέροις μιμεῖσθαι ἢ
τῷ ἕτερα ἢ τῷ ἑτέρως καὶ μὴ τὸν αὐτὸν τρόπον.

---

10 희극[시](kōmōdia): 'poiēsis'가 생략되어 있지만 아리스토텔레스가 희극 역
시 시 예술의 한 형태로 분류하고 있다는 점에서 '희극[시]'으로 옮겼다. 엘스도
'kōmōdia'를 'kōmōdias(scil. poiēsis)'로 읽기를 제안한다(G. F. Else(1957), 12, 각
주 46).

11 디튀람보스시(dithyrambopoiētikē): 디튀람보스는 서정시의 한 장르이며, 원래 포
도주의 신 디오뉘소스를 찬양하기 위해 만들어진 합창시다. 아울로스의 반주에 맞
추어 불렸다고 한다. 디튀람보스 작품에는 기원전 5세기 중엽의 서정시인인 박퀼
리데스(Bakchylides)의 시와 단편으로 전승된 핀다로스의 시들이 있다.

12 아울로스 및 키타라 연주술(aulētikē kai kitharistikē): 아울로스는 고대 그리스의
관악기로서 디오뉘소스를 찬양하는 디튀람보스의 반주에 사용되었다. 아울로스
는 크고 요란한 소리 덕분에 특히 도취적이고 몰아적이며 감성적인 디오뉘소스적
음악에 적합한 악기지만 키타라는 소리가 정결한 현악기로서 영적이고 숭고하며
이성적인 아폴론의 예술정신을 표현하는 데 적합한 악기다. 두 악기의 차이를 통
해 아폴론적 예술과 디오뉘소스적 예술의 근본 차이를 밝히는 작업으로는 허현숙
(2018), 189-211 참조. 악기들의 반주를 통해 가무를 보조했다는 의미에서는 기
악 예술 역시 시 예술의 하위 형태로 간주할 수도 있겠지만(G. F. Else(1957), 67:

서사시와 비극시, 또한 희극[시][10]과 디튀람보스시[11] [같은 시 예술들],
그리고 아울로스 및 키타라 연주술[12] 같은 대부분의 [기악] 예술[13]은 모   15
두 모방[14]이라는 공통점[15]을 가지고 있다. 하지만 그것들은 세 가지 점
에서, 즉 다른 수단으로 모방하거나 다른 대상을 모방하거나 다르게,
즉 동일하지 않은 [묘사의] 방식으로 모방한다는 점에서 서로 다르다.

"Sub-poetic"), 언어 없이 선율과 리듬이라는 수단만으로 모방한다는 점에서는 시
예술과는 다른 형태의 독립적 예술로 보는 것이 합리적이라고 여겨진다.

13 대부분(pleistē)의 [기악] 예술: '대부분'이라는 표현과 관련해서는 다소 해석의 논
란이 있다. 논란은 모방 예술에 속하는 '대부분'의 기악 예술과 모방 예술에 속할
수 없는 그 외의 기악 예술을 구분할 수 있는 기준이 불분명하다는 데서 기인한다.
일부 학자는 악기들을 서정시의 반주를 위해 사용한다는 점에 착안해 그 기준을
가사가 있는 음악과 가사가 없는 단순한 음악 간의 차이에서 찾는다(가령 D. W.
Lucas(1968), 55). 특히 이러한 시도를 정당화하기 위해 가사 없는 단순한 기악 음
악을, 단지 리듬과 화성만을 활용함으로써 음악이 지향하는 모방의 근본적 의도나
대상을 불투명하게 만드는 순전히 비모방적인 예술로 간주하는 플라톤의 언급이
차용된다(Leges, 669ff.). 플라톤이 언어 없는 단순한 연주 행위를 비판적으로 바라
본다고 해도 바로 그것이 아리스토텔레스가 여기서 가사 없는 기악 예술을 모방 예
술에서 제외하는 근거라고 단정 지을 수는 없다. 왜냐하면 아리스토텔레스는 곧 이
어지는 설명에서 무용(춤) 역시 동작의 리듬만으로도 성격과 감정을 모방하고 기
악 음악도 화성과 리듬을 사용해 모방한다고 말하고 있기 때문이다. 이 입장에 대
해서는 로즐린 뒤퐁록, 장 랄로/김한식 옮김(2010), 51-52 참조.

14 모방(mimēseis): 아리스토텔레스에게 모방은 우리가 일상적으로 경험하는 삶의 현
실에 대한 사실적 모사나 재현(representation, Wiedergabe)의 활동이 아니라 삶
의 보편적 토대로부터 개연적 또는 필연적으로 발생하는 것으로 인식 '가능한 현
실'(eine mögliche Wirklichkeit)의 예술적 창조 활동이다: A. Schmitt(2008), 117ff.
참조.

15 공통점(to synholon): 'to synholon'의 원뜻은 '일반적으로 말하면', '전체적으로 고
찰하면'이다. 시 예술의 모든 개별적 형태를 전체적으로 고찰한다는 것은 그 모두
가 공통으로 전제하는 보편적 원리를 고찰한다는 것을 말한다. '[예술에 관한] 가장
일반적인 규정'에서 시작하자는 앞의 언급대로 아리스토텔레스는 시 예술을 넘어
기악 예술, 그리고 더 나아가 회화 예술과 무용 예술을 포함한 예술 전반에 대한 일
반적 규정에서, 즉 모든 예술이 공통으로 전제하는 '모방'의 보편적 원리를 정립하
는 데서 시작한다.

ὥσπερ γὰρ καὶ χρώμασι καὶ σχήμασι πολλὰ μιμοῦνταί τινες
20 ἀπεικάζοντες (οἱ μὲν διὰ τέχνης οἱ δὲ διὰ συνηθείας), ἕτεροι
δὲ διὰ τῆς φωνῆς, οὕτω κἀν ταῖς εἰρημέναις τέχναις ἅπασαι
μὲν ποιοῦνται τὴν μίμησιν ἐν ῥυθμῷ καὶ λόγῳ καὶ ἁρμονίᾳ,
τούτοις δ' ἢ χωρὶς ἢ μεμιγμένοις·

---

16 색과 형태(chrōmata kai schēmata): '색과 형태'는 화가나 조각가가 표현의 수단으
로 삼는 것들이다. '형태'가 무용가의 자세나 몸짓으로 이해된다면, 형태를 수단으
로 모방하는 예술에는 회화나 조각 외에 무용도 포함될 수 있다. 여기에 대해서는
D. W. Lucas(1968), 56 참조.

17 혹자는 기술에 의해(dia technēs) 혹자는 습관에 의해(dia synētheias): '기술'(tech-
nē)은 보편적 원인과 원리에 대한 이성의 합리적 이해에 기초해 현실적인 문제를
방법적·체계적으로 성취하는 능력을 말하며, '습관'(synētheia)은 보편적 원리에 대
한 합리적 이해 없이 반복되는 경험으로부터 현실적 문제들을 숙련되게 해결하
는 능력을 말한다: 양자의 차이에 대해서는 『형이상학』 제1권 제1장의 '기술'과 '경
험'(empeiria)의 차이 참조. 루카스는 카셀 판본에 들어간 이 삽입구가 논의의 전체
적 흐름과 무관하다고 지적한다: D. W. Lucas(1968), 56. 하지만 아리스토텔레스
는 이 삽입구를 통해 모방의 두 방식의 차이를 넘어 그 우열을, 즉 시를 포함한 모
든 형태의 예술은 개별적 사실에 대한 예술가의 반복된 관찰에 바탕을 둔 습관적·
경험적·재현적 모방을 넘어 개별자의 보편적 원리에 대한 예술가의 인식에 기초한
기술적·합리적·창조적 모방을 추구해야 한다는 점을 함축적으로 시사하고 있는 것
처럼 보인다. 어떻게 보면 아리스토텔레스는 플라톤이 『국가』 제10권에서 제시한
'좋은 모방'과 '나쁜 모방'의 구분을 충실히 계승하고 있다. 삽입구는 이런 점에서
시적 모방이 순수 기술(예술)로서 성립할 수 있는 조건들을 탐구하고자 하는 아리
스토텔레스의 일관된 태도를 명확하게 보여주고 있으며, 그의 전후 논의와 무관하
다고도 볼 수 없다.

18 소리(phōnē)로: 이 전치사구에 대한 해석적 난점은 특히 아리스토텔레스가 '색과
형태를 사용한 모방'과는 구별되는 '소리를 사용한 모방'을 말한 이후에 '앞서 언급
한 모든 예술의 모방'(1447a21)에 대해 말하는 일련의 과정이 일관적으로 보이지
않을 수 있다는 데 있다. 그 이유는 이렇다. '소리'는 '사람의 목소리'를 의미할 수

어떤 사람들은 많은 것을 묘사하면서 색과 형태[16]로(혹자는 기술에 의해 혹자는 습관에 의해[17]) 모방하는 한편, 어떤 다른 사람들은 소리로[18] 모 20방하는 것처럼 그렇게 앞서 언급한[19] 모든 예술도 리듬[20]과 언어[21]와 선율[22]로 모방을 하며, 이들을 따로 사용하거나 서로 혼합해 사용한다.

도 있고 루카스의 말처럼(D. W. Lucas(1968), 57) '악기의 소리'(sounds of musical instruments)를 의미할 수도 있다. 만약 '소리'가 '사람의 목소리'라면, 소리를 사용한 예술은 '음악적-시적 예술'(musical-poetic arts)과 중첩되는 듯이 보인다(G. F. Else(1957), 18). 만약 '소리'가 '악기의 소리'라면, '소리를 사용한 기악 예술'은 다시 '1447a13f.'에서 언급된 '아울로스 및 키타라 연주술' 같은 기악 예술과 중첩된다. 이 두 종류의 중첩을 피하기 위해서는 '1447a20'의 '다른 사람들'(heteroi)이 지칭하는 바를 더 정확히 규정할 필요가 있다. 일단 '다른 사람들'은 '소리'를 사용한다는 점에서 음악가의 부류에 속한다. 하지만 음악이라는 것이 넓은 의미의 시의 일부이기 때문에 그들은 — 시적·음악적 예술의 전문가로서 — 시인들뿐만 아니라 악기 연주가들과도 다른 사람들이어야 한다. 엘스는 그런 사람들에는 시가를 창작하는 '시인들'과는 다른, 가령 자기 목소리로 서사시를 음송하거나 연기하거나 노래하는 사람들인 음송인(rhapsode), 연기자(actor), 가수의 부류가 속한다고 주장한다(G. F. Else(1957), 20).

19 앞서 언급한: 1447a13-15.

20 리듬(rhythmos): 음의 장단이 시간의 흐름 속에서 규칙적으로 반복되는 음악적 형식이다.

21 언어(logos): 개별적 단어의 결합을 통해 특정한 의미를 전달하는 음악적 형식, 즉 노랫말(가사)을 말한다.

22 선율(harmonia): 높이가 다른 음들이 일정한 규칙에 따라 동시에 결합되는 음악적 요소를 말한다. 플라톤은 『국가』에서 음악적으로 창작된 시(melos, poiēsis)의 세 요소로 여기서 아리스토텔레스가 제시하는 모방의 수단들, 즉 언어(가사, logos)와 선율(harmonia)과 리듬(rhythmos)을 제시하고(398bff.), 『고르기아스』에서는 리듬 및 운율(리듬을 갖춘 언어가 운율로 표현된 언어인 한 '리듬'과 '운율'은 사실상 같은 것이다: 1448b21-22 참조)과 언어와 음악적 선율의 음성적 표현으로서(1449b35-36 참조) 노래(melos)를 제시한다(502c). 예술 일반을 '모방'을 통해 정의하고 모방의 상이한 두 형태를 구분하면서 시적 모방의 수단을 언어, 리듬/운율, 그리고 선율/노래에서 찾는 아리스토텔레스의 방식은 근본적으로 플라톤적 유산에 속한다고 할 수 있다.

οἷον ἁρμονίᾳ μὲν καὶ ῥυθμῷ χρώμεναι μόνον ἥ τε αὐλητι-

25 κὴ καὶ ἡ κιθαριστικὴ κἂν εἴ τινες ἕτεραι τυγχάνωσιν οὖσαι
τοιαῦται τὴν δύναμιν, οἷον ἡ τῶν συρίγγων, αὐτῷ δὲ τῷ
ῥυθμῷ [μιμοῦνται] χωρὶς ἁρμονίας ἡ τῶν ὀρχηστῶν (καὶ
γὰρ οὗτοι διὰ τῶν σχηματιζομένων ῥυθμῶν μιμοῦνται καὶ
ἤθη καὶ πάθη καὶ πράξεις)· ἡ δὲ [ἐποποιία] μόνον τοῖς λό-

1447b γοις ψιλοῖς <καὶ> ἡ τοῖς μέτροις καὶ τούτοις εἴτε μιγνῦσα μετ᾽
ἀλλήλων εἴθ᾽ ἑνί τινι γένει χρωμένη τῶν μέτρων ἀνώνυμοι

10 τυγχάνουσι μέχρι τοῦ νῦν· οὐδὲν γὰρ ἂν ἔχοιμεν ὀνομάσαι
κοινὸν τοὺς Σώφρονος καὶ Ξενάρχου μίμους καὶ τοὺς Σωκρα-
τικοὺς λόγους οὐδὲ εἴ τις διὰ τριμέτρων ἢ ἐλεγείων ἢ τῶν
ἄλλων τινῶν τῶν τοιούτων

---

23 쉬링크스(syrinx): 목적(牧笛)을 가리킨다. 가축을 돌보는 목신인 '판'의 상징적 악
기로 피리와 유사하며 갈대로 만들었다. 오늘날 'Pan-flute'나 'Pan-pipe'로 불린다.

24 무용가의 예술(hē tōn orchēstōn): 아리스토텔레스는 시 예술과 함께 예술에 속하
면서도 시 예술과는 다른 형태의 예술로서 앞서 기악 예술, 회화 예술, 조형 예술을
언급했는데, 이제 여기에 무용 예술을 추가한다. 아리스토텔레스가 '무용가'를 '코
로스'로 보고 무용 예술을 극시나 디튀람보스 같은 시 예술의 하위 형태로 규정한
다고 보기는 어렵다. 아리스토텔레스는 '코로스'가 전혀 개입되지 않은 '독무'(solo
dance)를 염두에 두고 있는 것으로 보인다(D. W. Lucas(1968), 58).

25 언어만을 사용하는 예술에는, 그것이 [운율이 전혀 섞이지 않은] 단순한 언어(logoi
psiloi)를 사용하든 운율(metra)을 갖춘 언어를 사용하든(hē de [epopoiia] monon
tois logois psilois ⟨kai⟩ hē tois metrois): 나는 뒤퐁록과 랄로에 따라 'epopoiia'를 빼
고 읽었으며(로즐린 뒤퐁록, 장 랄로/김한식 옮김(2010), 60f. 참조), 필사본 ΠΣ에
따라 '⟨kai⟩ hē'를 'ē'로 읽었다. '단순한 언어'(logoi psiloi)는 글자 그대로 '벌거벗은
(naked) 언어', '운율이라는 장식을 전혀 걸치지 않은 언어', 즉 '산문'이며, '운율을
갖춘 언어'는 '운문'이다.

64

선율과 리듬만을 사용하는 예술에는 가령 아울로스 및 키타라 연주
술 [같은 기악 예술]과 이와 비슷한 기능을 가진 다른 예술, 예컨대 쉬링 25
크스[23] 연주술이 있다. 무용가의 예술[24]은 선율 없이 리듬만으로 모방
한다. (왜냐하면 무용가는 리듬을 동작에 실어 성격과 감정과 행위를 모방하기 때
문이다.)

  [모방의 수단으로] 언어만을 사용하는 예술에는, 그것이 [운율이 전혀 섞
이지 않은] 단순한 언어를 사용하든 운율을 갖춘 언어를 사용하든,[25] 그
리고 후자의 경우 여러 운율을 서로 혼합해 사용하든 한 종류의 운율 1447b
만을 사용하든, 지금까지도 고유의 명칭이 없다. 왜냐하면 소프론과 크 10
세나르코스의 소극(笑劇)과 소크라테스의 대화편에 어떤 공통된 명칭
을 붙일 수 없을 것이고, 누군가가 삼절 운율이나 비가 운율[26]이나 그런

---

26 삼절 운율(trimetra)이나 비가 운율(elegeia): 일정한 리듬을 갖춘 시행의 최소 단위
  는 음절(syllabē)이며, 장과 단의 음절로 이루어진 것이 음보(pous, foot)다. 음보는
  장음절과 단음절의 결합 형식에 따라 구분된다. 이암보스(iambos)는 단장의 형식
  으로 이루어진 한 음보를 가리키는 명칭이며, 아나파이스토스(anapaistos)는 단단
  장의 형식으로 이루어진 한 음보, 트로카이오스(trochaios)는 장단의 형식으로 이
  루어진 한 음보, 닥튈로스(daktylos)는 장단단의 형식으로 이루어진 한 음보를 말
  한다. 한 음보가 자신과의 결합(syzygia)을 통해 또는 결합 없이 단독으로 하나의
  마디를 형성할 때 그 마디를 절(metron)이라 하며, 이 절의 수에 따라 운율은 다
  시 세분된다. 삼절 운율(trimetra)은 단장의 이암보스나 단단장의 아나파이스토스
  나 장단의 트로카이오스를 중복해 만든 (결과적으로 두 개의 음보를 포함하는) 절
  이 세 번 반복되거나 장단단의 닥튈로스 음보가 단독으로 한 절을 이루고 그것이
  세 번 반복되는 운율이다. 사절 운율(tetrametra)은 단장의 이암보스나 장단의 트리
  카이오스를 중복해 만든 (결과적으로 두 개의 음보를 포함하는) 절이 네 번 반복되
  는 운율이다. 다른 한편, 육절 운율(hexametra)은 장단단의 닥튈로스 음보가 중복
  없이 단독으로 하나의 절을 이루고 이 절이 여섯 번 반복되는 운율이다. 오절 운율
  (pentametra)은 장단단의 닥튈로스 음보가 단독으로 한 절을 이루고 이 절이 두 번
  반복되고 거기에 이 절의 절반(하나의 장음이나 두 개의 단음)을 추가한 것(즉 장
  단단 장단단 장 또는 단단)이 두 번 반복되는 (결과적으로 닥튈로스 음보가 하나의
  절로서 총 다섯 번 반복되는) 운율이다. 비가는 육절 운율로 쓰인 한 시행과 오절
  운율로 쓰인 한 시행, 총 두 시행으로 이루어진 2행 연구(distichon)로 쓰였다.

ποιοῖτο τὴν μίμησιν. πλὴν οἱ ἄνθρωποί γε συνάπτοντες τῷ
μέτρῳ τὸ ποιεῖν ἐλεγειοποιοὺς τοὺς δὲ ἐποποιοὺς ὀνομά-
ζουσιν, οὐχ ὡς κατὰ τὴν μίμησιν ποιητὰς ἀλλὰ κοινῇ κατὰ
τὸ μέτρον προσαγορεύοντες· καὶ γὰρ ἂν ἰατρικὸν ἢ φυσικόν
τι διὰ τῶν μέτρων ἐκφέρωσιν, οὕτω καλεῖν εἰώθασιν· οὐδὲν
δὲ κοινόν ἐστιν Ὁμήρῳ καὶ Ἐμπεδοκλεῖ πλὴν τὸ μέτρον, διὸ
τὸν μὲν ποιητὴν δίκαιον καλεῖν, τὸν δὲ φυσιολόγον μᾶλλον
ἢ ποιητήν· ὁμοίως δὲ κἂν εἴ τις ἅπαντα τὰ μέτρα μιγνύων
ποιοῖτο τὴν μίμησιν καθάπερ Χαιρήμων ἐποίησε Κένταυρον
μικτὴν ῥαψῳδίαν ἐξ ἁπάντων τῶν μέτρων, καὶ ποιητὴν
προσαγορευτέον. περὶ μὲν οὖν τούτων διωρίσθω τοῦτον
τὸν τρόπον.

종류의 다른 운율을 통해 모방할 때도 거기에 어떤 공통된 명칭을 붙일 수 없을 것이기 때문이다.

　그 외에도 사람들은 '만든다'(poiein)라는 단어를 [각각의] 운율과 결부해 '비가(悲歌)시인'이니 '서사시인'이니[27] 부르는데, [무슨무슨 '시인'이라는] 이 명칭은 그들의 모방에 근거해서가 아니라 [단지 그들이 사용하는] 운율에 근거해 그들 모두에게 공통으로[28] 붙여진 것이다. 왜냐하면 의술이나 자연철학에 관한 저술이라도 운율을 사용해 썼다면 사람들은 으레 그것을 '시'라 부를 것이기 때문이다. 그러나 호메로스와 엠페도클레스 사이에는 운율 말고는 공통점이 전혀 없다. 그러므로 호메로스는 마땅히 '시인'이라 불러야 하지만 엠페도클레스는 '시인'이라기보다는 '자연철학자'라 불러야 한다. 마찬가지로 누군가가 카이레몬이 『켄타우로스』를 모든 운율을 혼합한 음송시로 썼던 것처럼 모든 운율을 혼합해 모방하더라도, 우리는 그를 '시인'이라 명명해야 할 것이다. 이런 문제들에 대해서는 이런 방식[의 설명]을 통해 충분히 논의된 것으로 하자.

15

20

27　'비가시인'(elegeiopoioi)이니 '서사시인'(epopoioi)이니: 시인에 대한 명칭이 그들이 사용하는 운율에 근거한 것이라는 점을 고려하면, '비가시인'은 육절 운율과 오절 운율로 이루어진 '2행 연구(distichon) 시인'이고 '서사시인'은 '육절 운율 시인'이다.

28　공통으로(koinē): 사람들이 운율을 활용해 시를 쓰는 '모든' 사람을 '한' 부류로 묶어 그 부류에 속하는 사람 전체에 '시인'이란 명칭을 '공통으로' 적용한다는 것이다. 단지 운율에 근거해 이렇게 형식적이고 무차별적으로 시인을 이해하고 규정하는 '사람들'은, 아리스토텔레스에 따르면, 시 예술의 본질, 아울러 시인을 시인이게끔 하는 근본적 이유가 시인의 '모방 능력'에 있다는 것에 전적으로 무지한 자들이다.

εἰσὶ δέ τινες αἳ πᾶσι χρῶνται τοῖς εἰρημένοις, λέγω δὲ οἷον ῥυθμῷ καὶ μέλει καὶ μέτρῳ, ὥσπερ ἥ τε τῶν διθυραμβικῶν ποίησις καὶ ἡ τῶν νόμων καὶ ἥ τε τραγῳδία καὶ ἡ κωμῳδία· διαφέρουσι δὲ ὅτι αἱ μὲν ἅμα πᾶσιν αἱ δὲ κατὰ μέρος. ταύτας μὲν οὖν λέγω τὰς διαφορὰς τῶν τεχνῶν ἐν οἷς ποιοῦνται τὴν μίμησιν.

---

29 노래(melos): '노래'는 '1447a22'의 선율(harmonia), 즉 '멜로디'에 상응한다. 아리
   스토텔레스는 '노래'를 음악적 선율이 (사람들이 귀로 들을 수 있도록) 외적으로 표
   현된 것으로 정의한다(1449b35-36 참조).

30 디튀람보스시와 노모스시(hē dithyrambikōn poiēsis kai hē tōn nomōn): 디튀람보
   스시는 아울로스 반주에 맞추어 디오뉘소스를 찬양하는 합창곡이며, 노모스시는
   키타라나 리라 반주에 맞추어 아폴론을 칭송하는 합창곡이다. '노모스'는 이 시에
   사용된 선율의 유형을 가리키는 말이다. 디튀람보스와 노모스의 차이에 대해서는
   Platon, Leges, 700b 참조.

31 모방을 통해 구현되는(en hais poiountai mimēsin): 카셀('en hois')과 달리 필사본
   'P(Ar)'에 따라 'en hais'로 읽었다.

32 예술들의 …… 차이: 아리스토텔레스는 지금까지 모방 수단의 차이에 근거해 예술
   간의 차이를 다음과 같이 단계적으로 규정해왔다: ① 색깔과 형태를 수단으로 사

그런데 앞서 언급한 모방의 수단들, 말하자면 리듬과 노래[29]와 운율을 모두 사용하는 예술도 일부 있다. 디튀람보스시와 노모스시,[30] 그리고 비극과 희극이 그 예다. 이 두 부류의 시가 서로 다른 것은 한 부류는 이 모든 수단을 동시에 쓰고 다른 부류는 번갈아 쓰기 때문이다.

이상이 모방을 통해 구현되는[31] 예술들의 [모방 수단에서의] 차이[32]다.

용해 모방하는 회화 및 조각, ②리듬을 수단으로 사용하는 무용, ③리듬과 선율을 수단으로 사용하는 기악, ④운율 없는 단순한 언어만을 수단으로 사용하는 산문, ⑤운율만을 갖춘 언어를 수단으로 사용하는 예술, ⑥언어와 리듬과 선율을 모두 수단으로 사용하는 예술. ①-⑥은 리듬이나 선율이나 언어를 사용하는가(②-⑥), 그렇지 않은가(①)에 따라 구별된다. 다시 ②-⑥은 리듬과 선율과 언어를 따로 사용하는가(②-⑤), 혼합해 사용하는가(⑥)에 따라 구별된다. 다시 언어를 필수적으로 사용하는 ④-⑥은 단순히 언어만을 사용하는가(④), 운율만을 갖춘 언어를 사용하는가(⑤), 언어와 리듬과 선율 모두를 사용하는가(⑥)에 따라 구별된다. 운문을 수단으로 하는 예술인 ⑤는 다시 여러 종류의 운율을 사용하는 것(가령 비가)과 한 가지 운율만을 사용하는 것(가령 영웅 서사시)으로 구별된다. 그리고 다시 ⑥은 리듬과 선율과 언어를 동시에 사용하는 것(가령 디튀람보스시)과 번갈아 사용하는 것(가령 비극과 희극)으로 구별된다. 아리스토텔레스는 ④나 ⑤에 해당하는 예술 형태에는 공통의 명칭이 없다고 언급한다. 하지만 운문으로 쓰인 엠페도클레스의 자연철학적 저술은 '시 예술'로 간주될 수 없다고 말한 점으로 미루어 보면, 시 예술의 부류에는 (엠페도클레스의 철학적 운문을 제외한) ⑤와 ⑥이 포함된다. 그렇다면 모방의 수단의 측면에서 시 예술과 다른 예술 형태들의 차이는 리듬(운율)만을 갖고 있거나 리듬과 음악적 선율 모두를 갖고 있는 언어를 필수적으로 사용한다는 데 있다. §1의 논의 전개 과정을 도표를 통해 잘 정리한 것으로는 L. Golden/O. B. Hardison(1981), 72; G. F. Else(1957), 67; L. Tarán & D. Gutas(2012), 230 참조. 이로써 아리스토텔레스는 '시 예술 자체의 일반적 규정'을 제시하겠다는 모두(冒頭)의 공언에 최종적으로 응답하고 있다. 아리스토텔레스는 시 예술을 정의하기 위해 '모방'이라는 시 예술이 다른 예술과 공유하는 유적 본성을 제시하고 '모방'의 수단에 따라 시 예술과 다른 예술 사이의 종적 차이를 제시한다. 이를 통해—적어도 『시학』의 이 단계에서—시 예술은 '리듬과 결부된 언어나 리듬과 선율 모두와 결부된 언어를 필수적으로 사용하는 모방'으로, 더 개별적으로 서사시는 '운율을 갖춘 언어를 사용하되 하나의 운율만을 수단으로 사용하는 모방'으로, 그리고 비극은 '언어와 운율과 선율 모두를 수단으로, 특히 이것들을 부분적으로 나누어 사용하는 모방'으로 정의된다.

Ἐπεὶ δὲ μιμοῦνται οἱ μιμούμενοι πράττοντας, ἀνάγκη δὲ
τούτους ἢ σπουδαίους ἢ φαύλους εἶναι (τὰ γὰρ ἤθη σχεδὸν
ἀεὶ τούτοις ἀκολουθεῖ μόνοις, κακία γὰρ καὶ ἀρετῇ τὰ ἤθη
διαφέρουσι πάντες), ἤτοι βελτίονας ἢ καθ' ἡμᾶς ἢ χείρονας
5   ἢ καὶ τοιούτους, ὥσπερ οἱ γραφεῖς· Πολύγνωτος μὲν γὰρ
κρείττους, Παύσων δὲ χείρους, Διονύσιος δὲ ὁμοίους εἴκαζεν.
δῆλον δὲ ὅτι καὶ τῶν λεχθεισῶν ἑκάστη μιμήσεων ἕξει ταύ-
τας τὰς διαφορὰς καὶ ἔσται ἑτέρα τῷ ἕτερα μιμεῖσθαι τοῦτον
τὸν τρόπον.

---

33 월등하거나(spoudaioi) 열등하다(phauloi): 'spoudaios'(월등한, 진지한, 진중한, 위
대한, 훌륭한)와 'phaulos'(열등한, 천한, 저급한, 저속한, 하찮은, 보잘것없는)는
도덕적 선과 악에 직접적으로 대응하는 개념은 아니다. '월등성'과 '열등성'은 아리
스토텔레스의 '행위'(praxis) 개념의 독특한 함축과 연관되어 있다. 우리가 하는 모
든 '행동'이 '행위'는 아니다. '행위'라는 술어는 합리적 숙고와 주관적 선택으로부

제2장 모방의 대상

모방의 대상은 행위하는 인간들이다. 그리고 필연적으로 이들은 월등 1448a
하거나 열등하다.[33] (왜냐하면 성격은 오직 이 두 부류로 구분되기 때문이다. 모
든 인간은 열등성과 월등성에 따라 그 성격이 구별되니까 말이다.) 따라서 모방
의 대상은 우리보다 월등하거나 우리보다 열등하거나 우리와 같은 인 5
간들이다. 화가들의 경우도 마찬가지다. 폴뤼그노토스는 우리보다 월
등한 인간을 그렸으며, 파우손은 우리보다 열등한 인간을, 그리고 디오
뉘시오스는 우리와 동등한 인간을 그렸다.

앞서 언급한 모방 [예술]들도 각기 이러한 차이를 가질 것이며, 이런
방식으로 다른 대상을 모방한다는 점에서 [다른 모방 예술과] 서로 다르
다는 것은 명백하다.

터 자유롭게 이루어지는 특별한 종류의 '행동'에만 부가된다. 외적 영향에 좌우되
지 않고 어떤 것을 추구하거나 회피할 수 있는 특정한 성향과 능력을 자발적으로
수행하는 자만이 '행위하는 인간'이라 할 수 있다(A. Schmitt(2008), 105-117; 사
무엘 헨리 부처/김진성 옮김(2014), 29 참조). 따라서 '행위하는 인간'에 귀속되는
'월등성'은 그의 인격의 도덕적 성숙과 역량에 달려 있다기보다는 그의 행위의 탁
월성, 즉 그의 행위에 개입된 사유와 선택(의지)의 우등한 역량에 달려 있다. 이런
측면에서 부처는 인간을 월등한 존재로 드높이고 그의 행위를 탁월하게 만드는 것
은 '우월한 덕'이 아니라 우월한 '의지와 감정의 힘, 행동과 사유의 힘'에 있다고 지
적한다(사무엘 헨리 부처/김진성 옮김(2014), 145-146). 대부분의 시적 모방의 대
상이 고귀한 태생이나 높은 지위의 왕이나 영웅인 것도 그들이 이런 자발적으로 동
기 지어진 의지의 월등한 힘들에 의해 자신들을 '평범한 인간 무리 위로 상승시킨'
결과로서 불멸의 위대한 업적들을 성취했기 때문이다. 시적 모방의 대상이 반드시
도덕적으로 완벽한 성격의 소유자일 필요는 없다. 아리스토텔레스『시학』의 저변
에는 주어진 운명이 아니라 자발적 선택을 통해, 그리고 '도덕'이라는 행위의 절대
적 척도가 아니라 '자유'라는 행위의 주관적 척도에 따라 인간적 삶의 성패, 우열,
대소를 가리고자 하는 실존적 인간상이 깔려 있다.

10   καὶ γὰρ ἐν ὀρχήσει καὶ αὐλήσει καὶ κιθαρίσει ἔστι γενέσθαι
ταύτας τὰς ἀνομοιότητας, καὶ [τὸ] περὶ τοὺς λόγους δὲ καὶ
τὴν ψιλομετρίαν, οἷον Ὅμηρος μὲν βελτίους, Κλεοφῶν δὲ
ὁμοίους, Ἡγήμων δὲ ὁ Θάσιος <ὁ> τὰς παρῳδίας ποιήσας
πρῶτος καὶ Νικοχάρης ὁ τὴν Δειλιάδα χείρους· ὁμοίως δὲ καὶ
15   περὶ τοὺς διθυράμβους καὶ περὶ τοὺς νόμους, ὥσπερ †γᾶς†
Κύκλωπας Τιμόθεος καὶ Φιλόξενος μιμήσαιτο ἄν τις. ἐν αὐτῇ
δὲ τῇ διαφορᾷ καὶ ἡ τραγῳδία πρὸς τὴν κωμῳδίαν διέστη-
κεν· ἡ μὲν γὰρ χείρους ἡ δὲ βελτίους μιμεῖσθαι βούλεται τῶν
νῦν.

72

우리는 무용뿐만 아니라 아울로스 연주나 키타라 연주에서도 이러10
한 차이를 발견할 수 있으며, [운율 없는 단순] 언어나 음악 반주 없이 운
율만 있는 언어[34]를 [모방의 수단으로] 사용하는 예술들에서도 마찬가지
로 발견할 수 있다. 예를 들면 호메로스는 우리보다 월등한 인물을, 클
레오폰은 우리와 동등한 인물을, 그리고 최초로 파로디아[35]를 썼던 타
소스의 헤게몬과 『데일리아스』를 썼던 니코카레스는 우리보다 열등한
인물을 묘사했다. 마찬가지로 디튀람보스와 노모스의 경우에도 우리는15
누군가가 티모테오스와 필록세노스의 방식으로 [그들의] 퀴클롭스들[36]
을 [여러 모습으로] 모방할 수도 있는 것처럼 모방할 수 있을 것이다.

비극과 희극의 경계가 설정되는 것도 [모방의 대상과 관련된] 바로 이
런 차이를 통해서다. 왜냐하면 후자는 오늘날의 [보통] 사람들보다 열
등한 인물들을, 그리고 전자는 그들보다 월등한 인물들을 모방하고자
하기 때문이다.

---

34 [운율 없는 단순] 언어(logoi)나 음악 반주 없이 운율만 있는 언어(psilometria): 산
   문과 운문을 말한다('1447a29' 참조).

35 파로디아(parōdia): 풍자 서사시를 말한다.

36 퀴클롭스들: 그리스 신화에 등장하는 외눈박이 거인들이다.

Ἔτι δὲ τούτων τρίτη διαφορὰ τὸ ὡς ἕκαστα τούτων μι-
20 μήσαιτο ἄν τις. καὶ γὰρ ἐν τοῖς αὐτοῖς καὶ τὰ αὐτὰ μιμεῖσθαι
ἔστιν ὁτὲ μὲν ἀπαγγέλλοντα, ἢ ἕτερόν τι γιγνόμενον ὥσπερ
Ὅμηρος ποιεῖ ἢ ὡς τὸν αὐτὸν καὶ μὴ μεταβάλλοντα, ἢ πάντας
ὡς πράττοντας καὶ ἐνεργοῦντας †τοὺς μιμουμένους†. ἐν
25 τρισὶ δὴ ταύταις διαφοραῖς ἡ μίμησίς ἐστιν, ὡς εἴπομεν κατ᾽
ἀρχάς, ἐν οἷς τε <καὶ ἃ> καὶ ὥς. ὥστε τῇ μὲν ὁ αὐτὸς ἂν εἴη
μιμητὴς Ὁμήρῳ Σοφοκλῆς, μιμοῦνται γὰρ ἄμφω σπουδαίους,

---

37 예술들: '언어적 예술들'을 말한다. 모방의 수단이나 대상의 차이에 대한 논의는 회
화나 무용 같은 언어를 사용하지 않는 예술 형태들에 대해서도 이루어졌으나, 모방
방식의 차이는 언어를 사용하는 예술들에 국한되어 논의된다.

38 화자로서 서술하면서도(apangellonta): '서술' 행위의 주어는 생략되어 있지만 맥락
상 '모방하는 사람'(ho mimoumenos), 즉 '시인'이다. '1448a23-24'에서는 '모방하
는 사람들'(hoi mimoumenoi)이라는 주어가 명시되어 있다. 구문론적으로 볼 때, 이
것은 여기서 생략된 주어인 '모방하는 사람'(ho mimoumenos)에 대응한다: D. W.
Lucas(1968), 67 참조.

39 한편으로(hote men) …… 다른 한편으로(ē): 아리스토텔레스가 모방의 방식을 '크
게' 두 가지, 즉 (서술하면서도 다른 무엇이 되어 서술하거나 다른 무엇이 되지 않
고서 서술하는) 서술적 모방과 극적 모방으로 구분한다는 것을 분명히 하기 위해
'hote men'을 '한편으로', 'ē'를 '다른 한편으로'로 옮겼다.

40 아리스토텔레스는 플라톤의 구분(Platon, Resp., 392c-394c)을 기본적으로 차용하

제3장 모방의 방식

더 나아가 ['모방'을 공통의 원리로 전제하는] 이러한 예술들[37]의 차이를 규정하는 세 번째 기준이 있다. 그것은 [바로 모방의 방식, 즉] 우리가 각 대상을 '어떻게' 모방하는가다.

왜냐하면 동일한 수단으로 동일한 대상을, 한편으로 화자로서 서술하면서도,[38] 호메로스가 하는 것처럼 [서술 관점을 바꾸어] 다른 무엇이 되어 서술하거나, 아니면 [서술 관점을 바꾸지 않고] 동일한 자로서 그리고 [다른 무엇이] 되지 않고서 서술하는 방식으로, 다른 한편으로[39] 모방하는 사람들이 모든 인물을 행위하게 하고 행위를 [무대 위에서] 실행하게 하는 방식으로 모방할 수도 있기 때문이다.[40]

우리가 시작하면서 [앞으로 논의하자고] 말했던 모방 [예술들 사이]의 차이를 규정하는 기준에는 '무엇으로'와 '무엇을'과 '어떻게'의 이 세 가지가 있다. 따라서 소포클레스는 [그중] 한 기준[41]으로 보면 호메로스와 동일한 유형의 모방 시인으로 분류될 수 있다. 두 시인 모두 월등한 인

20

25

고 있다. 플라톤은 1)단순한 서술식 이야기 진행과 2)비극과 희극에서 보이는 모방적 이야기 진행을 구분하고, 전자를 1.1)디튀람보스시처럼 화자로서 직접 서술하는 것과 1.2)호메로스의 서사시처럼 화자로서 직접 서술할 뿐만 아니라 등장인물의 시각에서 서술하는 것으로─플라톤은 특히 『일리아스』의 크리세스 장면을 예로 들어, 호메로스는 다른 사람이 되지 않고 자기 자신으로서 직접 이야기하기도 하면서 동시에 자신이 마치 크리세스인 것처럼 말하기도 한다고 주장한다─구분한다. 여기서 아리스토텔레스는 모방을 그 방식의 측면에서 서술적 모방(플라톤의 1.1))과 극적 모방(플라톤의 2))과 혼합적 모방(플라톤의 1.2))으로 구분한다. 모방 방식의 삼분법에서 플라톤과 다른 점은, 아리스토텔레스는 플라톤이 모방에 의해 이루어지지 않은 것으로 말한 '1.1)' 역시 모방의 한 방식으로 간주한다는 점이다. 이러한 불일치에 대해서는 G. F. Else(1957), 91ff. 참조.

41 한 기준: '무엇을', 즉 모방의 대상을 말한다.

τῇ δὲ Ἀριστοφάνει, πράττοντας γὰρ μιμοῦνται καὶ δρῶντας ἄμφω. ὅθεν καὶ δράματα καλεῖσθαί τινες αὐτά φασιν, ὅτι

30   μιμοῦνται δρῶντας. διὸ καὶ ἀντιποιοῦνται τῆς τε τραγῳδί-
ας καὶ τῆς κωμῳδίας οἱ Δωριεῖς (τῆς μὲν γὰρ κωμῳδίας οἱ
Μεγαρεῖς οἵ τε ἐνταῦθα ὡς ἐπὶ τῆς παρ᾽ αὐτοῖς δημοκρατίας
γενομένης καὶ οἱ ἐκ Σικελίας, ἐκεῖθεν γὰρ ἦν Ἐπίχαρμος ὁ
ποιητὴς πολλῷ πρότερος ὢν Χιωνίδου καὶ Μάγνητος· καὶ τῆς

35   τραγῳδίας ἔνιοι τῶν ἐν Πελοποννήσῳ) ποιούμενοι τὰ ὀνό-
ματα σημεῖον·

물들을 모방하니까 말이다. 그런데 다른 기준[42]으로 보면 아리스토파네스와 동일한 유형의 모방 시인이라고도 할 수 있다. 두 시인 모두 등장인물을 행위하게 하고 행위를 [무대 위에서] 실행하게[43] 하는 모방의 방식을 사용하기 때문이다. [등장인물이 행위를 무대 위에서 실행한다는] 이 사실에 근거해 일부 사람은 [소포클레스와 아리스토파네스 같은 작가에 의해 쓰인] 비극과 희극 작품들이 '드라마'[44]로 불리게 된 것이라고 주장하기도 한다. 시인들이 모방하는 것은 행위를 [무대 위에서] 실행하는 자들이니까 말이다.

이 때문에 도리스인들은 자신들이 비극뿐만 아니라 희극의 원조라 30
고 주장하며 (희극의 경우 이곳 그리스 본토에 사는 메가라인들은 그들이 민주제를 시행했던 시기에 희극이 생겨났다고 하면서 자신들이 원조라고 주장하고, 시켈리아의 메가라인들은 시인 에피카르모스가 그곳 출신이고 키오니데스나 마그네스보다 훨씬 이전에 살았다고 하면서 자신들이 원조라고 주장한다. 그리고 비극의 경우 펠레폰네소스에 거주하는 일부 사람은 자신들이 원조라고 주장한다) 이 주 35
장의 근거로 명칭들을 제시한다.

---

42 다른 기준: '어떻게', 즉 모방의 방식을 말한다.

43 행위하게 …… 실행하게(prattein kai dran): 'prattein'과 'dran' 모두 기본적으로 '[행위]하다'(poiein)를 의미한다. 아리스토텔레스는 '1448b1-2'에서 '[행위]하다'를 뜻하는 동사로 아테나이에서는 'prattein', 도리스에서는 'dran'이 사용되었다는 점을 지적한다. 나는 아리스토텔레스가 앞서('1448a23') 극적 모방을 설명하기 위해 사용한 'prattein'과 'energein'(행위를 [무대 위에서] 실행하다)에 상응해 'prattein'을 '행위하다'로, 그리고 'dran'을 '행위를 [무대 위에서] 실행하다'로 옮겼다.

44 드라마(drama): 'dran'('[무대 위에서] 실행하다')에서 파생된 '드라마'는 무대에서 배우의 연기를 통해 이루어지는 '무대행위 예술'로서의 '연극'을 지칭하게 되었으며, '무대행위'의 방식으로 모방하는 시의 형태인 '극시'로 분류되었다.

αὐτοὶ μὲν γὰρ κώμας τὰς περιοικίδας καλεῖν φασιν, Ἀθηναί-
ους δὲ δήμους, ὡς κωμῳδοὺς οὐκ ἀπὸ τοῦ κωμάζειν λεχ-
θέντας ἀλλὰ τῇ κατὰ κώμας πλάνῃ ἀτιμαζομένους ἐκ τοῦ

1448b ἄστεως· καὶ τὸ ποιεῖν αὐτοὶ μὲν δρᾶν, Ἀθηναίους δὲ πράττειν
προσαγορεύειν. περὶ μὲν οὖν τῶν διαφορῶν καὶ πόσαι καὶ
τίνες τῆς μιμήσεως εἰρήσθω ταῦτα.

그들은 '주변 마을'(perioikis)을 자신들은 '코메'(komē)라고 부르지만 아테나이인들은 '데모스'(dēmos)라고 부른다고 주장하며, '희극 배우'(kōmōdoi)라는 말이 ['술 마시고 흥청망청 놀다'를 뜻하는] '코마제인'(kōmazein)에서 유래한 것이 아니라 도시에서 불명예스럽게 추방되어 '코메 곳곳을'(kata kōmas) 떠돌아다닐 수밖에 없었던 데서 유래한 것이라고 믿는다. 또한 '[행위]하다'(poiein)를 지칭하는 단어가 자신들에게는 '드란'(dran)인 반면에 아테나이인들에게는 '프라테인'(prattein)이라고 주장한다.

1448b

모방 [예술들 간]의 차이와 관련해 얼마나 많은 것이 있고 어떤 것이 있는지에 대해서는 이쯤하기로 하자.

Ἐοίκασι δὲ γεννῆσαι μὲν ὅλως τὴν ποιητικὴν αἰτίαι δύο
5 τινὲς καὶ αὗται φυσικαί. τό τε γὰρ μιμεῖσθαι σύμφυτον τοῖς
ἀνθρώποις ἐκ παίδων ἐστὶ καὶ τούτῳ διαφέρουσι τῶν ἄλ-
λων ζῴων ὅτι μιμητικώτατόν ἐστι καὶ τὰς μαθήσεις ποιεῖται
διὰ μιμήσεως τὰς πρώτας, καὶ τὸ χαίρειν τοῖς μιμήμασι
πάντας.

---

45 Aristoteles, *Meta.*, 980a1 참조.

46 인간이 다른 동물과 구별되는 것: 아리스토텔레스가 인간과 동물의 차이를 ‘모방’
을 통해 설명하는 것은 상식에 부합하지 않는 것처럼 보인다. 동물도 태어나면서부
터 모방하고 모방을 통해 인식의 첫걸음을 내디딘다고 말할 수 있기 때문이다. 만
약 아리스토텔레스가 여기서 ‘모방’을 플라톤이 『국가』에서 거울에 비치는 것에 비
유한 ‘현상(to phainomenon)에 대한 모방’으로 이해했다면, 그는 이런 종류의 ‘흉
내 내기’ 모방을 인간과 동물의 구분 근거로 말할 수 없었을 것이다. 그러므로 시
예술의 기원의 자연적 원인으로서 제시되는 ‘모방’을 동물이 수행하는 모방보다 더
고차적인 모방으로 이해하는 것이 합리적이다. 아리스토텔레스가 인간의 모방 능
력을 ‘가장 뛰어난’ 모방 능력으로 말하는 것도 ‘모방’을 단순한 재현 이상의 것으
로 이해하고 있다는 점을 시사한다. 플라톤적으로 표현하면, 아리스토텔레스는 시
예술의 기원을 ‘화가’의 모방이 아닌 ‘목수’의 모방에서 찾는다(앞의 각주 17 참조).
이는 시 예술, 특히 비극이 추구하는 ‘행위의 모방’을 ‘보편적(인) 성격(적 가능성과

제4장 시 예술의 기원, 시 예술의 개별적 형태의 등장과 그 역사적 발전

모든 종류의 시 예술의 발생에는 두 가지 [인간의 본성에 기초한] 자연적   5
원인이 있는 것처럼 보인다. 모방은 인간이 어릴 때부터 [인식을 욕구하
는 본성에 따라[45]] 추구하는 자연적 활동이며 (인간이 다른 동물과 구별되는
것[46]도 인간이 가장 뛰어난 모방 능력을 가지고 있고 모방을 통해 인식[47]의 첫걸음
을 내디딘다는 데 있다)[48] 모든 사람이 모방된 것에 쾌감을 느끼는 것 역
시 [인간의] 자연적 본성에 속한다.

능력)의 개별적 실현'으로 설명하는 아리스토텔레스의 방식에서 확인할 수 있다.

47 인식(hai mathēseis): '배움'(mathēsis)은 기원전 5세기~기원전 4세기에, 특히 소
피스트와 소크라테스·플라톤 사이에 이루어진 주요 철학적 논쟁의 주제들 가운
데 하나다. 지식의 교사로서 소피스트는 가르침(didaskalia)과 배움(mathēsis)을 지
식의 외적 전수(傳授)와 전수(傳受)로 규정하지만, 소크라테스와 플라톤은 배움의
능동적 계기에 주목함으로써 '배움'을 밖으로부터 인식을 단순히 수용하는 활동
이 아니라 영혼이 주체적·내적으로 인식을 합리적으로 형성하는 활동으로 규정한
다. 아리스토텔레스도 이 점에서 전적으로 플라톤적이다. '배움'을 플라톤이 일종
의 '상기'(anamnēsis)로 재해석하듯이, 아리스토텔레스는 일종의 '추론적 인식'으
로 재해석한다는 점에서(여기에 대해서는 이상인(2011), 315-336 참조) 여기서
도 'mathēsis'를 '인식'으로 옮겼다. '모방'이 근본적으로 '인식'의 활동이자 능력이
라는 사실은 시 예술에 대한 아리스토텔레스의 탐구가 단순히 '시의 제작과 관련
된'(poiētikos) 실용적 탐구가 아니라 '시적 인식과 관련된' 이론적(theōrētikos) 탐
구임을 함축적으로 시사한다(여기에 대해서는 옮긴이 '해제'와 A. Schmitt(2008),
92ff. 참조).

48 (인간이 …… 내디딘다는 데 있다): 원문에는 소괄호가 없지만, 첫째 원인으로 제
시된 '인간의 자연적 모방 능력'과 뒤에 언급된 '모방된 것에 대한 자연적 쾌감 능
력'의 연결을 쉽게 파악할 수 있도록 내가 소괄호로 묶었다. 첫째 원인의 이 두 측
면을 시 예술 기원의 두 원인으로 보는 견해도 있는데(가령 S. Halliwell(1987),
34), 오늘날에는 거의 수용되지 않는다(사무엘 헨리 부처/김진성 옮김(2014), 46,
각주 28 참조). 아리스토텔레스는 둘째 원인으로 '1448b20f.'에서 '음악적 선율과
리듬을 즐기는 인간의 자연적 능력과 본성'을 제시한다.

10   σημεῖον δὲ τούτου τὸ συμβαῖνον ἐπὶ τῶν ἔργων· ἃ γὰρ αὐτὰ
λυπηρῶς ὁρῶμεν, τούτων τὰς εἰκόνας τὰς μάλιστα ἠκριβω-
μένας χαίρομεν θεωροῦντες, οἷον θηρίων τε μορφὰς τῶν
ἀτιμοτάτων καὶ νεκρῶν. αἴτιον δὲ καὶ τούτου, ὅτι μανθά-
νειν οὐ μόνον τοῖς φιλοσόφοις ἥδιστον ἀλλὰ καὶ τοῖς ἄλλοις
15   ὁμοίως, ἀλλ᾽ ἐπὶ βραχὺ κοινωνοῦσιν αὐτοῦ. διὰ γὰρ τοῦτο
χαίρουσι τὰς εἰκόνας ὁρῶντες, ὅτι συμβαίνει θεωροῦντας
μανθάνειν καὶ συλλογίζεσθαι τί ἕκαστον, οἷον ὅτι οὗτος
ἐκεῖνος· ἐπεὶ ἐὰν μὴ τύχῃ προεωρακώς, οὐχ ᾗ μίμημα ποιή-
σει τὴν ἡδονὴν ἀλλὰ διὰ τὴν ἀπεργασίαν ἢ τὴν χροιὰν ἢ διὰ
20   τοιαύτην τινὰ ἄλλην αἰτίαν. κατὰ φύσιν δὲ ὄντος ἡμῖν τοῦ
μιμεῖσθαι καὶ τῆς ἁρμονίας καὶ τοῦ ῥυθμοῦ (τὰ γὰρ μέτρα
ὅτι μόρια τῶν ῥυθμῶν ἐστι φανερόν) ἐξ ἀρχῆς οἱ πεφυκότες
πρὸς αὐτὰ μάλιστα

---

49 그것에(autou): '그것'을 '쾌감을 느끼는 것'으로 볼 수도 있으나(가령, L. Golden, & O. B. Hardison(1981), 7 참조), 쾌감을 느끼는 정도의 차이는 결국 인식의 깊이의 차이에 의존한다는 점에서 '인식하는 것'을 가리키는 것으로 읽는 것이 더 적절하다고 본다.

50 직역하면 '후자는 그것에 조금만(epi brachy) 참여하지만 말이다'다. 후자, 즉 '다른 사람들'이 추구하는 인식이 그 범위나 수준에서 제한적임을 말한다.

51 '이 사람이 바로 그 사람이구나': '이 사람'은 예컨대 종이 위에 '그려진 사람'을 말하고, '그 사람'은 이 그림 속에 그려진 실제 인물을 가리킨다. '그려진 이 사람'을 인식하는 것이 우리에게 쾌감을 불러일으키는 것은 '그려진 이 사람'에 대한 '인식'이 '추론'을 통해, 즉 '그려진 이 사람'의 원본이 되는 '그 사람'이 이런저런 특징을 지니고 있다는 사실과 '그려진 이 사람'이 또한 그와 같은 특징을 지니고 있다는 사실의 결합을 통해 '그려진 이 사람'이 같은 특징을 지닌 바로 '그 사람'이라는 것을 결론으로 도출하는 것을 통해 이루어진다는 데 있다. 아리스토텔레스의 이 예는 감

예술작품을 볼 때, 우리가 겪는 일이 그 증거다. 가령 극히 혐오스러 10
운 짐승이나 시체 같은 형체를 볼 때 우리는 불쾌하게 느끼지만, 이런
것을 더없이 정확하게 묘사해 놓은 그림을 볼 때는 쾌감을 느낀다.

[인간이 예술작품에서 느끼는] 이러한 쾌감의 원인은 [어떤 것을] 인식하
는 것이 비단 철학자들뿐만 아니라 다른 사람들에게도 마찬가지로 최
상의 쾌감을 준다는 데 있다. 물론 후자는 [전자에 비해] 제한적으로 그
것에[49] 참여하지만 말이다.[50] 그림을 볼 때 쾌감을 느끼는 것도 바로 이 15
러한 인식 때문이다. 그림을 보자마자 우리는 가령 '이 사람이 바로 그
사람이구나'[51]라는 식으로 [그려진] 각각의 것이 무엇인지를 인식하고
추론하게 되니까 말이다. 만약 [그림에 그려진 사람을] 전에 [직접] 본 적
이 없다면, [그 사람에 대해 모방된 것은] 모방된 것 자체로서가 아니라 단
지 [그 사람의 모방에 사용된] 기교나 색깔 때문에 또는 그와 같은 다른 어
떤 이유로 [그림을 보는 자에게] 쾌감을 불러일으킬 것이다.

우리의 자연적 본성에는 [한편으로] 모방[을 즐기는 능력]과 [다른 한편으 20
로] 음악적 선율과 리듬[을 즐기는 능력]이 속해 있기 때문에[52](운율이 일
종의 리듬인 것은 분명하니까 말이다), 처음에는 그런 능력들을 가장 뛰어

각적 인식을 상기를 통해 정초할 때 플라톤이 사용했던 논증(*Phd.*, 72e1ff.)과 유사
하다: S. I. Lee(2000), 93-115 참조. 아리스토텔레스는 『수사학』에서도 모방의 예
술적 쾌감과 불쾌감의 원인을 인식, 특히 모방된 것에 대한 인식, 더 구체적으로 말
하면 모방된 것과 모방의 원본 사이의 동일성('이것이 바로 그것이다')의 추론으로
설명한다(*Rhet.*, 1371b4f.): "인식하는 것(manthanein)과 놀라는 것(thaumazein)은
쾌감을 주기 때문에, 이들과 연관된 모든 것도 쾌감을 줄 수밖에 없다. 예컨대 회화
나 조각이나 시와 같은 모방된 것(to mimoumenon)과 잘 모방된 모든 것은, 비록
모방의 [본래] 대상은 쾌감을 주지 않더라도 쾌감을 준다. 왜냐하면 쾌감이나 그 반
대를 불러일으키는 것은 이것(scil. 모방의 원본)이 아니라 오히려 '이것이 바로 그
것이다'라는 추론(syllogismos)이기 때문이다. 어떤 것을 인식하는 것은 바로 이런
추론의 결과다."

52 여기서 아리스토텔레스는 시 예술 발생의 두 가지 원인을 요약해 제시하고 있다.

κατὰ μικρὸν προάγοντες ἐγέννησαν τὴν ποίησιν ἐκ τῶν
αὐτοσχεδιασμάτων. διεσπάσθη δὲ κατὰ τὰ οἰκεῖα ἤθη ἡ
25 ποίησις· οἱ μὲν γὰρ σεμνότεροι τὰς καλὰς ἐμιμοῦντο πρά-
ξεις καὶ τὰς τῶν τοιούτων, οἱ δὲ εὐτελέστεροι τὰς τῶν φαύ-
λων, πρῶτον ψόγους ποιοῦντες, ὥσπερ ἕτεροι ὕμνους καὶ
ἐγκώμια. τῶν μὲν οὖν πρὸ Ὁμήρου οὐδενὸς ἔχομεν εἰπεῖν
τοιοῦτον ποίημα, εἰκὸς δὲ εἶναι πολλούς, ἀπὸ δὲ Ὁμήρου
30 ἀρξαμένοις ἔστιν, οἷον ἐκείνου ὁ Μαργίτης καὶ τὰ τοιαῦτα.
ἐν οἷς κατὰ τὸ ἁρμόττον καὶ τὸ ἰαμβεῖον ἦλθε μέτρον—διὸ
καὶ ἰαμβεῖον καλεῖται νῦν, ὅτι ἐν τῷ μέτρῳ τούτῳ ἰάμβιζον
ἀλλήλους. καὶ ἐγένοντο τῶν παλαιῶν οἱ μὲν ἡρωικῶν οἱ δὲ
ἰάμβων ποιηταί.

---

53 아리스토텔레스는 즉흥적인 시에서 출발해 시를 예술(technē)로까지 고양하는 과
정을 말하고 있다: D. W. Lucas(1968), 74 참조.

54 [신들에 대한] 찬가(hymnoi)와 [뛰어난 인간들에 대한] 송가(enkōmia): 플라톤의
『국가』 607a 참조.

55 풍자풍의 시(psogoi): 'psogos'는 '비방'(blame)이나 '비난'(censure)을 의미하는데,
복수로는 욕설을 주고받으며 서로 비방하는 내용의 '풍자풍의 시'(lampoons)를 뜻
한다.

56 『마르기테스』(Margitēs): 이 작품은 많은 것을 알고 있지만 엉터리로 알고 있는 병
어리 영웅의 모험을 담고 있는 풍자 서사시다. 이것은 아리스토텔레스의 『니코마
코스 윤리학』 '1141a14'에서 다시 한 번 호메로스의 작품으로 인용된다: D. W.
Lucas(1968), 76 참조.

나게 타고난 자들이 즉흥곡[을 부르는 것]에서 [시작해] 조금씩 발전시키면서 시를 [완성된 예술의 형태로] 탄생시켰다.[53] 그런데 시는 [시인들의] 개인적 성향에 따라 두 방향으로 갈라지게 되었다. 보다 품격 있는 시 25 인들은 고귀한 행위와 그런 인물들의 행위를 모방했던 반면, 보다 경박한 시인들은 저속한 인물들의 행위를 모방했다. 저들이 [신들에 대한] 찬가와 [뛰어난 인간들에 대한] 송가[54]를 쓴 것처럼 이들은 처음에 [상대를 헐뜯고 비방하는] 풍자풍의 시[55]를 썼다.

호메로스 이전 시인 중에서는 이런 종류의 시를 썼다고 말할 수 있는 사람을 찾아볼 수 없다. 그런 시인들이 많았을 것 같지만 말이다. 그런데 호메로스를 기점으로 [그런 종류의 시를 쓰기] 시작한 시인들에 대해서는 [그 사례를 드는 것이] 가능하다. 가령 호메로스의 『마르기테스』[56]나 이 30 와 같은 종류의 [다른] 시들이 있다. 이들 [풍자풍의] 시에 적합한 형식으로는 단장격[의 이암보스] 운율이 도입되었다. (이로부터 오늘날 우리가 사용하는 '이암베이온'[57]이라는 [풍자풍 시의 운율을 지칭하는] 명칭이 비롯된 것이다. 왜냐하면 사람들이 이 운율로 서로를 '이암비제인'[58][즉 비방하고 풍자]했기 때문이다.)[59] 그리고 옛 시인들 가운데 일부는 [장단단격 운율로] 영웅시를 썼고, 일부는 [단장격의 이암보스 운율로] 풍자시[60]를 썼다.

---

57 '이암베이온'(iambeion): 단장격의 이암보스 운율('iambic')을 가리키기도 하고 단장격의 이암보스 운율로 쓰인 시행('iambic verse')을 나타내기도 하며, 복수로 쓰이면 단장격의 이암보스 운율의 시행들로 이루어진 시('iambic poem')를 의미하기도 한다.

58 '이암비제인'(iambizein): 'iambizein'은 동사 '이암비조'(iambizō)의 부정사로 '욕설과 비방을 서로 주고받으며 풍자한다'를 뜻한다.

59 카셀의 원문에서는 줄표로 삽입된 문장인데, 여기서는 내가 소괄호로 묶었다.

60 [단장격의 이암보스 운율로] 풍자시(iamboi): 'iambos'는 단장격의 이암보스 운율을 가리키며, 복수로는 단장격의 이암보스 운율로 쓰인 풍자시를 의미한다. 대표적으로 칼리마코스의 풍자시가 있다.

ὥσπερ δὲ καὶ τὰ σπουδαῖα μάλιστα ποιητὴς Ὅμηρος ἦν (μό-
35 νος γὰρ οὐχ ὅτι εὖ ἀλλὰ καὶ μιμήσεις δραματικὰς ἐποίησεν),
οὕτως καὶ τὸ τῆς κωμῳδίας σχῆμα πρῶτος ὑπέδειξεν, οὐ
ψόγον ἀλλὰ τὸ γελοῖον δραματοποιήσας· ὁ γὰρ Μαργίτης
ἀνάλογον ἔχει, ὥσπερ Ἰλιὰς καὶ ἡ Ὀδύσσεια πρὸς τὰς τρα-
1449a γῳδίας, οὕτω καὶ οὗτος πρὸς τὰς κωμῳδίας. παραφανείσης
δὲ τῆς τραγῳδίας καὶ κωμῳδίας οἱ ἐφ' ἑκατέραν τὴν ποίησιν
ὁρμῶντες κατὰ τὴν οἰκείαν φύσιν οἱ μὲν ἀντὶ τῶν ἰάμβων
5 κωμῳδοποιοὶ ἐγένοντο, οἱ δὲ ἀντὶ τῶν ἐπῶν τραγῳδοδιδά-
σκαλοι, διὰ τὸ μείζω καὶ ἐντιμότερα τὰ σχήματα εἶναι ταῦτα
ἐκείνων. τὸ μὲν οὖν ἐπισκοπεῖν εἰ ἄρα ἔχει ἤδη ἡ τραγῳδία
τοῖς εἴδεσιν ἱκανῶς ἢ οὔ, αὐτό τε καθ' αὐτὸ κρῖναι καὶ πρὸς
τὰ θέατρα, ἄλλος λόγος.

그런데 호메로스는 탁월한 행위들을 모방하는 데도 최고의 시인이
었던 것처럼(그는 [시를] 잘 쓰는 것을 넘어 극 형태의 모방을 한 유일한 사람이   35
었으니까 말이다) 그렇게 비방에 머무르지 않고 우스꽝스러운 것을 극적
으로 묘사함으로써 희극이라는 [극]형식을 최초로 선보인 시인이기도
했다. 왜냐하면 『일리아스』와 『오뒤세이아』가 비극에서 차지하는 위치   1449a
는 『마르기테스』가 희극에서 차지하는 위치와 같기 때문이다. 비극과
희극이 등장했을 때, 시인들은 각자의 개인적 특성에 따라 두 종류의
시 가운데 어느 한쪽에 끌리게 되었으며, 일부는 [단장격 이암보스 운율
의] 풍자시를 쓰는 대신에 희극시인이 되었고 일부는 서사시를 쓰는 대   5
신 비극시인이 되었다. 왜냐하면 [새로 등장한] 두 형식이 이전 것들보다
더 우월하고 더 존중받을 만한 것이었기 때문이다.

비극이 이미 여러 유형[61]으로 세분되어 있었는지[62] 없었는지를 검토
하는 것, [그리고] 이를[63] 그 자체로[64]뿐만 아니라 극장[에서의 공연]과 관
련해 판단하는 것은 다른 논의에 속하는 문제다.

---

61 여러 유형(eidē): 번역본 대부분은 'eidē'를 『시학』에서의 용법에 근거해(예컨대
1447a1, 1455b32) 어떤 것의 개별적 '종류들'이나 '형태들'이나 '유형들'로 옮긴다.
우리도 이에 따라 '여러 유형'으로 옮겼다. 이와 달리 I. Bywater(1984)는 §6에서 언
급되는 비극의 부분들(merē, 1456a13, 1456a33), 특히 비극 본연의 기능과 목적을
수행하는 데 필수적으로 요구되는 형식적 요소들(formative elements, 1452b14)을
가리키는 것으로 보며, A. Schmitt(2008)는 아리스토텔레스가 'dynamis'와 더불어
사물의 '본질(적 가능성)'(Möglichkeit)과 '본성'(physis, 1449a15)을 표현하기 위해
사용하는 전문 용어로 본다.

62 세분되어 있었는지(echei hikanōs): 직역하면 (비극이 그 유형들과 관련해) '충분하
게 발전되어 있었는지'다. 비극의 다양한 형태나 유형이 세부적으로 구분되고 충분
히 정착되는 데까지 비극의 발전이 이루어졌는지를 묻고 있다고 보고 내가 약간 의
역했다.

63 즉 비극이 이때 이미 여러 유형으로 세분되어 있었는지 없었는지를.

64 그 자체로(kath auto): I. Bywater(1984)의 번역 참조: '이론적으로'(theoretically).

10 γενομένη δ᾽ οὖν ἀπ᾽ ἀρχῆς αὐτοσχεδιαστικῆς—καὶ αὐτὴ καὶ
ἡ κωμῳδία, καὶ ἡ μὲν ἀπὸ τῶν ἐξαρχόντων τὸν διθύραμβον,
ἡ δὲ ἀπὸ τῶν τὰ φαλλικὰ ἃ ἔτι καὶ νῦν ἐν πολλαῖς τῶν πόλε-
ων διαμένει νομιζόμενα—κατὰ μικρὸν ηὐξήθη προαγόντων
ὅσον ἐγίγνετο φανερὸν αὐτῆς· καὶ πολλὰς μεταβολὰς μετα-
15 βαλοῦσα ἡ τραγῳδία ἐπαύσατο, ἐπεὶ ἔσχε τὴν αὑτῆς φύσιν.
καὶ τό τε τῶν ὑποκριτῶν πλῆθος ἐξ ἑνὸς εἰς δύο πρῶτος
Αἰσχύλος ἤγαγε καὶ τὰ τοῦ χοροῦ ἠλάττωσε καὶ τὸν λόγον
πρωταγωνιστεῖν παρεσκεύασεν· τρεῖς δὲ καὶ σκηνογραφίαν
Σοφοκλῆς.

---

65 비극은 [처음에] 즉흥적[으로 노래하는 것에서] 시작[하는 것]으로부터(ap archēs
autoschediastikēs): 비극의 기원이 공연의 즉흥적 시작에 있다는 것을 아리스토텔
레스는 코로스 지휘자가 디튀람보스를 즉흥적으로 선창하면서 공연을 시작했다
는 사실에 근거해 정당화한다. 'ap archēs autoschediastikēs'에 대한 번역은 G. F.
Else(1957), 149 참조('out of an improvisional beginning').

비극은 [처음에] 즉흥적[으로 노래하는 것에서] 시작[하는 것]으로부터[65]   10
생겨났으며, (비극뿐만 아니라 희극도 그렇다. 비극은 디튀람보스를 [선창하며
공연을] 시작하는 사람들[66]로부터 생겨났고, 희극은 지금까지도 여러 도시에 관습
으로 남아 있는 남근가(男根歌)를 [선창하며 공연을] 시작하는 사람들로부터 생겨
났다)[67] 그때까지 분명하게 알려진 [비극의] 요소들을 계속 발전시키면
서 조금씩 성장했다. 그리고 많은 변화를 겪은 후 비극[의 성장]은 멈췄   15
다. 왜냐하면 비극이 [마침내] 그 고유의 본성을 실현했기 때문이다.

아이스퀼로스는 배우[68]의 수를 한 명에서 두 명으로 늘린[69] 최초의
사람이었으며, 코로스가 담당하는 역할을 줄여 대화가 [극을] 주도적으
로 이끌게 했다. 소포클레스는 배우의 수를 세 명으로 늘렸으며, 무대
배경을 도입했다.

---

66 시작하는 사람들(exarchōntes): 코로스를 이끄는 '지휘자들'을 말한다. 시인 자
   신이었던 이들의 선창으로부터 공연이 비로소 시작됐다는 점에서 '시작하는
   자'(exarchōn, 개시자)로, 그리고 대개는 '첫 번째 배우'로 불렸다.

67 카셀의 원문에서 줄표로 묶인 문장인데, 여기서는 내가 소괄호로 묶었다.

68 배우(hypokritai): '배우'를 뜻하는 'hypokritēs'의 동사는 'hypokrinesthai'다. 이것
   은 '대답하다', '해석하다', '해설하다', '진술하다', '말하다' 등을 뜻하며, 이로부
   터 'hypokritēs'는 '대답하는 자', '해설자', '해석자', '말하는 자', '진술자' 등의 의
   미를 갖게 되었다. 일반적으로 'hypokritēs'는 '대답하는 자'라는 의미의 '배우'라
   는 해석이 많이 수용되지만 여전히 해석적 논란이 있다. 여기에 대해서는 D. W.
   Lucas(1968), 82 참조.

69 한 명에서 두 명으로 늘린: 앞에서 언급한 바와 같이 배우가 '대답하기' 때문에
   'hypokritēs'로 불린 것이라면, 코로스의 '첫 번째 배우'인 시인은 그 누구의 말에
   대답하는 자는 아니기 때문에 'tragōdos'('코로스 구성원' 또는 '비극시인')로 불
   려야지 'hypokritēs'로 불려서는 안 된다. 이 명칭상의 문제를 해소하기 위해 엘스
   는 '코로스 구성원'으로서 시인을 코로스의 '첫 번째 구성원'으로 규정하고, 코로
   스의 '두 번째 구성원'을 '첫 번째 hypokritēs'로, 그리고 세 번째 구성원을 '두 번째
   hypokritēs'로 설명한다. 아이스퀼로스가 두 명으로 늘린 배우에 해당하는 사람은
   바로 이 두 번째, 세 번째 구성원이다. 자세한 것은 G. F. Else(1957), 167 참조.

20 ἔτι δὲ τὸ μέγεθος· ἐκ μικρῶν μύθων καὶ λέξεως γελοίας διὰ
τὸ ἐκ σατυρικοῦ μεταβαλεῖν ὀψὲ ἀπεσεμνύνθη, τό τε μέτρον
ἐκ τετραμέτρου ἰαμβεῖον ἐγένετο. τὸ μὲν γὰρ πρῶτον τετρα-
μέτρῳ ἐχρῶντο διὰ τὸ σατυρικὴν καὶ ὀρχηστικωτέραν εἶναι
τὴν ποίησιν, λέξεως δὲ γενομένης αὐτὴ ἡ φύσις τὸ οἰκεῖον
25 μέτρον εὗρε· μάλιστα γὰρ λεκτικὸν τῶν μέτρων τὸ ἰαμβεῖόν
ἐστιν· σημεῖον δὲ τούτου, πλεῖστα γὰρ ἰαμβεῖα λέγομεν ἐν τῇ
διαλέκτῳ τῇ πρὸς ἀλλήλους, ἑξάμετρα δὲ ὀλιγάκις καὶ ἐκβαί-
28 νοντες τῆς λεκτικῆς ἁρμονίας. ἔτι δὲ ἐπεισοδίων πλήθη. καὶ
30 τὰ ἄλλ᾽ ὡς ἕκαστα κοσμηθῆναι λέγεται ἔστω ἡμῖν εἰρημένα·
πολὺ γὰρ ἂν ἴσως ἔργον εἴη διεξιέναι καθ᾽ ἕκαστον.

---

70 크기(megethos): 'megethos'는 중의적으로 사용되었다. 한편으로는 비극의 길이를,
다른 한편으로는 비극에 포함된 내용의 중요성이나 무게감을 가리킨다. '구성의 짧
음'은 전자에, '우스꽝스러운 언어적 표현'은 후자에 대응한다.

71 사튀로스극(to satyrikon): 고대 그리스의 디오뉘소스 축제에서 발전된 것으로 4부
작으로 이루어진 비극 중에서 마지막으로 상연되었던 짧고 우스꽝스러운 연극이
다. 형식과 운율 면에서는 비극에 가깝지만 내용 면에서는 희극에 가깝다. 사튀로
스로 분장한 코로스가 신과 영웅들을 우스꽝스럽게 묘사했다.

90

그 외에도 [발전의 과정을 겪으면서 비극의] 크기[70]가 변했다. [처음에] 비
극의 구성은 짧았고 언어적 표현은 우스꽝스러웠다. 왜냐하면 사튀로   20
스극[71]의 형태들로부터 발전했기 때문이다.[72] 하지만 나중에 [비극적 행
위에 적합한] 품격[과 위엄]을 갖추게 되었다. 그리고 운율은 [장단격의 트
로카이오스] 사절 운율[73]에서 단장격[의 이암보스 삼절] 운율로 바뀌었다.
처음에 사절 운율을 사용했던 것은 [당시의] 시가 사튀로스극과 비슷했
고 춤에 더 큰 비중을 두었기 때문이다. 하지만 대화가 도입되자 비극
은 그 본성 자체의 실현에 적합한 고유의 운율을 발견했다.[74] 운율 중에
서 대화에 가장 적합한 것은 단장격[의 이암보스 삼절] 운율이다. 그 증거   25
로 우리는 서로 대화를 나눌 때 대부분 단장격[의 이암보스] 운율로 말
하지만, [장단단격의 닥튈로스] 육절 운율은 드물게 그것도 우리가 말을
주고받기에 자연스러운 어조에서 벗어날 때만 사용한다는 사실을 들
수 있다.

더 나아가 삽화의 수도 변했다.   28

그리고 [비극을 이루는] 그 밖의 다른 요소들이 각기 [비극이라는 하나   30
의 체계 속에서] 어떻게 [예술적으로] 치장되었다고 사람들이 말하는지는
이미 논의된 것으로 하자. 아마도 이를 개별적으로 [하나하나] 살펴보는
것은 너무 방대한 작업이겠으니까 말이다.

---

72 비극이 디튀람보스에서 유래했다는 앞선 언급과의 일관성에 대해서는 로즐린 뒤퐁
  록, 장 랄로/김한식 옮김(2010), 108ff. 참조.

73 사절 운율(tetrametron): 장단격의 트로카이오스 음보를 중복해 하나의 절을 만들고
  이 절을 총 네 번 반복하는 운율을 말한다. 이 운율이 사용된 가장 대표적인 작품에
  는 아이스퀼로스의 『페르시아인들』(Persai)과 『아가멤논』(Agamemnon)이 있다.

74 비극은 그 본성 자체의 실현에 적합한 고유의 운율을 발견했다(autē hē physis to
  oikeion metron heure): 직역하면 '[비극의] 본성 자체가 그 고유의 운율을 발견했
  다'다.

Ἡ δὲ κωμῳδία ἐστὶν ὥσπερ εἴπομεν μίμησις φαυλοτέρων
μέν, οὐ μέντοι κατὰ πᾶσαν κακίαν, ἀλλὰ τοῦ αἰσχροῦ ἐστι τὸ
35   γελοῖον μόριον. τὸ γὰρ γελοῖον ἐστιν ἁμάρτημά τι καὶ αἶσχος
ἀνώδυνον καὶ οὐ φθαρτικόν, οἷον εὐθὺς τὸ γελοῖον πρόσω-
πον αἰσχρόν τι καὶ διεστραμμένον ἄνευ ὀδύνης. αἱ μὲν οὖν
τῆς τραγῳδίας μεταβάσεις καὶ δι' ὧν ἐγένοντο οὐ λελήθασιν,
1449b   ἡ δὲ κωμῳδία διὰ τὸ μὴ σπουδάζεσθαι ἐξ ἀρχῆς ἔλαθεν· καὶ
γὰρ χορὸν κωμῳδῶν ὀψέ ποτε ὁ ἄρχων ἔδωκεν, ἀλλ'
ἐθελονταὶ ἦσαν. ἤδη δὲ σχήματά τινα αὐτῆς ἐχούσης οἱ
λεγόμενοι αὐτῆς ποιηταὶ μνημονεύονται. τίς δὲ

---

75 잘못된 행위의 일종(hamartēma ti): 'hamartēma'는 '과녁을 빗맞히다', '목적을 이
    루지 못하다', '죄를 짓다' 등을 의미하는 'hamartanein'에서 파생된 것으로 행위의
    정상적 궤도나 목표로부터 이탈된 '잘못된 행위'를 가리킨다.
76 아리스토텔레스는 비극을 다루면서 죽음이나 극도의 육체적 고통이나 부상 등과
    같은 "파멸이나 고통을 가져오는 행위"(praxis pthartikē ē odynēra, 1452b11-12)에

제5장 희극의 정의와 역사, 서사시와 비극의 기초적 비교

앞서 말한 것처럼 희극은 [오늘날의 보통 사람보다] 열등한 인간들(phaulo-teroi)의 모방이다. 그러나 [내가 말하는 '열등한' 인간들이] '악'(kakia)이란 말의 온전한 의미에서 '악한' 인간들이라는 것은 아니다. [희극적인] 우스꽝스러움은 오히려 추악(醜惡)의 범주에 속하는 말이다. 왜냐하면 우스꽝스러운 행위는 [행위의 정상적 목표에서 벗어난] 잘못된 행위의 일종[75]이고 추악한 행위[의 일부]이며, [이러한 잘못되고 추악한 행위는] 어떤 고통 35 이나 파멸도 야기하지 않기 때문이다.[76] 이는 가령 우스꽝스러운 가면만 봐도 곧바로 알 수 있다. 그것은 어떤 면에서는 추악하고 일그러졌지만, 그렇다고 그것이 고통을 불러일으키지는 않으니까 말이다.

  비극의 전개 과정과 이 과정을 주도했던 사람들의 이름은 [잊히지 않은 채] 잘 알려져 있지만, 희극은 진지하게 받아들여지지 않았던 관계로 1449b 처음부터 [잊힌 채] 아무 주목도 받지 못했다. 왜냐하면 집정관이 [경연에 참여하는 희극시인들에게] 코로스를 [공적으로] 제공한 것은 한참 뒤의 일이었고,[77] 그 이전에는 [자발적] 희망자들[78]이 [경연에] 참여했기 때문이다. 희극이 이미 일정한 형식을 갖추고 난 후에 비로소 '희극시인'으로 불린 사람들의 이름이 기억되기[79] 시작했다. 누가 [희극에] 가면과 프

대해 논한다.

77 한참 뒤의 일이었고: 희극은 기원전 486년에, 즉 비극보다 약 50년 후에 아테나이의 축제 행사로 공인되었다. 경연 대회에 참가하고자 한 시인들이 집정관에게 합창대의 훈련이나 장비 마련을 위한 비용을 요청하면, 집정관은 재력 있는 시민 중에서 '코로스 후원자'(chorēgos)를 선정하고 공적으로 임명해 그 비용을 충당하게 했다.

78 희망자들(ethelontai): 후원 없이 자비로 경연 참가를 원했던 사람들을 말한다.

79 기억되기: 즉 기록으로 전승되기.

πρόσωπα ἀπέδωκεν ἢ προλόγους ἢ πλήθη ὑποκριτῶν καὶ ὅσα τοιαῦτα, ἠγνόηται. τὸ δὲ μύθους ποιεῖν [Ἐπίχαρμος καὶ Φόρμις] τὸ μὲν ἐξ ἀρχῆς ἐκ Σικελίας ἦλθε, τῶν δὲ Ἀθήνησιν Κράτης πρῶτος ἦρξεν ἀφέμενος τῆς ἰαμβικῆς ἰδέας καθόλου ποιεῖν λόγους καὶ μύθους. ἡ μὲν οὖν ἐποποιία τῇ τραγῳδίᾳ μέχρι μὲν τοῦ μετὰ μέτρου λόγῳ μίμησις εἶναι σπουδαίων ἠκολούθησεν· τῷ δὲ τὸ μέτρον ἁπλοῦν ἔχειν καὶ ἀπαγγελίαν εἶναι, ταύτῃ διαφέρουσιν· ἔτι δὲ τῷ μήκει· ἡ μὲν ὅτι μάλιστα πειρᾶται ὑπὸ μίαν περίοδον ἡλίου εἶναι ἢ μικρὸν ἐξαλλάτ- τειν, ἡ δὲ ἐποποιία ἀόριστος τῷ χρόνῳ καὶ τούτῳ διαφέρει, καίτοι τὸ πρῶτον ὁμοίως ἐν ταῖς τραγῳδίαις τοῦτο ἐποίουν καὶ ἐν τοῖς ἔπεσιν. μέρη δ' ἐστὶ τὰ μὲν ταὐτά, τὰ δὲ ἴδια τῆς τραγῳδίας· διόπερ ὅστις περὶ τραγῳδίας οἶδε σπουδαίας καὶ φαύλης, οἶδε καὶ περὶ ἐπῶν· ἃ μὲν γὰρ ἐποποιία ἔχει, ὑπάρ- χει τῇ τραγῳδίᾳ, ἃ δὲ αὐτῇ, οὐ πάντα ἐν τῇ ἐποποιίᾳ.

---

80 프롤로고스(prologos): '프롤로고스'에 대해서는 §12 참조.

81 원래 에피카르모스와 포르미스의 시켈리아로부터 왔으며: 원문은 '[Epicharmos kai Phormis] ex archēs ek Sikelias ēlthe'다. 대괄호 속의 'Epicharmos kai Phormis'는 파

롤로고스[80]를 도입하고 배우의 수나 그와 같은 다른 모든 것을 지정했   5
는지는 알려져 있지 않다.

　[희극적] 구성을 짜는 것은 원래 에피카르모스와 포르미스의 시켈리
아로부터 왔으며,[81] 아테나이의 희극시인 중에서는 크라테스가 최초로
[단장격의 이암보스 운율로 상대방을 비방하고] 풍자하는 형식을 버리고 [희
극적 행위들을] 전체적 [관점에서 조직한] 이야기로 구성을 짜기 시작했다.

　서사시는 운율을 지닌 언어에 의한 월등한 인물들의 모방이라는 점   10
에서 비극과 일치하지만, 단 하나의 운율만을 가지고 있고 [행위들의 모
방 방식이] 서술이라는 점에서는 비극과 다르다. 또한 길이[82]에서도 다
르다. 비극은 되도록 태양이 한 번 회전하는 시간 내에 머무르거나 [이
를 넘더라도] 아주 조금만 넘으려고 하지만, 서사시에는 시간적인 제한
이 없다. 이 점에서 서사시는 비극과 구별된다. 물론 비극도 처음에는   15
서사시와 마찬가지로 시간적인 제약을 받지 않았지만 말이다. [비극과
서사시를 이루는] 부분 중 일부는 양자에 공통되지만, 일부는 비극에만
있다. 따라서 비극에 대해 [어떤 비극이] 좋고 나쁜지를 아는 사람이라
면 누구나 서사시에 대해서도 [어떤 서사시가 좋고 나쁜지를] 안다.[83] 서사
시가 가지고 있는 부분들은 모두 비극에 있기 때문이다. 하지만 비극에
있는 부분들이 모두 서사시에 있는 것은 아니다.   20

　　손된 부분인데, 나는 '시켈리아'를 한정하는 것으로 읽었다. '시켈리아 출신의 에피
　　카르모스와 포르미스에 의해 처음 시도되었다'로 읽는 것도 가능하다.

82　길이(mēkos): '길이'는 행위가 시작되어 중간을 지나 그 최종적 결말로 진행해 완성
　　되는 데 요구되는 시간의 크기를 말한다. '길이'를 시행의 총 길이에 의해 측정되는
　　'작품의 크기'나 서사시와 비극을 낭송하거나 공연하는 데 필요한 '시간의 크기'로
　　볼 수 있는 가능성에 대해서는 D. W. Lucas(1968), 93f. 참조.

83　비극의 질적 수준을 판단할 수 있는 사람은 서사시의 질적 수준을 판단할 수 있다
　　는 것이다.

제6~22장

비극 자체와 그 개별적 부분에 대한 고찰

Περὶ μὲν οὖν τῆς ἐν ἑξαμέτροις μιμητικῆς καὶ περὶ κω-
μῳδίας ὕστερον ἐροῦμεν· περὶ δὲ τραγῳδίας λέγωμεν ἀνα-
λαβόντες αὐτῆς ἐκ τῶν εἰρημένων τὸν γινόμενον ὅρον τῆς
οὐσίας. ἔστιν οὖν τραγῳδία μίμησις πράξεως σπουδαίας καὶ
25 τελείας μέγεθος ἐχούσης, ἡδυσμένῳ λόγῳ χωρὶς ἑκάστῳ
τῶν εἰδῶν ἐν τοῖς μορίοις, δρώντων καὶ οὐ δι᾽ ἀπαγγελίας,
δι᾽ ἐλέου καὶ φόβου περαίνουσα τὴν τῶν τοιούτων παθη-
μάτων κάθαρσιν. λέγω δὲ ἡδυσμένον μὲν λόγον τὸν ἔχοντα
ῥυθμὸν καὶ ἁρμονίαν [καὶ μέλος], τὸ δὲ χωρὶς τοῖς εἴδεσι τὸ
30 διὰ μέτρων ἔνια μόνον περαίνεσθαι καὶ πάλιν ἕτερα διὰ μέ-
λους.

---

1 육절 운율(hexametra)로 모방하는 [시] 예술(mimētikē): 서사시를 가리킨다.

2 앞서 언급된 것들로부터 따라 나오는: 아리스토텔레스는 선행 논의로부터 비극의
정의를 끌어낸다. §1에서 시 예술의 보편적 원리로서 모방이 그리고 모방의 수단으
로 리듬과 언어와 선율이 제시되고, §2에서는 '행위하는 인간'이 모방의 대상으로
규정되며, §3에서는 모방의 세 방식이 구분되고, §4과 §5에서는 비극의 '크기'와 '길
이'가 언급된다. '정화' 부분은 앞에서 언급되지 않은 것이다.

3 예술적으로 장식된 언어(hēdysmenos logos): 'hēdynein'은 원래 '(양념으로) 맛을 내
다', '조미(調味)하다'를 뜻한다. 직역하면 '(각종 양념으로) 적절하게 조미된 언어'다.

4 연민(eleos)과 공포(phobos)를 통해 바로 이 감정들의 정화(toihoutōn pathēmatōn
katharsis): 'toihauta pathēmata'에는 논란의 여지가 있다. 'toihauta'가 '그와 같은 종
류의'를 의미하는 한 연민이나 공포와 같은 종류의 다른 감정들을 지칭하기 때문이

제6장 비극의 정의와 그 부분들

육절 운율로 모방하는 [시] 예술[1]과 희극에 대해서는 나중에 다룰 것이다. 여기서는 비극에 대해 논의하기로 하고, 이를 위해 앞서 언급된 것들로부터 따라 나오는[2] 비극의 본질에 대한 정의에서 시작해보자.

비극은 완결되어 있고 일정한 크기를 가지고 있는 탁월한 행위의 모방이며, [특히 극의 각기 다른] 부분들에서 따로 사용되는 각종 요소로 예술적으로 장식된 언어[3]를 수단으로 하는, [그리고] 서술의 방식이 아니라 [등장인물이] 행위를 [무대 위에서] 실행하는 방식으로 이루어지는, [더 나아가] 연민과 공포를 통해 바로 이 감정들의 정화[4]를 이끌어내는 모방이다.   25

'예술적으로 장식된 언어'는 리듬과 선율과 노래[와 같은 각종 요소]를 갖춘 언어를 말하고, '따로 사용되는 각종 요소로'는 [극의] 어떤 부분에   30
서는 운율만 사용되고 다른 부분에서는 그에 반해 노래가 사용된다는 것을 말한다.

다. 하지만 아리스토텔레스가 비극적 효과와 관련해 언급하는 감정은 연민과 공포가 전부다. 따라서 'toihauta'는 지시대명사 'tauta'와 같은 역할을 하는 것으로 보는 것이 합리적이다. 그러면 'toihauta pathēmata'는 '바로 이 감정들', 즉 '연민과 공포'를 가리킨다: 여기에 대해서는 사무엘 헨리 부처/김진성 옮김(2014), 157, 각주 3; D. W. Lucas(1968), 98 참조. 그런데 문제는 '연민과 공포'가 한편으로 '정화의 수단'('연민과 공포를 통해')으로서, 다른 한편으로 동시에 '정화의 대상'('바로 이 감정들의 정화')으로서 언급된다는 것이다. 만일 전자의 연민과 공포가 시인에 의해 기술적으로 조직된 행위로부터 그리고 그 행위에 대한 관객의 합리적 인식으로부터 발생하는 예술적 감정이라면, 후자의 연민과 공포는 '극장 밖에서' 보통 사람들이 보통의 방식으로 경험하는 일상적이고 비예술적인, 즉 예술적으로 통제되지 않은 감정들이다. 예컨대 우리는 길거리에서 칼을 들고 난동을 부리는 한 남자의 행위를 보고 그 사람이 휘두르는 칼날의 예리함 때문에 공포를 느끼기도 한다. 마찬가지로

ἐπεὶ δὲ πράττοντες ποιοῦνται τὴν μίμησιν, πρῶτον μὲν ἐξ
ἀνάγκης ἂν εἴη τι μόριον τραγῳδίας ὁ τῆς ὄψεως κόσμος·
εἶτα μελοποιΐα καὶ λέξις, ἐν τούτοις γὰρ ποιοῦνται τὴν μί-
μησιν. λέγω δὲ λέξιν μὲν αὐτὴν τὴν τῶν μέτρων σύνθεσιν,
μελοποιΐαν δὲ ὃ τὴν δύναμιν φανερὰν ἔχει πᾶσαν. ἐπεὶ δὲ
πράξεώς ἐστι μίμησις, πράττεται δὲ ὑπό τινων πραττόντων,
οὓς ἀνάγκη ποιούς τινας εἶναι κατά τε τὸ ἦθος καὶ τὴν διά-
νοιαν

35

우리는 피를 흘리며 쓰러진 한 남자를 보고 땅바닥에 쓰러져 신음하는 소리 때문에
연민의 감정을 얼마든지 느끼기도 한다. 우리가 일상적으로 경험하는 이 감정은 어
떤 종류의 인간이기에 그 사람이 그 현장에서 그런 행동을 하고 왜 그 사람이 그렇
게 쓰러져 신음하는지에 대한 아무런 합리적 사유 없이 눈앞에 놓인 사실들에 대한
관찰로부터 직접적으로 발생하는 것이다. 따라서 이런 유형의 감정은 아리스토텔레
스가 말하는 비극적 감정, 즉 합리적 인식을 거쳐 예술적으로 산출되고 승화된 감정
이 아니다. 아리스토텔레스가 분명하게 언급하듯이(§13), 예술적으로 산출된 공포
는 공포를 불러일으키는 대상이 '우리와' 유사하다는 것에 대한 독자나 관객의 '인
식'에서 발생하는 것이고, 예술적으로 산출된 연민은 연민을 불러일으키는 대상의
불행이 '부당'하다는 것에 대한 인식에서 발생하는 것이다. 관객은 '극장 안에서' 일
련의 행위들을 단순히 보기만 하지는 않는다. 관객은 그가 본 것을 추론하고, 그가
추론한 것에 기반해 그에 합당한 감정을 자신 속에서 불러일으킨다. 관객은 '극장
안에서' '예술을 매개로' 이루어지는 이러한 감정 체험을 통해 자신이 '극장 밖에서'
비합리적인 방식으로 경험하곤 했던 일상적 감정들로부터 분리되고 자신을 인생의
올바른 영위를 위해 요구되는 감정 상태로 고양시킬 수 있다. '바로 이 감정들의 정
화'란 비합리적인 일상적 감정들로부터 합리적인 예술적 감정들로의 영혼의 전환과
승화를 말하고, 이것이 비극과 같은 시 예술이 인간의 행복과 불행을 교육하는 방식
이다. '영혼의 정화'를 목표로 하는 시인은 연민과 공포를 제거하는 대신에 '올바르
게' 연민하고 '올바르게' 두려워하는 법을 가르치는 올바른 삶의 교육자인 셈이다.

행위하는 인물들[5]에 의해 모방이 이루어지기 때문에 일차적으로 공연[6]의 [외적] 장식이 비극의 필수적인 한 부분일 것이며, 다음은 노래와 언어적 표현이다. 왜냐하면 모방은 이 수단들에 의해 이루어지기 때문이다. '언어적 표현'은 여러 운율의 배합 자체를 말하고, '노래'는 [음악적 선율에 담긴] 힘 전체를 [밖으로] 분명하게 드러내는 것을 말한다.[7]

35

비극은 행위의 모방이다. 그런데 행위는 어떤 특정한 개별적 행위자들[8]에 의해 이루어지는 것이다. 왜냐하면 행위자들은 각기 자신의 성격과 사유방식[9]에 따라 필연적으로 어떤 '특정한' 성질을 갖기 마련이기

---

5 행위하는 인물들(prattontes): 무대 위에서 연기하는 인물들, 즉 배우를 가리킨다.

6 공연(opsis): 'opsis'는 '(관객에게) 보이는 것'(thing seen)이다. '보이는 것'은 넓게 보면 무대에서 배우의 '행위'에 의해 연출되는 '공연'이고, 좁게 보면 공연과 관련된 시각적 요소, 가령 배우의 분장, 배우가 착용하는 의상이나 가면, 배우의 연기행위의 배경이 되는 무대장치 등이다. 맥락에 따라 '공연', '시각적인 것', '시각적 효과', '시각적 묘사', '시각적 장치', '시각적 요소' 등으로 옮길 것이다.

7 '노래'는 [음악적 선율에 담긴] 힘(dynamis) 전체를 [밖으로] 분명하게(phaneros) 드러내는 것을 말한다: 많은 경우에 이 구절은 "'노래'(melopoiia)란 용어가 전적으로('pasa') 명백한('phaneros') 의미('dynamis')를 가지고 있어 더 이상의 설명이 필요없다"는 식으로 번역된다. 하지만 유독 '노래'에 대해서만 아리스토텔레스가 이런 식으로 정의를 회피한다는 것은 납득하기 어렵다. 노래를 만드는 사람의 입장에서 보면 노래, 특히 노래의 음악적 선율은 무언가를 표현해낼 수 있는 힘과 능력을 지니고 있고, 그가 실제로 노래를 만들 때는 이 힘이 관객들에게 잘 전달될 수 있도록 하는 것이 필수적이다. 그렇다면 노래의 표현 의도나 표현력을 정확히 작가가 원하는 방식으로 명확하게 관객에게 전달될 수 있도록 하는 것, 이것이 '노래'에 대한 보다 설득력 있는 정의로 보인다: A. Schmitt(2008)의 번역 참조.

8 어떤 특정한 개별적 행위자들(tines prattontes): 여기서 '특정한'을 추가한 것은 '행위자들'이 행위하는 임의의 모든 사람이 아니라 비극에 등장하는 인물들로서 성격과 사유방식과 관련해 특정한 성질을 띠는 행위자들을 가리킨다는 점을 강조하기 위해서다. 루카스가 올바르게 주장하는 것처럼(D. W. Lucas(1968), 99) '1449b31'의 '행위하는 인물들'(prattontes), 즉 무대 위에서 연기를 통해 직접 행위하는 배우들을 가리킨다고 볼 필요는 없다.

9 사유방식(dianoia): '사유방식'은 행위자가 특정 행위를 선택하고 실행할 때 뭔가

제6~22장 비극 자체와 그 개별적 부분에 대한 고찰 101

(διὰ γὰρ τούτων καὶ τὰς πράξεις εἶναί φαμεν ποιάς τινας,
[πέφυκεν αἴτια δύο τῶν πράξεων εἶναι, διάνοια καὶ ἦθος]
καὶ κατὰ ταύτας καὶ τυγχάνουσι καὶ ἀποτυγχάνουσι πάντες),
ἔστιν δὲ τῆς μὲν πράξεως ὁ μῦθος ἡ μίμησις, λέγω γὰρ
5 μῦθον τοῦτον τὴν σύνθεσιν τῶν πραγμάτων, τὰ δὲ ἤθη,
καθ᾽ ὃ ποιούς τινας εἶναί φαμεν τοὺς πράττοντας, διάνοιαν
δέ, ἐν ὅσοις λέγοντες ἀποδεικνύασίν τι ἢ καὶ ἀποφαίνονται
γνώμην—ἀνάγκη οὖν πάσης τῆς τραγῳδίας μέρη εἶναι ἕξ,
καθ᾽ ὃ ποιά τις ἐστὶν ἡ τραγῳδία· ταῦτα δ᾽ ἐστὶ μῦθος καὶ ἤθη
10 καὶ λέξις καὶ διάνοια καὶ ὄψις καὶ μελοποιία. οἷς μὲν γὰρ μι-
μοῦνται, δύο μέρη ἐστίν, ὡς δὲ μιμοῦνται, ἕν, ἃ δὲ μιμοῦνται,
τρία, καὶ παρὰ ταῦτα οὐδέν. τούτοις μὲν οὖν †οὐκ ὀλίγοι
αὐτῶν † ὡς εἰπεῖν κέχρηνται τοῖς εἴδεσιν· καὶ γὰρ †ὄψις ἔχει
πᾶν † καὶ ἦθος καὶ μῦθον καὶ λέξιν καὶ μέλος καὶ διάνοιαν

를 증명하거나 자기 생각이나 의견을 정당화하기 위해 사유의 지적 능력을 가지고
'말을 통해'(hypo tou logou, 1456a36-37) 논변(argumentation)과 논증(argument)
을 구사하는 방식을 말한다. 행위에는 행위자의 확고한 성격적 특성과 사유방식이
각인되어 있으므로, 일련의 행위가 어떤 결과(행복 또는 불행)에 귀결하는지를 알
기 위해 우리는 그 행위가 어떤 특정한 성질의 성격에 기초하고 그 행위 저변에 놓
인 사유가 어떤 특정한 말과 논변을 통해 드러나는지 살펴봐야 한다. '사유'가 특
히 말로 논변을 펼치는 데서 드러나는 능력이라는 점에서 아리스토텔레스는 '사유
방식'(dianoia)에 대한 논의를 시학이 아니라 수사술의 과제로 규정한다(1450b6,
1456a34-35). '사유방식'을 다양한 형태의 논변을 고찰하는 수사술의 대상으로 강
조할 필요가 있을 경우에 '사유[의 논변]방식'으로 풀어 옮길 것이다.

10 이것들[의 특정한 성질]에 따라(kata tautas): Aristoteles, *EN*, 1139a34-35 참조.

때문이다. (이것들에 근거해 우리는 행위들이 어떤 특정한 성질을 가진다고 말 1450a
하니까 말이다. 사유방식과 성격, 이 두 가지가 행위들의 자연적 원인이다. 그리고
모든 사람의 [삶에서의] 성공과 실패는 이것들[의 특정한 성질]에 따라[10] 결정된
다.) 그리고[11] 행위의 모방은 구성이다. 구성이란 행위들의 결합을 말한 5
다. 그리고 성격은 행위자들이 어떤 특정한 성질을 가지고 있다고 말할
때 우리가 [이들에게 이 특정한 성질을 귀속시키는 근거로서] 주목하는 것을
말하고, '사유방식'은 누군가가 말[로 논변을 구사]하면서 어떤 것을 증명
하거나 자신의 견해를 밝힐 때 드러나는 것을 말한다.

따라서 하나의 전체로서 비극에 필수적으로 속하는 부분에는 여섯
가지가 있으며, 비극이 [시 예술] 고유의 한 종류로서 성립되는 것도 바
로 여기에 근거해 있다.[12] 그 여섯 가지는 구성, 성격, 언어[적 표현], 사 10
유방식, 공연, 노래다. 이 가운데 두 부분은 모방의 수단에 해당하며, 한
부분은 모방의 방식에 해당하고, 세 부분은 모방의 대상에 해당한다.[13]
그 외의 다른 부분은 없다.

물론 시인들 가운데 적지 않은 사람은 [모방할 때] 이 부분들 [각각]을
이를테면 [비극의] 본질적인 요소로 사용했다. 왜냐하면 [가령][14] 공연은
[다른] 모든 것, 즉 성격과 구성과 언어적 표현과 노래와 사유방식을 똑

---

11 그리고: 이 단락의 첫 문장('비극은 행위의 모방이다')과 연결해 읽으면 자연스럽다.

12 여섯 가지 필수적 요소를 완벽하게 갖추게 됨으로써 비극은 비로소 시 예술 고유의
한 종류('poios tis')로서 완성되고 비극으로서의 예술적 정체성을 획득하게 되었다
는 것을 말하고 있다.

13 모방의 수단은 언어와 노래이며, 모방의 방식은 공연, 그리고 모방의 대상은 구성
과 성격과 사유방식이다.

14 [가령]: 많은 시인이 여섯 부분 각각을 비극의 본질적 요소로 다루었다면, '공연'뿐
만 아니라 다른 각 부분도 다른 모든 부분을 똑같이 포함한다고 추론할 수 있다(여
기에 대해서는 D. W. Lucas(1968), 101 참조: "whatever 'meros' it might be"). 이
함축적 추론을 드러내기 위해 카셀 판본에는 없지만 '가령'을 추가했다.

15 ὡσαύτως. μέγιστον δὲ τούτων ἐστὶν ἡ τῶν πραγμάτων σύ-
στασις. ἡ γὰρ τραγῳδία μίμησίς ἐστιν οὐκ ἀνθρώπων ἀλλὰ
πράξεων καὶ βίου [καὶ εὐδαιμονία καὶ κακοδαιμονία ἐν πρά-
ξει ἐστίν, καὶ τὸ τέλος πρᾶξίς τις ἐστίν, οὐ ποιότης· εἰσὶν δὲ
20 κατὰ μὲν τὰ ἤθη ποιοί τινες, κατὰ δὲ τὰς πράξεις εὐδαίμονες
ἢ τοὐναντίον]· οὔκουν ὅπως τὰ ἤθη μιμήσωνται πράττουσιν,
ἀλλὰ τὰ ἤθη συμπεριλαμβάνουσιν διὰ τὰς πράξεις· ὥστε τὰ
πράγματα καὶ ὁ μῦθος τέλος τῆς τραγῳδίας, τὸ δὲ τέλος μέ-
γιστον ἁπάντων. ἔτι ἄνευ μὲν πράξεως οὐκ ἂν γένοιτο τρα-
25 γῳδία, ἄνευ δὲ ἠθῶν γένοιτ᾽ ἄν·

---

15 아리스토텔레스는 §2에서 모방의 대상을 '행위하는 인간'으로 규정하지만, 사실 그
가 강조하는 것은 행위하는 '인간'이 아니라 '행위하는' 인간이다. 그는 여기서 모방
의 대상을 더 정확하게 '구성'으로 규정하고, §2의 '행위하는 인간'의 의미를 더 분
명하게 설명한다. 즉 모방의 대상은 '인간'이 아니라 인간의 '행위들'이고, 시시각각
단편적으로 발생하는 상호 무관한 낱낱의 행위들이 아니라 행위자의 일관된 삶의
관점에서 수행되는 행위들, 즉 '하나의 행위'와 '하나의 삶'으로 조직된 행위들이다.
비극이 모방하는 것은 시간적 선후관계 속에서 인과적으로 서로 연결되어 있는 행
위들인데, 이 행위들의 연결은 곧 행위자의 삶의 방식의 반영이다.

16 아리스토텔레스는 여기서 (능력(dynamis)으로서의) 품성상태(hexis)와 활동(ener-
geia)의 구분을 활용하고 있는 것처럼 보인다(EN, 1098b30ff. 참조). 아리스토텔레
스에게 삶의 목적은 '행복'이고, 행위는 능력을 현실에서 실제로 발휘하는 '활동'이
며, 행복은 (불행과 마찬가지로) 행위에서 기인하고, 그런 의미에서 삶의 목적인
행복은 단순히 특정한 성질, 즉 특정한 품성상태가 아니라 특정한 성질의 행위, 즉
특정한 품성상태가 실제로 발현된 행위다. 성격적 품성이 아무리 좋아도 그것이 활

같이 포함하고 있기 때문이다.[15] 하지만 이들 가운데 가장 중요한 것은   15
행위들의 [통일적] 조직이다. 비극은 인간들에 대한 모방이 아니라 행위
들과 삶[의 방식]에 대한 모방이기 때문이다. 행복도 불행도 다 행위에
달려 있다. 그리고 [삶의] 목적은 어떤 특정한 [성질의] 행위이지 [단순한]
성질이 아니다.[16] 인간이 어떤 특정한 성질을 가지는 것은 그의 성격에
의해서지만, 인간이 행복하거나 정반대로 불행한 것은 그의 행위들에   20
의해서다. 따라서 [극에 등장하는 인물들도] 성격을 모방하기 위해 행위하
지 않고 행위들을 위해 성격을 끌어들인다. 그러므로 [개별적] 행위들과
[이 행위들의 통일적 조직으로서] 구성이 비극의 목적이며, [이] 목적은 [비
극의] 모든 것 중에서 가장 중요한 것이다.
   또한 비극은 행위 없이는 생길 수 없지만, 성격 없이는 생길 수 있다.[17]   25

동 속에서 실현되지 않고 행위로 이어지지 않는다면, 행복이나 불행은 없다. 따라
서 행복과 불행은 특정한 성격적 상태의 단순한 소유('hexis')만으로 결정되지 않고
특정한 성격적 상태를 활용하는 구체적 활동과 행위로부터 결정된다. 이것이 행복
과 불행은 모두 행위에 달려 있다는 말의 의미다. 그렇다고 아리스토텔레스가 행복
이 인간의 특정한 성질, 즉 그의 품성상태와 무관하다는 것을 말하는 것은 아니다.
그는 다만 이런 성질을 가지는 것만으로 인간의 삶이 행복해지거나 불행해지지 않
는다는 것을 말할 뿐이다. 왜냐하면 누군가가 이런 성질을 소유하고 있다고 하더라
도, 만일 그런 성질이 활동 속에서 행위를 통해 실현되지 않는다면, 품성의 좋고 나
쁨이 그의 삶에, 더 정확히 말하면 그의 삶의 행복과 불행에 아무런 영향도 주지 못
하기 때문이다. "올림피아 경기에서 승리의 월계관을 쓰는 사람은 가장 멋있고 힘
센 사람이 아니라 경기에 직접 참가한 사람들"(*EN*, 1099a4-5)인 것처럼 인생이라
는 대해(大海)에서 행복을 성취하는 사람은 좋은 성격과 성품을 단순히 지닌 사람
이 아니라 좋은 성격과 성품을 실제로 잘 발휘하는 사람이다. 이런 측면에서 시인
들이 모방하고자 하는 것도 인간이 지닌 성격과 품성 자체가 아니라 성격과 품성으
로부터 이루어지는 행위들이며, 특히 이런 행위들에 각인된 그의 삶의 방식이다.

17 여기서 '행위'와 '성격'의 모순적 대립을 전제할 필요는 없다. 행위 없는 비극이 불
가능하다면 성격 없는 비극은 가능하다는 것으로부터, 거꾸로 성격 없는 비극이 불
가능하다면 행위 없는 비극은 가능하다는 것을 논리적으로 추론할 수 없다는 말이
다(사무엘 헨리 부처/김진성 옮김(2014), 270ff. 참조).

αἱ γὰρ τῶν νέων τῶν πλείστων ἀήθεις τραγῳδίαι εἰσίν, καὶ ὅλως ποιηταὶ πολλοὶ τοιοῦτοι, οἷον καὶ τῶν γραφέων Ζεῦξις πρὸς Πολύγνωτον πέπονθεν· ὁ μὲν γὰρ Πολύγνωτος ἀγαθὸς ἠθογράφος, ἡ δὲ Ζεύξιδος γραφὴ οὐδὲν ἔχει ἦθος. ἔτι ἐάν

30 τις ἐφεξῆς θῇ ῥήσεις ἠθικὰς καὶ λέξει καὶ διανοίᾳ εὖ πεποιημένας, οὐ ποιήσει ὃ ἦν τῆς τραγῳδίας ἔργον, ἀλλὰ πολὺ μᾶλλον ἡ καταδεεστέροις τούτοις κεχρημένη τραγῳδία, ἔχουσα δὲ μῦθον καὶ σύστασιν πραγμάτων. πρὸς δὲ τούτοις τὰ μέγιστα οἷς ψυχαγωγεῖ ἡ τραγῳδία τοῦ μύθου μέρη ἐστίν,

35 αἵ τε περιπέτειαι καὶ ἀναγνωρίσεις. ἔτι σημεῖον ὅτι καὶ οἱ ἐγχειροῦντες ποιεῖν πρότερον δύνανται τῇ λέξει καὶ τοῖς ἤθεσιν ἀκριβοῦν ἢ τὰ πράγματα συνίστασθαι, οἷον καὶ οἱ πρῶτοι ποιηταὶ σχεδὸν ἅπαντες.

---

18 타소스의 폴뤼그노토스는 기원전 5세기에 아테나이에서 활동했다. 네 가지 기본 색을 사용해 주로 개별 인물을 묘사했고, 특히 그 내면적 기품을 드러내는 데 뛰어났다. 헤라클레이아의 제욱시스는 기원전 5세기~기원전 4세기에 남부 이탈리아에서 활동했는데, 음영화법을 구사해 대상을 실제로 있는 것처럼 정확하게 묘사했다. 파라시오스와의 경쟁에 관한 일화로 유명하다. 폴뤼그노토스는 '1448a5'에서 우리보다 월등한 인물을 묘사하는 화가로 언급되며, 제욱시스는 '1461b12f.'에서 현실 세계에

최근 시인들의 대다수 비극에는 성격 묘사가 없다. 많은 시인이 전반적으로 이런 유형에 속한다. 화가를 예로 들면 폴뤼그노토스에 비해 제욱시스가 그렇다. 폴뤼그노토스는 뛰어난 성격화가지만 제욱시스의 그림에는 성격이 전혀 나타나 있지 않기 때문이다.[18]

게다가 어떤 사람이 성격[만]을 표현하는 대사를 계속해서 늘어놓는다면, 비록 그 대사가 언어적 표현과 사유[의 논변]방식의 측면에서 훌륭하게 쓰여 있더라도, 그는 우리가 말하는 비극의 효과[19]를 산출할 수는 없을 것이다. 오히려 이것들[20]의 사용에서는 다소 약점을 가지고 있어도 구성, 즉 행위들의 [통일적] 조직을 갖추고 있는 비극이 그 [고유의] 효과를 훨씬 더 잘 산출할 수 있을 것이다.   30

이것들 외에도 비극이 관객의 마음을 사로잡기 위해 사용하는 가장 중요한 수단이 있다. 그것은 다름 아닌 구성의 부분들, 즉 반전과 발견이다.

또 다른 증거[21]로는 비극을 처음 쓰기 시작했던 사람들이 행위들의   35 [통일적] 조직보다 언어적 표현이나 성격 [묘사]에 더 먼저 정확성을 기할 수 있었다는 사실을 들 수 있다. 이는 거의 모든 초기 시인에게서 확인된다.

존재할 수 없는 이상적 (아름다움을 지닌) 인물들을 그렸던 화가로 언급된다.

19 우리가 말하는 비극의 효과(ho ēn tēs tragōdias ergon): 'ēn'은 'einai'의 미완료 과거 (Imperfekt) 형태다. 미완료 과거 시제는 과거에 이루어진 어떤 사건의 발생이나 그 최초의 시점을 나타내지 않고 과거에 이루어진 사실의 연속적 또는 반복적 실행을 나타낸다. '사람들이 이전부터 말했던 또는 사람들이 말하곤 했던 비극의 효과' 정도로 옮길 수 있다. 루카스는 미완료 과거 시제가 '이전에 도달된 결론'을 나타낸다는 점에서 '사람들이 동의하는 비극의 효과'로 옮긴다(W. Lucas(1968), 103).

20 이것들(tauta): 성격을 표현하는 대사들을 장식하는 수단들을 말한다.

21 또 다른 증거: 행위보다 성격을 더 비중 있게 다루는 비극에서 행위를 더 중시하는 비극으로의 이행(1450a29-33 비교)에 대한 증거를 가리키는 것으로 보인다.

ἀρχὴ μὲν οὖν καὶ οἷον ψυχὴ ὁ μῦθος τῆς τραγῳδίας, δεύτε-
ρον δὲ τὰ ἤθη (παραπλήσιον γάρ ἐστιν καὶ ἐπὶ τῆς γραφικῆς·
εἰ γάρ τις ἐναλείψειε τοῖς καλλίστοις φαρμάκοις χύδην, οὐκ
ἂν ὁμοίως εὐφράνειεν καὶ λευκογραφήσας εἰκόνα)· ἔστιν τε
μίμησις πράξεως καὶ διὰ ταύτην μάλιστα τῶν πραττόντων.
5 τρίτον δὲ ἡ διάνοια· τοῦτο δέ ἐστιν τὸ λέγειν δύνασθαι τὰ
ἐνόντα καὶ τὰ ἁρμόττοντα, ὅπερ ἐπὶ τῶν λόγων τῆς πολιτι-
κῆς καὶ ῥητορικῆς ἔργον ἐστίν· οἱ μὲν γὰρ ἀρχαῖοι πολιτικῶς
ἐποίουν λέγοντας, οἱ δὲ νῦν ῥητορικῶς. ἔστιν δὲ ἦθος μὲν τὸ
τοιοῦτον ὃ δηλοῖ τὴν προαίρεσιν, ὁποία τις [ἐν οἷς οὐκ ἔστι
10 δῆλον ἢ προαιρεῖται ἢ φεύγει] —διόπερ οὐκ ἔχουσιν ἦθος
10¹ τῶν λόγων ἐν οἷς μηδ᾽ ὅλως ἔστιν ὅ τι προαιρεῖται ἢ φεύγει ὁ
λέγων —

---

22 아무리 아름다운 색깔들(pharmaka)을 칠하더라도 아무렇게나(chydēn) 칠한다면
(enaleipein): '회화의 경우에도 이와 거의 유사하다'는 직전의 언급으로부터 우리
는 '구성'과 '성격' 사이의 종속관계를 보여주는 사례를 기대할 수 있지만, 양자의
대비에 정확히 상응하는 사례가 제시되지는 않는다. 이 사례에서 보이는 대비는 어
떤 특정한 형태를 구성할 때 색깔들의 통일적 배치나 조합을 고려한 채색과 그러한
고려 없는 채색 사이의 대비다. 이것은 행위들의 통일적 구성과 자의적 구성 사이
의 대비이지 '구성'과 '성격' 사이의 대비는 아니다. 따라서 '회화의 경우에도 이와
거의 유사하다'는 '회화의 경우에도 여러 색채를 통일적 관점에서 조합하는 "구성"
이 제일 중요하다' 정도로 이해하는 것이 합리적이다. '성격'이 '색깔을 되는대로 칠
하는 것'에 대응하고 '구성'이 '흑백으로 된 그림'에 대응하며, '성격'이 주는 쾌감은
'색채가 불러일으키는 보다 직접적인 쾌감'이고 '구성'이 주는 쾌감은 '그림에서 형
태를 알아봄으로써 생기는 지적 쾌감'이라는 해석(가령, 로즐린 뒤퐁록, 장 랄로/

그러므로 비극의 원리, 즉 비극의 영혼이라 할 수 있는 것은 구성이다. 성격은 두 번째[로 중요한] 것이다. (회화의 경우에도 이와 거의 유사하다. 1450b 누군가가 [화폭에] 아무리 아름다운 색깔들을 칠하더라도 아무렇게나 칠한다면,[22] 그것은 흑백으로 그린[23] 그림만큼도 쾌감을 주지 못할 것이니까 말이다.) 비극은 행위의 모방이며, 오직 그런 한에서 행위하는 사람들의 모방이다.[24]

세 번째[로 중요한] 것은 [행위자의] 사유방식이다. 이것은 주어진 상황 5 에 무엇이 포함되어 있고 그 상황에 무엇이 적합한지를 말할 수 있는 능력이고, 특히 [공적인] 말[이나 논변]과 관련되어 있는 한 정치술과 수사술의 과제다. 왜냐하면 옛 시인들은 [등장인물로 하여금] 정치적으로 말하게 했던 반면, 요즘 시인들은 수사적으로 말하게 하기 때문이다.

한편으로 성격은 어떤 사람의 선택을, 즉 그가 무엇을 선호하거나 회피하는지를, 이것이 [그의 행위로부터] 분명하지 않은 상황에서도, 분명하게 [인식할 수 있도록] 하는 것이다. (따라서 말하는 사람이 무엇을 선호하고 10 회피하는지 전적으로 알 수 없는 말들은 성격을 보여주지 못한다.)[25] 다른 한편 10¹

<hr />

김한식 옮김(2010), 170)은 행위들의 통일적 구성을 위한 성격 묘사의 경시할 수 없는 역할을 충분히 설명하지 못한다.

23 흑백으로 그린(leukographein): 이 문장의 주어는 앞서 언급된 '누구'일 수도 있고 '다른 어떤 누구'일 수도 있는데, 아리스토텔레스의 설명 의도를 이해하는 데는 어느 것이든 크게 상관없다. 'leukographein'은 '바탕에 그리다'를 뜻하지만, 어두운 바탕에 희게 그리는 것인지 흰 바탕에 어둡게 그리는 것인지는 불분명하다. 어떤 것을 의미하든 흑과 백을 사용해 그린다는 것은 분명해서 '흑백으로 그리다'로 옮겼다.

24 아리스토텔레스는 비극을 '1448a1'에서 '행위하는 인간들'(prattontes)의 모방으로 말하며, '1450a16-17'에서는 '행위하는 인간들'이 아니라 '행위들과 삶'의 모방으로 말한다. 여기서는 이 두 언급이 내적으로 모순되지 않는다는 점을 지적한다. '행위들과 삶'이 주된 의미에서 모방의 대상이라면, '행위하는 인간들'도 부수적 의미에서 모방의 대상으로 규정될 수 있다는 것이다.

25 카셀의 원문에는 소괄호가 아니라 줄표로 표기되어 있다.

διάνοια δὲ ἐν οἷς ἀποδεικνύουσί τι ὡς ἔστιν ἢ ὡς οὐκ ἔστιν
ἢ καθόλου τι ἀποφαίνονται. τέταρτον δὲ †τῶν μὲν λόγων†
ἡ λέξις· λέγω δέ, ὥσπερ πρότερον εἴρηται, λέξιν εἶναι τὴν
διὰ τῆς ὀνομασίας ἑρμηνείαν, ὃ καὶ ἐπὶ τῶν ἐμμέτρων καὶ
15   ἐπὶ τῶν λόγων ἔχει τὴν αὐτὴν δύναμιν. τῶν δὲ λοιπῶν ἡ
μελοποιία μέγιστον τῶν ἡδυσμάτων, ἡ δὲ ὄψις ψυχαγωγι-
κὸν μέν, ἀτεχνότατον δὲ καὶ ἥκιστα οἰκεῖον τῆς ποιητικῆς· ἡ
γὰρ τῆς τραγῳδίας δύναμις καὶ ἄνευ ἀγῶνος καὶ ὑποκριτῶν
ἔστιν, ἔτι δὲ κυριωτέρα περὶ τὴν ἀπεργασίαν τῶν ὄψεων ἡ
20   τοῦ σκευοποιοῦ τέχνη τῆς τῶν ποιητῶν ἐστιν.

으로 사유방식은 어떤 것에 대해 '그렇다' 또는 '그렇지 않다'를 증명하거나 어떤 보편적인 것을 표명하는 말들에서 보인다.

앞서 말한 개념들[26] 중 네 번째 것은 언어적 표현이다. 앞서 말했듯이, 언어적 표현이란 낱말을 통한 [내용의] 전달을 뜻한다. 운율을 가진 말에서나 운율 없는 말에서나 이러한 [전달의] 효력은 동일하다.　15

비극의 나머지 [두] 부분 중 노래는 비극에 예술적 매력을 가미하는 최적의 수단이다.[27] 시각적인 것은 사람의 마음을 사로잡는 데는 효과적이지만[28] [시인의] 기술과는 아무 상관이 없으며,[29] 시 예술에 [속하더라도 여섯 가지 요소 중] 가장 적게 속하는 요소다. 왜냐하면 경연이나 배우 없이도 비극의 효력은 보존되기 때문이다. 그 밖에 시각적 효과들을 구현하는 데는 도구 제작의 기술[30]이 시인의 기술보다 더 중요하다.　20

26　앞서 말한 개념들(logoi): §6을 시작하면서 비극을 정의하고 그 정의를 해명하는 과정에서 사용된 개념들을 말한다.

27　비극에 예술적 매력을 가미하는 최적의 수단이다(megiston tōn hedysmatatōn): 'hedysmata'는 음식을 요리할 때 사용하는 '양념들'을 의미하며, 직역하면 '비극의 가장 중요한 양념이다'다.

28　사람의 마음을 사로잡는 데는 효과적이지만(psychagōgikos): '감정적 호소와 설득에 유용하지만'을 뜻한다.

29　[시인의] 기술과는 아무 상관이 없으며(atechnitatos): 공연의 시각적 요소가 문학적 기교에 속하는 것은 아니라는 것이다.

30　도구 제작의 기술(hē tou skeuopoiou technē): 의상이나 가면이나 무대장치 등을 제작하는 기술을 말한다.

제7~12장
구성의 조직을 위한 통칙

Διωρισμένων δὲ τούτων, λέγωμεν μετὰ ταῦτα ποίαν τινὰ δεῖ τὴν σύστασιν εἶναι τῶν πραγμάτων, ἐπειδὴ τοῦτο καὶ πρῶτον καὶ μέγιστον τῆς τραγῳδίας ἐστίν. κεῖται δὴ ἡμῖν τὴν τραγῳδίαν τελείας καὶ ὅλης πράξεως εἶναι μίμησιν ἐχούσης

25 τι μέγεθος. ἔστιν γὰρ ὅλον καὶ μηδὲν ἔχον μέγεθος. ὅλον δέ ἐστιν τὸ ἔχον ἀρχὴν καὶ μέσον καὶ τελευτήν. ἀρχὴ δέ ἐστιν ὃ αὐτὸ μὲν μὴ ἐξ ἀνάγκης μετ᾽ ἄλλο ἐστίν, μετ᾽ ἐκεῖνο δ᾽ ἕτερον πέφυκεν εἶναι ἢ γίνεσθαι. τελευτὴ δὲ τοὐναντίον ὃ αὐτὸ μὲν

30 μετ᾽ ἄλλο πέφυκεν εἶναι ἢ ἐξ ἀνάγκης ἢ ὡς ἐπὶ τὸ πολύ, μετὰ δὲ τοῦτο ἄλλο οὐδέν. μέσον δὲ ὃ καὶ αὐτὸ μετ᾽ ἄλλο καὶ μετ᾽ ἐκεῖνο ἕτερον.

제7장 전체적 완결성과 크기의 적정성

지금까지 각 부분에 대한 정의를 알아보았으니, 이제는 [개별적] 행위들의 조직이 어떤 것이어야 하는지에 대해 살펴보기로 하자. 이것이 비극에서 첫 번째 것이고 가장 중요한 것이기 때문이다.

우리는 비극이 완결되어 있고 [하나의] 전체를 이루면서 또한 일정한 크기를 가지고 있는 행위의 모방이라고 규정한 바 있다. 왜냐하면 [일 25 정한] 크기를 전혀 가지고 있지 않은[1] [하나의] 전체[를 이루는 행위의 모 방]도 [얼마든지] 있기 때문이다.

그런데 [하나의] 전체란 처음과 중간과 끝[2]을 가지는 것이다. '처음'은 그것 자체가 필연적으로 다른 것에 뒤따르지 않지만, 그것 다음에는 본성적으로 다른 것이 있거나 생기는 것을 말한다. 이와 반대로 '끝'은 그 것 자체가 본성적으로 다른 것에 필연적 또는 대체적으로 뒤따르지만, 30 그것 다음에는 절대로 다른 것이 있거나 생기지 않는 것을 말한다. '중 간'은 그것 자체가 다른 것에 뒤따르면서 그것 다음에도 다른 것이 있

---

1 [일정한] 크기를 전혀 가지고 있지 않은(mēden echon megethos): 글자 그대로 '아무런 크기도 가지고 있지 않은'을 말하는 것으로 보기는 어렵다. 직전에 재정식화된 '구성'의 정의에 상응해 '일정한 크기'(ti megethos)를 가지고 있지 않다는 것으로 옮겼다. 아리스토텔레스는 '1450b34f.'에서 크기는 지나치게 커도 안 되고 지나치게 작아도 안 된다는 것을 언급하고 있다. 여기서는 크기가 지나치게 작은 경우를 설명하는 것으로 보인다(W. Lucas(1968), 111 참조).

2 처음(archē)과 중간(meson)과 끝(teleutē): 처음과 중간과 끝은 구성의 전체적 완결성의 조건이다. 호메로스의 『일리아스』는 이러한 구조적 완결성의 조건을 탁월하게 충족시킨다. 『일리아스』 행위의 시작은 아킬레우스의 분노이고, 중간은 전투로부터의 이탈, 파트로클로스의 참전과 죽음, 아가멤논과의 화해 등의 과정을 통해 조성되는 분노의 점차적 완화이며, 끝은 파트로클로스를 죽인 헥토르의 아버지 프리아모스와의 화해를 통한 분노의 완전한 종식이다.

δεῖ ἄρα τοὺς συνεστῶτας εὖ μύθους μήθ᾽ ὁπόθεν ἔτυχεν ἄρ-
χεσθαι μήθ᾽ ὅπου ἔτυχε τελευτᾶν, ἀλλὰ κεχρῆσθαι ταῖς εἰρη-
μέναις ἰδέαις. ἔτι δ᾽ ἐπεὶ τὸ καλὸν καὶ ζῷον καὶ ἅπαν πρᾶγμα
35 ὃ συνέστηκεν ἐκ τινῶν οὐ μόνον ταῦτα τεταγμένα δεῖ ἔχειν
ἀλλὰ καὶ μέγεθος ὑπάρχειν μὴ τὸ τυχόν· τὸ γὰρ καλὸν ἐν
μεγέθει καὶ τάξει ἐστίν, διὸ οὔτε πάμμικρον ἄν τι γένοιτο
καλὸν ζῷον (συγχεῖται γὰρ ἡ θεωρία ἐγγὺς τοῦ ἀναισθήτου
1451a χρόνου γινομένη) οὔτε παμμέγεθες (οὐ γὰρ ἅμα ἡ θεωρία
γίνεται ἀλλ᾽ οἴχεται τοῖς θεωροῦσι τὸ ἓν καὶ τὸ ὅλον ἐκ τῆς
θεωρίας) οἷον εἰ μυρίων σταδίων εἴη ζῷον· ὥστε δεῖ καθά-
περ ἐπὶ τῶν σωμάτων καὶ ἐπὶ τῶν ζῴων ἔχειν μὲν μέγεθος,
5 τοῦτο δὲ εὐσύνοπτον εἶναι, οὕτω καὶ ἐπὶ τῶν μύθων ἔχειν
μὲν μῆκος, τοῦτο δὲ εὐμνημόνευτον εἶναι.

거나 생기는 것을 말한다.

그러므로 구성을 잘 조직하[고자 하]는 사람은 아무 데서나 시작해서
도 안 되고 아무 데서나 끝내서도 안 되며, 반드시 앞서 말한 [구성의]
원칙들을 준수해야 한다.

또한 어떤 것이 아름다운 것이기 위해서는, 그것이 하나의 생물이
든 여러 부분으로 합성된 그 어떤 사물이든, 그 부분들이 일정한 질서   35
에 따라 배치되어 있어야 할 뿐만 아니라 그 크기도 [일정해야 하고] 결
코 자의적이어서는 안 된다. 왜냐하면 아름다움은 [일정한] 크기와 [배
치의] 질서³에 있기 때문이다. 따라서 너무 작은 생물은 아름다울 수 없
다. ([아주 작은 것의 경우] 관찰은 우리가 거의 감각할 수 없는 한순간에 이루어
지기 때문에 혼란에 빠지니⁴ 말이다.) 또한 너무 큰 생물도 아름다울 수 없
다. ([너무 큰 것의 경우] 단 한 번에 [그 전체를 다] 관찰할 수 없기 때문에 [그것   1451a
의] 통일성과 전체성은 관찰하는 사람의 시선에서 사라질 수밖에 없으니 말이다.)
가령 수만 스타디온⁵의 길이를 가진 생물이 있다고 [한번] 생각해보라.
그러므로 물체나 생물이 [일정한] 크기를 가져야 하고 그 크기가 한눈
에 쉽게 볼 수 있을 정도의 것이어야 하는 것처럼 구성도 [일정한] 길이   5
를 가져야 하고 그 길이는 쉽게 기억할 수 있을 정도의 것이어야 한다.

---

3 [배치의] 질서(taxis): 아리스토텔레스는 수학 자체도 아름다움과 무관한 학문이 아
  님을 강조한다. 예술적 아름다움은 질서(taxis), 균형(symmetria), 그리고 규정성(to
  hōrismenon)에 있고, 아름다움의 이러한 척도들이야말로 수학적 학문의 탐구 대상
  이기 때문이다(*Meta.*, 1078a33-1078b6 참조).

4 혼란에 빠지니(syncheisthai): 대상을 '뭉뚱그려' 파악하는 감각의 제한된 인식 방식
  을 말한다. 아주 작은 대상을 관찰할 때, 우리의 시선이 대상에 머무는 시간은 우리
  가 거의 감각할 수 없을 정도의 짧은 순간이기 때문에, 우리는 우리가 감각하는 그
  대상의 부분들을 서로 구별하지 못한 채 뒤섞어 혼란하게 인식한다.

5 스타디온(stadion): 스타디온은 길이의 단위로서 오늘날 기준으로는 약 606피트, 즉
  185미터 정도다.

τοῦ δὲ μήκους ὅρος <ὁ> μὲν πρὸς τοὺς ἀγῶνας καὶ τὴν αἴσθησιν οὐ τῆς τέχνης ἐστίν· εἰ γὰρ ἔδει ἑκατὸν τραγῳδίας ἀγωνίζεσθαι, πρὸς κλεψύδρας ἂν ἠγωνίζοντο, †ὥσπερ ποτὲ

10   καὶ ἄλλοτέ φασιν†. ὁ δὲ κατ᾽ αὐτὴν τὴν φύσιν τοῦ πράγματος ὅρος, ἀεὶ μὲν ὁ μείζων μέχρι τοῦ σύνδηλος εἶναι καλλίων ἐστὶ κατὰ τὸ μέγεθος· ὡς δὲ ἁπλῶς διορίσαντας εἰπεῖν, ἐν ὅσῳ μεγέθει κατὰ τὸ εἰκὸς ἢ τὸ ἀναγκαῖον ἐφεξῆς γιγνομέ- νων συμβαίνει εἰς εὐτυχίαν ἐκ δυστυχίας ἢ ἐξ εὐτυχίας εἰς

15   δυστυχίαν μεταβάλλειν, ἱκανὸς ὅρος ἐστὶν τοῦ μεγέθους.

경연 [진행]이나 [관객의] 지각 [능력]을 고려하여 길이(mēkos)를 [시간적으로] 제한하는 것은 예술의 소관이 아니다.[6] 왜냐하면 백 편의 비극을 경연해야 한다면, 한때 가끔 그랬다고 전해지는 것처럼 물시계로 경연 시간을 재면 그만이니까 말이다. 행위[7]의 본성 자체에 적합한 제한에 대해 말하면 더 긴 행위가, [그 부분들 간의 연결이 한눈에 관찰될 수 있을 만큼] 아주 분명하게 보이는 한, 크기와 관련해 항상 더 아름답다. 간단한 정의를 통해 말하면, 개연성 또는 필연성에 따라 일련의 행위들이 발생하는 가운데 불행으로부터 행복으로의 또는 행복으로부터 불행으로의 변화가 허용될 정도의 크기, 이것이 적정하게 제한된 크기다.

10

15

---

6 예술(technē)의 소관이 아니다: 아름다움의 관점에서 아름다움의 구현을 위한 방법적 기술로서 예술에 속하는 문제가 아니라는 것이다. 아리스토텔레스는 공연을 위한 외적 조건들에 대한 고려를 비예술적 문제로 간주한다: 사무엘 헨리 부처/김진성 옮김(2014), 197 참조.

7 행위(pragma): 처음과 중간과 끝을 갖는 '하나의' 완결된 전체로서의 '행위', 즉 행위들의 통일적 조직으로서의 '구성'을 말한다.

Μῦθος δ' ἐστὶν εἷς οὐχ ὥσπερ τινὲς οἴονται ἐὰν περὶ ἕνα
ἦ· πολλὰ γὰρ καὶ ἄπειρα τῷ ἑνὶ συμβαίνει, ἐξ ὧν ἐνίων οὐ-
δέν ἐστιν ἕν· οὕτως δὲ καὶ πράξεις ἑνὸς πολλαί εἰσιν, ἐξ ὧν
20   μία οὐδεμία γίνεται πρᾶξις. διὸ πάντες ἐοίκασιν ἁμαρτάνειν
ὅσοι τῶν ποιητῶν Ἡρακληΐδα Θησηΐδα καὶ τὰ τοιαῦτα ποιή-
ματα πεποιήκασιν· οἴονται γάρ, ἐπεὶ εἷς ἦν ὁ Ἡρακλῆς, ἕνα
καὶ τὸν μῦθον εἶναι προσήκειν. ὁ δ' Ὅμηρος ὥσπερ καὶ τὰ
ἄλλα διαφέρει καὶ τοῦτ' ἔοικεν καλῶς ἰδεῖν, ἤτοι διὰ τέχνην
25   ἢ διὰ φύσιν· Ὀδύσσειαν γὰρ ποιῶν

---

8 여러 행위로부터 '하나의 행위', 즉 '하나의 구성'을 조직한다는 것은 그 행위들을
   '한 사람'의 것으로 조직한다는 것을 의미하지 않는다. 구성의 통일성은 행위하는 인
   물의 단일성에 놓여 있는 것이 아니라는 것이다. 아리스토텔레스는 서사시를 다루
   는 §23에서 행위들의 통일성이 인물의 단일성과 마찬가지로 시간의 단일성으로부
   터도 생기는 것이 아니라는 점을 강조한다.

9 하나의 행위(mia praxis): '하나의 행위'는 특정 인간이 하는 수많은 행위 중 '하나의
   행위'가 아니라 시인이 특정 인간의 행위들을 통일적으로 조직해 만든 '하나의 행

제8장 통일성

구성이 하나인 것은, 어떤 사람들이 생각하듯이, 구성이 한 사람을 다루기 때문이 아니다.[8] 왜냐하면 무수히 많은 사건을 겪은 것이 한 사람이 겪은 것이라고 해서 [그가 겪은] 그 무수한 이런저런 사건으로부터 결코 하나의 사건이 생기는 것이 아닌 것처럼 마찬가지로 수많은 행위가 한 사람의 행위라고 해서 [한 사람의] 이 수많은 행위로부터 하나의 행위[9]가 생기는 것은 아니기 때문이다. 따라서 『헤라클레스전』[10]이나 『테세우스전』[11]이나 그런 종류의 시를 쓴 시인들은 모두 잘못을 범한 것 같다. 헤라클레스가 한 사람이니까 [그가 한 수많은 행위를 결합하는] 구성도 당연히 하나라고 생각했으니까 말이다.

그런데 호메로스는 다른 점들에서도 독보적이었지만, 이 점을 이해하는 데서도 탁월했던 것 같다. 그가 [그의 작품을 숙련된] 기술을 통해 완성한 것인지, [천부적인] 재능을 통해 완성한 것인지와는 상관없이 말이다. 『오뒤세이아』를 쓸 때, 그는 오뒤세우스에게 일어난 일을 전부

20

25

위', '하나의 전체로서의 행위', 즉 '하나의 구성'을 말한다. 누군가가 아무리 많은 행위를 하더라도 그 행위들로부터 '하나의 행위'가 저절로 생기는 것은 아니다. 아리스토텔레스는 어떤 한 사람에게 얼마나 많은 일이 일어나는지를 묘사하는 것과 그 많은 일을 하나로 만들고 하나로 묶는 일은 전혀 별개임을 지적하고 있다. 시인의 위대성은 수많은 사람의 수많은 이야기를 '다' 말할 수 있다는 데 있지 않고 그들에게 일어난 많은 일을 '하나의 관점에서' '하나의 행위로' 조직할 수 있다는 데 있다.

10 『헤라클레스전』: 그리스의 전설적 영웅인 헤라클레스에 대한 서사시로서 여러 시인에 의해 쓰인 것으로 알려져 있다. 대표적으로 기원전 약 640년에 전성기를 누렸던 페이산드로스와 기원전 5세기에 살았던 페르시아 제국의 할리카르나소스 출신인 파니아시스가 있다.

11 『테세우스전』: 테세우스를 다룬 초기 서사시는 그것이 있었다는 것 외에 거의 알려진 바가 없다: D. W. Lucas(1968), 116.

οὐκ ἐποίησεν ἅπαντα ὅσα αὐτῷ συνέβη, οἷον πληγῆναι μὲν
ἐν τῷ Παρνασσῷ, μανῆναι δὲ προσποιήσασθαι ἐν τῷ ἀγερ-
μῷ, ὧν οὐδὲν θατέρου γενομένου ἀναγκαῖον ἦν ἢ εἰκὸς
θάτερον γενέσθαι, ἀλλὰ περὶ μίαν πρᾶξιν οἵαν λέγομεν τὴν
Ὀδύσσειαν συνέστησεν, ὁμοίως δὲ καὶ τὴν Ἰλιάδα. χρὴ οὖν,
30 καθάπερ καὶ ἐν ταῖς ἄλλαις μιμητικαῖς ἡ μία μίμησις ἑνός
ἐστιν, οὕτω καὶ τὸν μῦθον, ἐπεὶ πράξεως μίμησίς ἐστι, μιᾶς
τε εἶναι καὶ ταύτης ὅλης, καὶ τὰ μέρη συνεστάναι τῶν πραγ-
μάτων οὕτως ὥστε μετατιθεμένου τινὸς μέρους ἢ ἀφαιρου-
μένου διαφέρεσθαι καὶ κινεῖσθαι τὸ ὅλον· ὃ γὰρ προσὸν ἢ μὴ
35 προσὸν μηδὲν ποιεῖ ἐπίδηλον, οὐδὲν μόριον τοῦ ὅλου ἐστίν.

---

12 호메로스는 후자의 사건에 대해서는 말하지 않았지만, 전자에 대해서는 『오뒤세이
아』 제19권 392행 이하에서 명백하게 언급하고 있다. 전자의 사건에 대한 아리스
토텔레스 언급의 부정확성은 『오뒤세이아』에서 이 사건이 언급되었음을 아리스토
텔레스가 모르거나 잊었다는 식으로 또는 아리스토텔레스가 이 사건이 누락되어
있는 판본을 읽은 결과라는 식으로 설명될 수 있다. 이러한 부정확성은 이 두 사건
이 '하나의 행위'를 구성하는 데 필수 불가결한 부분에 속하지 않는다는 아리스토
텔레스의 주장을 이해하는 데는 전혀 문제가 되지 않는다. 여기에 대해서는 D. W.
Lucas(1968), 116f. 참조.

13 호메로스는 필연적 또는 개연적 연관성이 없는 사건들의 일관된 배제를 통해 행위
의 통일성 구현이라는 구성의 궁극적 목표를 탁월하게 성취할 수 있었다는 것이다.

다 말하지 않았다. 예컨대 오뒤세우스가 파르나소스산에서 부상당한 일이나 [트로이아] 원정군 소집 때 미친 척한 일에 대해서는 말하지 않았다.¹² 왜냐하면 두 사건 중 어느 것도 어느 하나가 발생할 때 필연적 또는 개연적으로 다른 것이 발생하는 경우에 해당되지 않았기 때문이다.¹³ 호메로스는 『오뒤세이아』의 행위를 [창작할 때 거기에 포함된 모든 사건을] 우리가 지금 말하고 있는 하나의 행위의 관점에서 조직했고, 『일리아스』의 사건들 역시 그런 식으로 조직했다.

그러므로 다른 모방 예술들에서도¹⁴ 하나의 모방은 하나의 대상에 대한 모방인 것처럼 구성 또한 그것이 행위의 모방인 한에서 하나의 행위에 대한 모방이어야 하고 하나의 행위 전체에 대한 모방¹⁵이어야 하며, [하나의 행위를 이루는] 부분들로서의 행위들을 [하나의 행위로] 조직하는 것은 그중 단 한 부분만을 옮기거나 빼도 전체가 변하고 움직이도록 이루어져야 한다. 왜냐하면 거기에 있든 없든 아무 차이도 없는 것¹⁶은 결코 전체의 부분이 아니기 때문이다.

30

35

---

14 다른 모방 예술들(mimētikai)에서도: 아리스토텔레스는 모방에 기반을 둔 모든 예술형태에 '통일성의 원칙'을 적용할 수 있다고 주장한다. 시에 '구성의 통일성'의 원칙이 있다면 회화나 음악이나 건축과 같은 다른 형태의 예술에도 '시적 구성'에 버금가는 '통일적 구성의 원칙'이 있어야 할 것이다. 물론 다른 예술에 적용되는 그와 같은 원칙에 대한 탐구는 아리스토텔레스의 『시학』의 대상은 아니다.

15 하나의 행위 전체에 대한 모방(tautēs holēs): 아리스토텔레스는 행위의 통일성 외에 행위의 전체성을 최선의 구성을 위한 조건으로 제시하고 있다. 행위의 통일성의 원칙이 지켜지더라도 행위의 통일성을 구현하는 데 꼭 필요한 부분들이 빠지거나 불필요한 부분들이 첨가된다면, 하나의 행위는 결코 하나의 전체로 간주될 수 없기 때문이다.

16 거기에 있든 없든 아무 차이도 없는 것(ho...mēden poiei epidēlon): 하나의 행위에 첨가하든 거기에서 빼든 간에, 구성의 통일성과 전체성을 구현하는 데 아무 차이도 드러내지 않고 아무 영향도 주지 않는 부분을 말한다. 이러한 부분은 전체의 부분이라고 할 수 없다.

Φανερὸν δὲ ἐκ τῶν εἰρημένων καὶ ὅτι οὐ τὸ τὰ γενόμενα λέγειν, τοῦτο ποιητοῦ ἔργον ἐστίν, ἀλλ' οἷα ἂν γένοιτο καὶ τὰ δυνατὰ κατὰ τὸ εἰκὸς ἢ τὸ ἀναγκαῖον. ὁ γὰρ ἱστορικὸς καὶ ὁ ποιητὴς οὐ τῷ ἢ ἔμμετρα λέγειν ἢ ἄμετρα διαφέρουσιν (εἴη γὰρ ἂν τὰ Ἡροδότου εἰς μέτρα τεθῆναι

1451b

---

17 말하는(legein): 여기서는 시인의 과제나 임무에 대한 규정이 문제가 되기 때문에 'legein'을 시인의 창작(poiein), 즉 모방(mimeisthai)으로 이해할 필요가 있다 (A. Schmitt(2004a), 74 참조).

18 일어날 것 같은 일, 즉 가능한 일을 개연성 또는 필연성에 따라 말하는 것이라는 사실이다(legein...hoia an genoito kai ta dynata kata to eikos ē to anankaion): 역사가와 구별되는 시인의 과제를 일반적으로 규정하는 이 문장은 이해하기 어렵고 오해의 여지도 많다. '개연성 또는 필연성에 따라'라는 전치사구가 문법적으로 무엇을 한정하는지가 불분명하고, '일어난 일'을 대상으로 하는 역사서술과 달리 시는 '가능한 일'을 묘사한다는 주장은 시인은 역사적 사실을 문학의 소재로 삼을 수 없고 역사가는 역사적 사건을 시적·철학적으로 묘사할 수 없다는 것을 함축하는 것처럼 보이기도 하며, 현실에서 일어나는 사건만을 말하는 역사가와 달리 시인은 현실에서 일어날 수 있지만 실제로는 일어나지 않는 '가상적' 사건만을 묘사한다는 것을 주장하는 것처럼 보이기도 한다. 이와 같은 오해를 피하기 위해서는 무엇보다 아리스토텔레스가 '가능한 일'로 이해하고 있는 바를 정확히 이해할 필요가 있다.
　앞서 시적 모방의 대상을 '인간의 행위'로 규정하는 데서 잘 보이듯이, 모방의 대상으로서 '가능한 일'은 일차적으로 인간적 '행위'다. 아리스토텔레스의 '행위'(praxis) 개념은 매우 독특하다. 그는 외적으로 관찰 가능한 모든 '행동'을 '행위'로 간주하지 않는다. 알키비아데스라는 한 인간이 하는 모든 행동이 '행위'가 아니라 그의 '행동'이 오직 한 인간으로서 그에게 고유하게 속하는 것에 따라 이루어질 때 비로소 '행위'가 된다. 아리스토텔레스적 '행위'의 성립에는 두 중요한 계기가 포함되어 있다. 하나는 합리적 숙고와 선택이다. 그의 말처럼 행위와 선택은 단적으

제9장 성격의 보편성과 가능성의 개별적 실현으로서 행위의 개연적 또는 필연적 모방

이상의 논의로부터 또한 분명해지는 것은 시인의 과제는 [단순히] 일어난 일을 말하는[17] 것이 아니라 일어날 것 같은 일, 즉 가능한 일을 개연성 또는 필연성에 따라 말하는 것이라는 사실이다.[18]

역사가와 시인의 차이는 운율에 맞춰 쓰느냐 운율 없이 쓰느냐에 있 1451b
지 않다. (왜냐하면 우리는 헤로도토스의 책[과 같은 것]을 운율에 맞춰 쓸 수 있

로 같은 것이다(*Meta.*, 1025b24). 행위의 '끝'이 마음 밖에서 이루어지는 신체운동이더라도, 행위의 '시작'은 마음 안에서 이루어지는 합리적 숙고와 선택이다. 다른 하나는 성격이다. 누군가가 무엇을 말하거나 행할 때, 무엇을 선호하고 무엇을 회피하는가는 그 사람의 성격을 통해 알 수 있다(§6, 1450b8f.). 확고한 성격적 상태 없이 발생하는 행위는 없기 때문이다(*EN*, 1139a31-35). 이런 점에서 성격은 무언가를 추구하거나 회피하는 것을 가능하게 하는 능력(dynamis)이며, 행위는 이 능력의 실제적 사용으로부터 발생하는 것이다. 그래서 성격을 알면 우리는 그의 선택도 추론할 수 있는 것이다.

행위의 이와 같은 발생과 관련해 '가능성'은 아무것이나 될 수 있는 '단순한 가능성'(possibilitas)일 수 없다는 것을 이해하는 것이 무엇보다 중요하다. 행위의 시발점이 되는 가능성은 '특정한 것을 수행할 수 있는 능력의 소유'라는 의미의 '가능성'(potentia)이다. 어떤 사람의 성격('어떤 성질의 사람')이 어떤 특정한 것을 선택하거나 회피할 수 있는 힘을 지닌 한에서 그 힘으로부터 가능적으로 발현되고 발생할 수 있는 일, 그것이 '가능한 일'이다. 가령 팥이 될 수 있는 힘을 가진 씨앗이 아직 팥으로 자라지 않아 팥이 될 수 있는 가능성만을 가지고 있더라도, 이 가능성은 아무것이나 될 수 있는 가능성, 가령 팥 아닌 콩이 될 수 있는 가능성이 아니라 오직 팥으로만 성장할 수 있는 가능성이다. 따라서 '가능한 일'은 또한 '현실 속에서 실제로 일어나지 않고 단지 일어날 수 있는 가능성만을 가진 가상적이고 비현실적인 일'이 아니다. 현실 속에서 실제로 일어나는 인간의 개별적 행위도 '가능한 일'이다. 아리스토텔레스가 직접 말하는 것처럼 "실제로 일어나지 않은 일에 대해 우리는 그것이 가능하다고 믿지 않는다. 하지만 실제로 일어난 일의 경우에 그것이 가능하다는 것은 분명하다"(1451b16-18). 따라서 시와 역사의 차이는 역사적·현실적 사건을 다루느냐, 가상적·허구적 사건을 다루느냐에 있지 않다. 역사도 개별적 행위를 다루고 시도 개별적 행위를 다룬다. 역사도 일어난 일을 다루고 시도 일어

καὶ οὐδὲν ἧττον ἂν εἴη ἱστορία τις μετὰ μέτρου ἢ ἄνευ μέ-
τρων)· ἀλλὰ τούτῳ διαφέρει, τῷ τὸν μὲν τὰ γενόμενα λέ-
5   γειν, τὸν δὲ οἷα ἂν γένοιτο. διὸ

난 일을 다룬다. 다만 역사가는 개별적 행위를 특정 시대나 지역이나 정파와 같은
외적 원인으로부터 서술하는 반면, 시는 개별적 행위를 그 발생의 내적 원인으로
부터 다루며 개별적 행위를 단순히 '일어난 일'이 아니라 '가능한 일'로서, 즉 '행위
자의 내적 성격으로부터 비로소 가능하게 따라 나올 수 있는 일'로서 묘사한다. 그
렇다면 시와 역사의 차이도 어느 정도 상대화될 수 있다. 호메로스의 경우처럼 시
인이 트로이아 전쟁에서 발생한 아킬레우스의 행위를 소재로 삼더라도 그것을 그
의 성격적 능력과 가능성으로부터 도출 '가능한 일'로 묘사한다면, 그는 역사가가
아니라 시인이다. 마찬가지로 역사가도 '일어난 일'을 말하지만 '일어난 일'을 '가능
한 일'로 (물론 시적 모방의 수단이나 방식을 통해) 묘사할 수 있다면, 시인으로 불
려야 마땅하다. 물론 역사가가 한 인간의 보편적인 성격적 성향을 구현하는 행위에
온전히 집중하는 것은 어렵다. 역사가는 아무리 역사적 사건들에 연루된 한 인물의
'행위'로 거슬러 가고자 해도, 대부분 그 행위의 내적이고 본질적인 원인보다는 모
든 주관적 책임으로부터 벗어나 있는 외적이고 우연적인 원인들을 찾을 것이기 때
문이다. 그런 한 역사가는 시인보다 덜 철학적이고 덜 위대하다.
    '가능한 일'이 이처럼 '성격적 능력과 가능성으로부터 발생하는 일'이라면, '일어
날 것 같은 일'을 단순히 '일어날 것으로 추측되는 일'(what might happen)로 간주
해서는 안 된다(D. W. Lucas(1968), 118 참조). 시인이 '가능성의 세계'를 다룬다
고 해서 그가 단지 추측에 기반해 이야기를 전개한다고 할 수는 없다. 비예술적이
기 때문이다. 시인도 철학자처럼 기술적·방법적으로 논리적·인과적인 이야기 전개
를 추구한다. 따라서 시인이 묘사하는 것은 어떤 특정 성격으로부터 특정한 선택
을 통해 필연적 또는 개연적으로 일어날 것으로 (시인뿐만 아니라 모든 독자에게)
예상되고 기대되는 것이다. 이것은 시인의 개인적 상상과 자의적 추측의 결과가 아
니라 보편적 성격으로부터의 (개별적 행위의) 도출 가능성에 대한 시인의 시적 추
론과 인식의 성과다. 그런 점에서 시인은 철학적이고 시는 철학만큼 위대하다.
    마지막으로 '개연성 또는 필연성에 따라'라는 전치사구가 정확히 무엇을 한정
하느냐라는 문제가 있다. 대부분은 이 전치사구가 위치상으로 바로 'dynata' 앞
에 놓이기 때문에 'dynata'를 한정하는 것으로 간주되어 '개연성 또는 필연성
에 따라 가능한 일'로 번역된다(이를 번역할 수 있는 여러 가능성에 대해서는

으며, [이렇게] 운율에 맞춰 쓰는 것도 운율 없이 쓰는 것 못지않게 역사서술의 한

방식일 것이기 때문이다.) 오히려 그 차이는 역사가는 일어난 일을 말하고

시인은 일어날 것 같은 일을 말한다는 데 있다. 따라서 시는 역사서술   5

A. Schmitt(2004a), 72ff. 참조). 이 번역의 경우에 우리는 '가능성'에 '개연적 가
능성'과 '필연적 가능성'을 모두 포함시켜야 한다. '개연성'과 '가능성'의 결합은
'1451b30-32'의 언급("왜냐하면 실제로 일어난 일 가운데 일부가 개연적인 일
로 그리고 [행위자의 특정한 성격에] 가능한 일로 발생하는 것을 가로막는 것은
아무것도 없으며, 이 점에서 저 사람은 실제로 일어난 일의 '창작자'[라는 의미
의 시인]이기 때문이다.")을 고려하면 자연스럽고 논리적으로도 문제가 없다. 하
지만 '가능성'을 '필연성'과 결부하는 것은 논리적으로 불가능하다. '가능한 것'은
'달리 있을 수 있는 것'이고 '필연적인 것'은 이런 가능성이 완전히 배제되어 있는
것, 즉 '달리 있을 수 없는 것'이다. 그렇다면 시인의 과제는 어떤 가능한 일을 (그
개연성에 따라서뿐만 아니라) 그 필연성에 따라 모방하는 것이 될 수밖에 없을
것이다. '가능성'은 개념적으로 '필연성'을 결코 자체 속에 포함할 수 없으므로 이
것은 불합리하다. 게다가 가능한 것을 필연성에 따라 묘사하라는 것은 달리 있을
수 있는 것을 달리 있을 수 없는 방식으로 묘사하라는 자가당착적 요구일 것이다
(A. Schmitt(2004), 65ff. 참조). 그렇다면 문제의 전치사구를 동사 'legein'을 한정
하는 것으로 보는 것이 문법적으로뿐만 아니라 내용적으로도 가장 자연스럽다.
    시인의 과제를 이처럼 '성격적 가능성과 힘으로부터 일어날 것으로 기대되는 일',
즉 '성격적으로 가능한 일'에 대한 묘사로 규정함으로써 아리스토텔레스는 모방의
예술성을 견지할 수 있기 위해 시인에게 요구되는 중요한 한 가지 척도를 제시하고
있다. 그것은 바로 '개연성 또는 필연성의 원칙'이다. 이 원칙이 말하는 것은 개별적
행위들을 묘사할 때 시인은 반드시 성격의 보편적 성향들에 주목해야 할 뿐만 아
니라 성격의 고유한 능력과 힘으로부터 따라 나오는 행위들을 '하나의 행위'의 관
점에서 인과적·논리적으로 배열해야 한다는 것이다. 이 원칙은 성격과 구성의 상관
성, 즉 행위들의 배치와 연속적 전개의 합리성과 논리성이 성격의 보편적 가능성
자체로부터 정당화되어야 한다는 것을 규정하는 원칙이며, 구성의 조직과 성격의
묘사 모두에 공통으로 적용되는 원칙이다(§15 참조).
    이상의 설명에 따라 문장 전체를 이해하기 쉽게 풀어 옮기면 다음과 같다: "이상
의 논의로부터 또한 분명해지는 것은 시인의 과제는 [단순히] 일어난 일을 말하는
것이 아니라 [어떤 특정한 성격으로부터] 일어날 것 같은 [즉 일어날 것으로 기대
되는] 일, 즉 [행위자의 성격으로부터 발생하는 것이] 가능한 [것으로 예상되는]
일[들이 그 보편적 성격에 부합해 어떻게 배치되고 어떤 순서로 진행되어야 하는가
라는 것]을 개연성 또는 필연성[의 원칙]에 따라 말하는 것이라는 사실이다."

καὶ φιλοσοφώτερον καὶ σπουδαιότερον ποίησις ἱστορίας
ἐστίν· ἡ μὲν γὰρ ποίησις μᾶλλον τὰ καθόλου, ἡ δ' ἱστορία τὰ
καθ' ἕκαστον λέγει. ἔστιν δὲ καθόλου μέν, τῷ ποίῳ τὰ ποῖα
ἄττα συμβαίνει λέγειν ἢ πράττειν κατὰ τὸ εἰκὸς ἢ τὸ ἀναγκαῖον,
10   οὗ στοχάζεται ἡ ποίησις ὀνόματα ἐπιτιθεμένη· τὸ δὲ καθ'
ἕκαστον, τί Ἀλκιβιάδης ἔπραξεν ἢ τί ἔπαθεν. ἐπὶ μὲν οὖν τῆς
κωμῳδίας ἤδη τοῦτο δῆλον γέγονεν· συστήσαντες γὰρ τὸν
μῦθον διὰ τῶν εἰκότων οὕτω τὰ τυχόντα ὀνόματα ὑποτι-
θέασιν, καὶ οὐχ ὥσπερ οἱ ἰαμβοποιοὶ περὶ τὸν καθ' ἕκαστον
15   ποιοῦσιν. ἐπὶ δὲ τῆς τραγῳδίας

---

19 더 위대하다(spoudaioteron): 역사서술에 대한 문학의 상대적 위대성이나 우월성
    은 그 진지성이나 중요성이나 도덕성에 있지 않고 역사가 다루는 개별자보다 더
    높은 수준의 대상인 보편자를 인식한다는 데 있다(사무엘 헨리 부처/김진성 옮김
    (2014), 99 참조). 역사와 문학과 철학 사이의 (위대성의) 상대적 우열은 각 탐구가
    취급하는 인식 대상의 차이, 즉 '개별자'와 '개별자 속의 보편자'와 '보편자 자체'의
    차이에 있다.
20 보편적인 것(ta katholou): 여기서 '보편적인 것'은 인간의 성격적 특성, 특히 특정
    한 성격에 놓인 선택의 보편적 성향과 가능성이다.
21 어떤 성질의 것들을 말하거나 행하는 것이 어떤 성질의 사람에게 개연성 또는 필연
    성에 따라 속한다는 것을 의미한다(tō poiō ta poia atta symbainei legein ē prattein
    kata to eikos ē anankaion): 등장인물이 하는 말과 행위가 어떤 특정한 성질을 가
    지는 것은 그가 어떤 성질의 사람인가에 달려 있다는 것이다. '어떤 성질의 사람'
    은 '개별적인' 말과 행위를 하는 사람이고, 특히 그 사람이 가진 고유한 성질, 즉 그
    의 '보편적인' 성격적 특성을 오랜 삶의 과정 속에서 형성한 사람이다. 어떤 특정한
    성격을 지닌 사람은 그가 그것을 지닌 한에서 언제라도 그가 가진 성격의 힘과 능
    력을 현실에서 말과 행위로 구현할 수 있다. 그의 말과 행위가 '개별적'임에도 불
    구하고 시적·철학적 묘사의 대상이 되는 것은 그것이 바로 그의 '고유한' 그리고

보다 더 철학적이며 더 위대하다.[19] 시는 보편적인 것[20]을 말하고 역사서술은 개별적인 것을 말하기 때문이다.

'보편적인 것'은 어떤 성질의 것들을 말하거나 행하는 것이 어떤 성질의 사람에게 개연성 또는 필연성에 따라 속한다는 것을 의미한다.[21] 이것[22]이 시가 목표하는 것이다. 비록 등장인물에 [개별적인] 이름을 붙이더라도 말이다.[23] [이에 반해] '개별적인 것'은 알키비아데스가 무엇을 행했고 무엇을 겪었는지를 의미한다.

희극의 경우에 이 점은 이미 명백해졌다. 왜냐하면 희극시인들은 개연적인 행위들로 구성을 조직한 다음에 그에 적합한[24] 이름을 등장인물에 부여하고, [단장격의 이암보스 운율로] 풍자시를 쓰는 시인들처럼 특정한 개인에 대해 시를 쓰지 않기 때문이다. 반면에 비극[시인들]은 실

10

15

'보편적인' 성격의 능력과 힘으로부터 가능적으로 전개될 수 있는 일, 즉 '가능한 일'(dynata)이기 때문이다. 따라서 '보편적인 것'을 묘사한다는 것은 개별적인 말과 행위를 어떤 특정 성질의 말과 행위로, 즉 어떤 보편적 성격으로부터 전개 가능한 것으로, 즉 '가능한 일'로 묘사한다는 것을 의미하는 것이다. 반면에 '개별적인 것'을 말한다는 것은 이러한 보편적 성격에의 정향 없이 단순히 그가 무엇을 개별적으로 겪었고 행했는지를 서술한다는 것을 말한다. 문장의 문법적 구조에 대한 설명으로는 A. Schmitt(2008), 378ff. 참조.

22 이것: 등장인물의 말이나 행위를 그의 특정한 성격의 필연적 또는 개연적 결과로 이끌어내는 것.

23 비록 등장인물에 [개별적인] 이름을(onomata) 붙이더라도 말이다: 각 등장인물에 개별적 이름을 붙이고 개별적 행위를 귀속시키더라도 시가 근본적으로 목표하는 것은 그 사람이 어떤 성질의 사람인지를, 즉 그의 개별적 말과 행위가 어떤 성격적 성향으로부터 개연적 또는 필연적으로 전개되는지를 묘사하는 것이다.

24 그에 적합한(houtō ta tychonta): 'houtō'는 개연적 구성이라는 목표의 성취를 말한다(L. W. Lucas(1968), 121 참조). 'ta tychonta'는 '임의의'(any)를 의미할 수도 있고 (어떤 목표를 성공적으로 달성하는 데) 적합한'을 의미할 수도 있다. 일반적으로 전자로 번역되지만(가령, G. F. Else(1957), 302), 여기서는 'houtō ta tychonta'를 등장인물이 개연적 구성이라는 목표를 성취하는 데 '부합하는' 이름을 가져야 한다는 의미에서 '그에 적합한'으로 옮겼다(가령, A. Schmitt(2008), 14).

τῶν γενομένων ὀνομάτων ἀντέχονται. αἴτιον δ' ὅτι πιθανόν
ἐστι τὸ δυνατόν· τὰ μὲν οὖν μὴ γενόμενα οὔπω πιστεύομεν
εἶναι δυνατά, τὰ δὲ γενόμενα φανερὸν ὅτι δυνατά· οὐ γὰρ ἂν
ἐγένετο, εἰ ἦν ἀδύνατα. οὐ μὴν ἀλλὰ καὶ ἐν ταῖς τραγῳδίαις
20 ἐν ἐνίαις μὲν ἓν ἢ δύο τῶν γνωρίμων ἐστὶν ὀνομάτων, τὰ δὲ
ἄλλα πεποιημένα, ἐν ἐνίαις δὲ οὐθέν, οἷον ἐν τῷ Ἀγάθωνος
Ἀνθεῖ· ὁμοίως γὰρ ἐν τούτῳ τά τε πράγματα καὶ τὰ ὀνόματα
πεποίηται, καὶ οὐδὲν ἧττον εὐφραίνει. ὥστ' οὐ πάντως εἶναι
ζητητέον τῶν παραδεδομένων μύθων, περὶ οὓς αἱ τραγῳ-
25 δίαι εἰσίν, ἀντέχεσθαι. καὶ γὰρ γελοῖον τοῦτο ζητεῖν, ἐπεὶ
καὶ τὰ γνώριμα ὀλίγοις γνώριμά ἐστιν, ἀλλ' ὅμως εὐφραίνει
πάντας. δῆλον οὖν ἐκ τούτων ὅτι τὸν ποιητὴν μᾶλλον τῶν
μύθων εἶναι δεῖ ποιητὴν ἢ τῶν μέτρων, ὅσῳ ποιητὴς κατὰ
τὴν μίμησίν ἐστιν, μιμεῖται δὲ τὰς πράξεις. κἂν ἄρα συμβῇ
30 γενόμενα ποιεῖν, οὐθὲν ἧττον ποιητής ἐστι·

존했던 [역사적] 인물의 이름을 고수한다. 가능한 것이 설득력 있다는 것이 그 이유다. 실제로 일어나지 않은 일에 대해 우리는 그것이 가능하다고 믿지 않는다. 하지만 실제로 일어난 일의 경우에 그것이 가능하다는 것은 분명하다. 그것이 불가능했다면 그것은 일어나지 않았을 테니까 말이다.

물론 일부 비극에서는 [단지] 한두 개가 [우리에게 잘 알려진] 유명한 인물의 이름이고 나머지는 모두 [시인이] 지어낸 이름인 반면, 일부 비극에서는 유명한 인물의 이름이 아예 없다. 예컨대 아가톤의 『안테우스』가 그렇다. 왜냐하면 이 작품에서 행위만이 아니라 [등장인물의] 이름도 마찬가지로 시인이 지어낸 것이기 때문이다. 그렇다고 이것이 극의 즐거움[25]을 더 감소시키는 것은 아니다.[26] 따라서 비극이 소재로 삼[곤 하]는 [역사적으로] 전승된 이야기에 무조건 집착할 필요는 없다. 사실 그것에 집착하는 것은 어리석은 일이다. 왜냐하면 유명한 이야기도 소수에게 유명하기 때문이다. 그렇더라도[27] 그것이 모든 사람에게 즐거움을 주지만 말이다.

앞서 논의한 사실로부터 분명한 점은, 시인을 시인이게끔 하는 것이 모방이고 시인이 모방하는 것이 행위들인 한, 시인은 운율의 '창작자'[라는 의미의 시인]보다는 오히려 구성의 '창작자'[라는 의미의 시인]여야 한다는 것이다.

또한 실제로 일어난 일[28]을 묘사하게 되더라도 그는 여전히 시인

---

25 즐거움(eupranein): 극이 주는 재미와 예술적 쾌감을 말한다.

26 카셀과 달리, 나는 이 문장을 독립된 하나의 문장으로 읽었다. 아리스토텔레스의 논증 전개를 더 분명하게 이해할 수 있다.

27 그렇더라도(homōs): 즉 소수의 사람에게만 알려져 있다고 하더라도.

28 실제로 일어난 일(gegomena): 역사적 사건을 말한다.

τῶν γὰρ γενομένων ἔνια οὐδὲν κωλύει τοιαῦτα εἶναι οἷα ἂν εἰκὸς γενέσθαι [καὶ δυνατὰ γενέσθαι], καθ᾽ ὃ ἐκεῖνος αὐτῶν ποιητής ἐστιν.

τῶν δὲ ἁπλῶν μύθων καὶ πράξεων αἱ ἐπεισοδιώδεις εἰ-
σὶν χείρισται· λέγω δ᾽ ἐπεισοδιώδη μῦθον ἐν ᾧ τὰ ἐπεισόδια
35   μετ᾽ ἄλληλα οὔτ᾽ εἰκὸς οὔτ᾽ ἀνάγκη εἶναι. τοιαῦται δὲ ποιοῦνται
ὑπὸ μὲν τῶν φαύλων ποιητῶν δι᾽ αὐτούς, ὑπὸ δὲ τῶν ἀγα-
θῶν διὰ τοὺς ὑποκριτάς· ἀγωνίσματα γὰρ ποιοῦντες καὶ
παρὰ τὴν δύναμιν παρατείνοντες τὸν μῦθον πολλάκις δια-
1452a στρέφειν ἀναγκάζονται τὸ ἐφεξῆς.

---

29 가능한 일(dynata): 앞서 설명했듯이, '가능성'은 '단순한 가능성'(possibilitas, pos-
sibility)이 아니라 어떤 성질의 행위를 어떤 성질의 성격으로부터 실행할 수 있는
'특정한 능력'(potentia, potency)으로서의 '가능성'을 말한다. 성격은 오랜 그리고
다양한 활동들로부터 행위자 내면에 형성되고 소유된 상태(hexis)로서 행위자를 어
떤 특정한 성질의 행위자로 만들고 행위자로 하여금 어떤 특정한 성질의 말과 행위
를 하게 하는 힘과 가능성을 가지고 있다. 어떤 사람이 성격적 능력을 소유하고 있
다면 특별한 상황이 개입되지 않는 한에서, 그는 거의 모든 경우에 이 성격적 능력
으로부터 자연스럽게 발현될 수 있는 행위들을 선택하며, 그런 의미에서 성격적 능
력은 '보편적' 능력이기도 하다. 누가 어떤 일을 그것이 역사적 사건이라고 하더라
도 행위자의 보편적인 성격적 상태와 능력에 함축된 일로, 즉 가능성에 따라 일어
나는 일로, 단적으로 말하면 '가능한 일'(ta dynata)로 묘사하는 한, 그는 여전히 시
인이다.

이다. 왜냐하면 실제로 일어난 일 가운데 일부가 개연적인 일로 그리고 [행위자의 특정한 성격에] 가능한 일[29]로 발생하는 것을 가로막는 것은 아무것도 없으며, 이 점에서[30] 저 사람[31]은 실제로 일어난 일의 '창작자'[라는 의미의 시인][32]이기 때문이다.

단순한 구성과 행위 중에서 삽화적인 것이 최악의 것이다. '삽화적 구성'이란 삽화들이 개연성도 필연성도 띠지 않은 채 연속되는 구성을 말한다. 이런 식의 구성을 저급한 시인들은 자기 자신을 위해 만드는 한편, 뛰어난 시인들은 배우를 위해 만든다. 왜냐하면 경연[에서의 승리를 위해] 작품을 쓸 경우에 그들은[33] 구성을 그 가능한 범위를 넘어[34] [과도하게] 늘이기 때문이다. 따라서 그들은 자주 [행위 전개의] 연속성을 깨뜨릴 수밖에 없다.

35

1452a

---

30 이 점에서(kath o): 즉 일부 역사적 사건을 개연성과 가능성의 원칙에 따라 일어날 것 같고, 또한 일어날 수 있는 일로 묘사한다는 점에서.

31 저 사람(ekeinos): 실제로 일어난 일을 묘사하는 사람을 말한다.

32 실제로 일어난 일의 '창작자'[라는 의미의 시인](poiētēs): 역사적 사건들을 묘사하더라도 개연성과 가능성의 원칙에 따라 창작하는 한 마땅히 '시인'으로 불려야 한다는 것이다.

33 그들은: '저급한 시인'과 '뛰어난 시인' 모두를 포함한다. 경연 대결에서 승리가 시인들의 최우선 목표인 한에서 시인들에는 두 부류가 있을 수 있다. 한 부류는 저급한 시인들이다. 이들은 승리하고 싶다는 순전히 개인적인 동기로부터 삽화적 구성을 선택하는 자들이다. 이들이 '저급한' 이유는 승리를 성취하는 데 필요한 예술적 조건을 전혀 고려하지 않고 삽화적 구성을 택하기 때문이다. 다른 한편으로 '뛰어난' 시인들은 승리의 성취를 위해 필요한 조건을 충분히 이해하는 자들로서 비극 간의 대결이 배우들 간의 대결임을 간파하고 대사를 늘려 배우의 역할을 강화하기 위해 삽화적 구성을 선택한다. 어떤 유형의 시인이든 간에, 모두 사건 진행의 연속성을 깨뜨릴 수밖에 없다.

34 그 가능한 범위를 넘어(para tēn dynamin): 'dynamis'는 극에 포함된 행위들을 개연성 또는 필연성의 원칙에 따라 통일적으로 배치할 수 있는 구성 고유의 '힘'을 말한다. 나는 구성이 행위들의 통일성을 유지할 수 있기 위해 자체 내에 반드시 포함시켜야 할 행위들의 '가능한 범위'로 옮겼다.

ἐπεὶ δὲ οὐ μόνον τελείας ἐστὶ πράξεως ἡ μίμησις ἀλλὰ καὶ
φοβερῶν καὶ ἐλεεινῶν, ταῦτα δὲ γίνεται καὶ μάλιστα [καὶ
μᾶλλον] ὅταν γένηται παρὰ τὴν δόξαν δι' ἄλληλα· τὸ γὰρ
θαυμαστὸν οὕτως ἕξει μᾶλλον ἢ εἰ ἀπὸ τοῦ αὐτομάτου καὶ
τῆς τύχης, ἐπεὶ καὶ τῶν ἀπὸ τύχης ταῦτα θαυμασιώτατα δο-
κεῖ ὅσα ὥσπερ ἐπίτηδες φαίνεται γεγονέναι, οἷον ὡς ὁ ἀν-
δριὰς ὁ τοῦ Μίτυος ἐν Ἄργει ἀπέκτεινεν τὸν αἴτιον τοῦ θανά-
του τῷ Μίτυι, θεωροῦντι ἐμπεσών· ἔοικε γὰρ τὰ τοιαῦτα οὐκ
εἰκῇ γίνεσθαι· ὥστε ἀνάγκη τοὺς τοιούτους εἶναι καλλίους
μύθους.

그런데 비극은 완결된 행위의 모방일 뿐만 아니라 공포와 연민을 불러일으키는 것들의 모방이다. 이것들[35]은 특히 사건들이 우리의 예상을 뛰어넘어[36] 서로로 인해[37] 발생할 때 더 많이 발생한다. 왜냐하면 [사건들이] 이렇게 [서로로 인해] 발생할 때 저절로, 그리고 우연히 발생할 때보다 우리는 놀라움의 인상을 더 강하게 받게 될 것이기 때문이다. 우연[히 발생]한 사건들 중에서도 마치 어떤 의도에 의해 발생한 것처럼 보이는 것이 우리에게 최고조의 놀라움을 줄 것으로 생각되니까 말이다. 예컨대 아르고스에 있는 미튀스의 조상(彫像)이 미튀스를 죽게 한 장본인을, 마침 그가 [그 조상을] 구경하고 있을 때 [그자 위로] 떨어져 죽이는 경우가 그렇다. 이런 사건은 아무 의도 없이 [우연히] 일어난 것이 아니라는 인상을 준다. 그러므로 이런 종류의 구성이 더 좋은 구성일 수밖에 없다.

5

10

---

35 이것들: 즉 공포와 연민의 감정을 불러일으키는 사건들을 말한다.

36 예상을 뛰어넘어(para tēn doxan): 즉 예기치 않게(unexpected).

37 서로로 인해(dia allēla): 즉 사건들 중 어떤 것이 다른 것 때문에, 간단히 말하면 상호 인과적으로.

Εἰσὶ δὲ τῶν μύθων οἱ μὲν ἁπλοῖ οἱ δὲ πεπλεγμένοι· καὶ γὰρ αἱ πράξεις ὧν μιμήσεις οἱ μῦθοί εἰσιν ὑπάρχουσιν εὐθὺς οὖσαι τοιαῦται. λέγω δὲ ἁπλῆν μὲν πρᾶξιν ἧς γινομένης

15 ὥσπερ ὥρισται συνεχοῦς καὶ μιᾶς ἄνευ περιπετείας ἢ ἀναγνωρισμοῦ ἡ μετάβασις γίνεται, πεπλεγμένην δὲ ἐξ ἧς μετὰ ἀναγνωρισμοῦ ἢ περιπετείας ἢ ἀμφοῖν ἡ μετάβασίς ἐστιν. ταῦτα δὲ δεῖ γίνεσθαι ἐξ αὐτῆς τῆς συστάσεως τοῦ μύθου,

20 ὥστε ἐκ τῶν προγεγενημένων συμβαίνειν ἢ ἐξ ἀνάγκης ἢ κατὰ τὸ εἰκὸς γίγνεσθαι ταῦτα· διαφέρει γὰρ πολὺ τὸ γίγνεσθαι τάδε διὰ τάδε ἢ μετὰ τάδε.

제10장 복잡성

구성에는 단순한 것도 있고 복잡한 것도 있다. 왜냐하면 구성이 모방하는 행위들 [자체]도 바로 그렇[게 단순하거나 복잡하]기 때문이다. '단순한 행위'란 앞서 정의한 것처럼[38] 연속적인 하나[의 것으]로서 전개될 때 [불행이나 행복으로의 운명의] 변화가 반전이나 발견[39] 없이 이루어지는 행위를 말하며, '복잡한 행위'란 변화가 반전과 더불어 또는 발견과 더불어 또는 양자 모두와 더불어 이루어지는 행위를 말한다. 15

  이것들[40]은 구성의 구조 자체로부터 발생해야 한다.[41] 따라서 이것들[42]이 일어난다는 것은 앞서 일어난 것들의 필연적 또는 개연적 결과로서 일어난다는 [것을 말하는] 것이다. 왜냐하면 이것들(tade)이 저것들 '때문에'(dia) 발생하는지 이것들이 [단순히] 저것들 '다음에'(meta) 발생하는지에는 큰 차이가 있기 때문이다. 20

---

38 앞서 정의한 것처럼: 행위의 통일성에 대한 §8의 규정을 말한다. '연속성'은 §7에서 언급된 행위의 '전체성'을 대체하는 개념으로 보인다(D. W. Lucas(1968), 127 참조).

39 발견(anagnōrismos): 여기서만 'anagnōrismos'가 사용되고 다른 곳에서는 일관되게 'anagnōrisis'가 사용된다. 의미상의 차이는 없다.

40 이것들(tauta): 극적 이야기 전개를 이끄는 변화의 두 계기로서 '반전과 발견'을 가리키는 것으로 보는 게 가장 일반적이다.

41 구성은 반전과 발견을 통해 주인공의 운명 변화를 드러내는 복잡한 구조를 가져야 한다는 것이다.

42 이것들(tauta): 'tauta'(1452a20)는 바로 앞에서 언급된 'tauta'(1452a18)와 지시하는 바가 다르다. 여기서는 단순히 앞선 어떤 것들 '다음에' 발생하는 것이 아니라 앞선 어떤 것들 '때문에' 발생하는—이것이 아리스토텔레스가 앞서 언급한 '서로 인해'(dia allēla)의 구체적 의미다—개별적인 사건들이나 행위들을 가리키며, '1452a21'의 '이것들'(tade)에 상응하는 표현이다.

Ἔστι δὲ περιπέτεια μὲν ἡ εἰς τὸ ἐναντίον τῶν πραττομέ-
νων μεταβολὴ καθάπερ εἴρηται, καὶ τοῦτο δὲ ὥσπερ λέγο-
μεν κατὰ τὸ εἰκὸς ἢ ἀναγκαῖον, οἷον ἐν τῷ Οἰδιποδι ἐλθὼν
ὡς εὐφρανῶν τὸν Οἰδίπουν καὶ ἀπαλλάξων τοῦ πρὸς τὴν
μητέρα φόβου, δηλώσας ὃς ἦν, τοὐναντίον ἐποίησεν· καὶ ἐν
τῷ Λυγκεῖ ὁ μὲν ἀγόμενος ὡς ἀποθανούμενος, ὁ δὲ Δαναὸς
ἀκολουθῶν ὡς ἀποκτενῶν, τὸν μὲν συνέβη ἐκ τῶν πεπραγ-
μένων ἀποθανεῖν, τὸν δὲ σωθῆναι. ἀναγνώρισις δέ, ὥσπερ
καὶ τοὔνομα σημαίνει, ἐξ ἀγνοίας εἰς γνῶσιν μεταβολή, ἢ εἰς
φιλίαν ἢ εἰς ἔχθραν, τῶν πρὸς εὐτυχίαν ἢ δυστυχίαν ὡρι-
σμένων·

---

43 앞서 언급한 것처럼: 1451a13-14.

44 『오이디푸스』: 대략 기원전 429년에 처음 공연된 소포클레스의 비극 『오이디푸스
왕』(Oidipous Tyrannos, Oedipus Rex)을 가리킨다. 『시학』에서 아리스토텔레스는
『오이디푸스』로 표기한다.

45 오이디푸스가 누구인지를: 오이디푸스의 출생 비밀을 말한다(소포클레스/천병희
옮김(2008), 『오이디푸스 왕』, 911-1085 참조).

46 행복이나 불행을 겪게끔 정해진(pros eutychian ē dystychian hōrismenoi): 등장인
물들로 하여금 행복한 삶이나 불행한 삶을 겪도록 정하는 것은 '운명'이라기보다는
'시인'이다(D. W. Lucas(1968), 131 참조). 호메로스의 서사시나 그리스 비극에서
'행위'는 아리스토텔레스가 항상 강조하는 것처럼 주체의 숙고와 결단으로부터 이
루어지는 것이다. 그러므로 우리는 신이나 운명과 같은 어떤 외적 필연성이 인간의
행위를 다루는 극 바깥에 처음부터 놓여 있다고, 그리고 그런 식으로 처음부터 극

제11장 반전과 발견, 그리고 고통

반전은, 앞서 언급한 것처럼[43] 행위들이 [원래 의도된 것과] 정반대[의 결과]로 전환되는 것을 말하는데, 이러한 전환은 우리가 주장하는 바와 같이 개연성 또는 필연성[의 원칙]에 따라 이루어져야 한다. 가령 『오이디푸스』[44]에서 한 사람이 오이디푸스를 기쁘게 해주고 어머니에 대한   25
공포에서 벗어나게 해주려는 의도로 오지만, 그는 오이디푸스가 누구인지를[45] 밝힘으로써 정반대의 결과를 가져온다. 그리고 『륑케우스』에서 한 사람은 처형되기 위해 끌려가고 다나오스는 그 사람을 처형하기 위해 따라가지만, 일련의 행위들로부터 도리어 다나오스가 죽고 그 사람이 목숨을 구하는 [정반대의] 결과가 발생한다.

발견은, 그 단어 자체가 뜻하는 것처럼 무지(無知)의 상태에서 지(知)   30
의 상태로의 전환을 말하는데, 이러한 전환은 행복이나 불행을 겪게끔 정해진[46] 인물들 사이에 호감이나 적대감이 생기게 한다.[47] 발견은 『오

을 규제하고 극의 진행을 결정한다고 생각해서는 안 된다. 극에서 펼쳐지는 행복이나 불행은 시인에 의해 등장인물의 내적 성격으로부터 필연성 또는 개연성의 원칙에 따라 정해지는 것이지 운명을 관장하는 신적 위력에 의해 정해지는('destined') 것이 아니다. 그것은 신이 보여주는 '운명의 장난'과 같은 것이 아니라 행위를 통해 자신의 삶을 선택하고 규정하는 인간의 '성격의 필연적 또는 개연적 결과'다. 이런 점에서 '불행과 행복의 어떤 특정한 몫을 가지고 태어난'보다는 '인간으로서 행복과 불행으로부터 벗어난 삶을 살 수 없도록 정해진'의 의미로 이해하는 것이 더 적절해 보인다. 그렇다면 뒤퐁록과 랄로의 번역(로즐린 뒤퐁록, 장 랄로/김한식 옮김 (2010): "행복하거나 불행한 운명을 타고난")이나 천병희의 번역(아리스토텔레스/천병희 옮김(2002): "등장인물들이 행운의 숙명을 지녔느냐 불행의 숙명을 지녔느냐에 따라")은 행운과 불운을 결정짓는 주관적 선택의 요소를 충분히 반영하고 있다고 볼 수는 없다.

47 무지로부터 지로 전환된다는 것은 상대방이 누구인지 그 정체를 모른 상태에서 적

καλλίστη δὲ ἀναγνώρισις, ὅταν ἅμα περιπετείᾳ γένηται, οἷον
ἔχει ἡ ἐν τῷ Οἰδίποδι. εἰσὶν μὲν οὖν καὶ ἄλλαι ἀναγνωρίσεις·
35 καὶ γὰρ πρὸς ἄψυχα καὶ τὰ τυχόντα †ἐστὶν ὥσπερ εἴρηται
συμβαίνει† καὶ εἰ πέπραγέ τις ἢ μὴ πέπραγεν ἔστιν ἀναγνω-
ρίσαι. ἀλλ᾽ ἡ μάλιστα τοῦ μύθου καὶ ἡ μάλιστα τῆς πράξεως ἡ
εἰρημένη ἐστίν· ἡ γὰρ τοιαύτη ἀναγνώρισις καὶ περιπέτεια ἢ
1452b ἔλεον ἕξει ἢ φόβον(οἵων πράξεων ἡ τραγῳδία μίμησις ὑπό-
κειται), ἐπειδὴ καὶ τὸ ἀτυχεῖν καὶ τὸ εὐτυχεῖν ἐπὶ τῶν τοι-
ούτων συμβήσεται. ἐπεὶ δὴ ἡ ἀναγνώρισις τινῶν ἐστιν ἀνα-
γνώρισις, αἱ μέν εἰσι θατέρου πρὸς τὸν ἕτερον μόνον, ὅταν ᾖ
5 δῆλος ἅτερος τίς ἐστιν, ὁτὲ δὲ ἀμφοτέρους δεῖ ἀναγνωρίσαι,
οἷον ἡ μὲν Ἰφιγένεια τῷ Ὀρέστῃ ἀνεγνωρίσθη ἐκ τῆς πέμ-
ψεως τῆς ἐπιστολῆς, ἐκείνου δὲ πρὸς τὴν Ἰφιγένειαν ἄλλης
ἔδει ἀναγνωρίσεως.

이라 생각했던 상대방이 친구였다는 것을 또는 친구라 생각했던 상대방이 적이었
다는 것을 인지하는 상태로 이행한다는 것을 말한다. 이러한 발견을 통해 등장인물
들 사이에는 적대관계나 우호관계가 형성되고, 결국 그들의 삶은 행복과 불행의 두
측면에서 규정되며, 때로는 행복으로 때로는 불행으로 인도된다. 자신이 죽인 사람
이 자신의 아버지라는 것을 발견하고, 자신과 같은 침대에 누운 여인이 자신의 어
머니라는 것을 인지하는 오이디푸스는 대표적인 불행과 불운의 아이콘이다. 그 외
에도 에우리피데스의 『이온』에서 이온은 자신을 죽이려 한 여자가 자신의 어머니
라는 것을 발견하며, 소포클레스의 『엘렉트라』에서 아이기스토스는 오레스테스의
사망이라는 기쁜 소식을 가져온 사람이 다름 아닌 오레스테스 자신이었다는 것을
발견한다.

이디푸스』에서 그런 것처럼 반전과 동시에 발생할 때 [예술적으로] 가장 훌륭하다.

　물론 다른 종류의 발견[48]도 있다. 왜냐하면 발견은, 앞서 말한 것처럼 생명이 없는 대상들이나 우연적 사건들과 관련해서도 일어날 수 있으며,[49] 어떤 사람이 무엇을 했는지 안 했는지를 발견하는 것도 가능하기 때문이다. 그러나 [행위 전개의] 구성과 행위 [자체]에 가장 잘 부합하는 발견은 앞서 말한 것[50]이다. 왜냐하면 이런 종류의 발견과 반전[의 결합]이 연민이나 공포를 수반할 것이기 때문이다. (그리고 [연민이나 공포를 수반하는] 이와 같은 행위들이, 우리가 앞서 규정한 것처럼[51] 비극적 모방의 대상이다.) 불행이나 행복은 이와 같은 것들[52]에 따라 정해질 것이니까 말이다.

　발견은 사람들 [사이]의 발견이기 때문에, [어느 한쪽 사람에게] 다른 쪽 사람이 누구인지가 분명한 경우에 다른 쪽 사람만이 그 사람을 발견하면 되지만, 때때로 [그렇지 않은 경우에는] 양쪽이 모두 상대방을 발견해야 한다. 가령 이피게네이아는 자신이 보낸 편지를 통해 오레스테스에게 발견되었지만, 오레스테스가 이피게네이아에게 발견되기 위해서는 또 다른 발견[의 방식][53]이 필요했다.

35

1452b

5

48　다른 종류의 발견: 사람들과 관련해 이루어지는 발견과는 다른 발견을 말한다.

49　일어날 수 있으며(estin...symbainein): 카셀처럼 읽지 않고('estin...symbainei†') 엘스(G. F. Else(1957))에 따라 'estin...symbainein'으로 읽었다.

50　앞서 말한 것: 사람들과 관련해 이루어지는 발견을 말한다.

51　앞서 규정한 것처럼: 1452a1-3 참조.

52　이와 같은 것들(epi tōn toihoutōn): 반전과 발견 속에서 전개되는 행위들을 가리킨다. 여기서 '행복(eutychia)이나 불행(dystychia)을 겪게끔 정해진 인물들'이라는 앞 구절의 의미가 분명하게 드러난다. 다시 말하지만 극에서 '정해지는' 행복이나 불행은 '운명'으로부터가 아니라 '행위 자체'로부터 기인하는 것이다.

53　또 다른 발견[의 방식]: 실제로 『이피게네이아』에서 이루어진 발견의 '비예술적' 방식에 관한 아리스토텔레스의 설명에 대해서는 §16, 1454b30-34 참조.

δύο μὲν οὖν τοῦ μύθου μέρη ταῦτ' ἐστί, περιπέτεια καὶ

10 ἀναγνώρισις· τρίτον δὲ πάθος. τούτων δὲ περιπέτεια μὲν καὶ ἀναγνώρισις εἴρηται, πάθος δέ ἐστι πρᾶξις φθαρτικὴ ἢ ὀδυνηρά, οἷον οἵ τε ἐν τῷ φανερῷ θάνατοι καὶ αἱ περιωδυνίαι καὶ τρώσεις καὶ ὅσα τοιαῦτα.

구성의 두 부분이 바로 이것, 즉 반전과 발견이다. 셋째 부분은 고통
[을 가져오는 불운]⁵⁴이다. 이들 중 반전과 발견에 대해서는 이미 언급한
바 있다. 고통[을 가져오는 불운]이란 [생명의] 파괴나 [신체의] 고난을 수
반하는 행위를 말하는데, 여기에는 예컨대 무대 위에서의 죽음,⁵⁵ 극심
한 고초, 부상, 그리고 그런 종류의 다른 것이 있다.

---

54 고통[을 가져오는 불운](pathos): 'pathos'는 일반적으로 마음이 내적으로 겪는 '감
정'을 말한다. 여기서는 '고통'(suffering), 더 구체적으로 말하면 '어떤 사람에게 치
명적인 고통의 감정을 가져오는 불운(misfortune, calamity) 또는 불운한 사건'이라
는 부정적인 의미로 사용된다.

55 무대 위에서의 죽음(hoi en tō phanerō): 'phaneros'는 '(눈에) 보이는', '뚜렷한', '분
명한', '(분명하게 볼 수 있도록) 공개된' 등의 의미를 가지고 있다. 여기서는 '모든
관객이 분명하게 직접 볼 수 있도록 공개적으로 무대 위에서 연출되는 죽음'을 의
미하는 것으로 보인다. 일반적으로 '무대 위에서의 죽음'으로 번역되는데, 나도 이
에 따랐다. 하지만 어째서 '무대 위에서의' 죽음이 극적인 고통을 가장 효과적으로
가져오는 행위나 사건일 수 있느냐라는 질문이 제기된다면, 이에 대한 충분히 설득
력 있는 답변을 찾기는 어렵다. 죽음이 행위자에게 고통을 초래하는 사건이고 행위
자가 겪는 불운한 파멸의 행위인 것은 맞지만, 고통과 파멸의 유발자로서 죽음이
왜 하필 '무대 위에서' 이루어지는 죽음이어야 하는지는 직관적으로 자명하지 않기
때문이다. 더 과감한 상상이 필요해 보인다. 이를테면 행위자에게 (그의 행위의 결
과로서) '명백하고 당연한 것'(phaneron)으로 알려진 '죽음'을 생각해볼 수 있다. 그
러면 '죽음'은 무대 위에서 명백히 관찰될 수 있는 방식으로 펼쳐지는 사건이 아닌,
행위자 자신의 행위로부터 필연적 또는 개연적으로 귀결되는, 그래서 누구보다도
행위자 자신에 의해 가장 명백하게 인식될 수 있는, 따라서 행위자에게 그 어떤 외
적 원인에 의해서가 아니라 순전히 내적으로 고통을 가져다주는 사건으로 이해될
수 있을 것이다. 이렇게 본다면 'hoi en tō phanerō'는 [행위자에게 자신의 행위의
합당한 결과로] 명백하게 알려진 죽음'이나 '[행위자에 의해] 예견된 죽음' 정도로
옮길 수도 있을 것 같다(예컨대 A. Schmitt(2008), 16: 'Todesfälle, die ⟨einem der
Handelnden⟩ bekannt werden').

Μέρη δὲ τραγῳδίας οἷς μὲν ὡς εἴδεσι δεῖ χρῆσθαι πρότε-

15 ρον εἴπομεν, κατὰ δὲ τὸ ποσὸν καὶ εἰς ἃ διαιρεῖται κεχωρι-
σμένα τάδε ἐστίν, πρόλογος ἐπεισόδιον ἔξοδος χορικόν, καὶ
τούτου τὸ μὲν πάροδος τὸ δὲ στάσιμον, κοινὰ μὲν ἁπάντων
ταῦτα, ἴδια δὲ τὰ ἀπὸ τῆς σκηνῆς καὶ κομμοί.

---

56 앞서: 1449b31-1450a14.

57 프롤로고스(prologos): 극의 진행의 첫 구간에 해당하는 '도입부'를 말한다. 주로 극
에 직접적으로 관여된 인물이 나와 독백이나 대화 형식으로 극의 전반적인 주제와
상황을 설명한다.

58 에페이소디온(epeisodion): 코로스의 노래와 노래 사이에 삽입된 대화를 가리킨다.
일반적으로 '삽화'로 번역된다. 각 비극에는 적게는 세 개, 많게는 여섯 개의 에페이
소디온이 포함되었다.

59 엑소도스(exodos): 코로스가 퇴장하면서 노래하는 극의 마지막 구간을 말한다. 초
기 비극에서는 코로스의 노래로 극이 끝났기 때문에 '엑소도스'는 이런 의미를 가
질 수 있었지만, 후기 비극에서는 코로스의 노래 대신에 코로스 지휘자와 배우의
대화로 끝났기 때문에 '엑소도스'는 마지막 '스타시몬' 이후의 모든 장면을 의미하
게 되었다.

제12장 구간의 형식적 분류

비극의 본질적 요소로서 사용해야 할 부분들에 대해서는 앞서[56] 논의
했다. 그런데 양적 측면, 말하자면 비극이 어떤 독립된 구간들로 나뉘
느지의 측면에서 볼 때는 이런 것들, 즉 프롤로고스,[57] 에페이소디온,[58]
엑소도스,[59] 그리고 코로스 부분[의 네 독립된 구간]이 있고, 이 코로스 부
분[60]에는 [다시] 파로도스와 스타시몬이 있다.[61] 이 둘은 모든 비극에 공
통되지만, 무대에서 [배우가] 부르는 노래[62]와 콤모스[63]는 일부 비극에
만 나타난다.

15

---

60 코로스 부분(chorikon): 코로스 부분, 즉 코로스의 노래로 진행되는 구간에는 '파로
도스'(parodos)와 '스타시몬'(stasimon)이 속한다. '파로도스'는 코로스가 오르케스
트라로 들어가기 위해 거쳐야 하는 '입구'를 뜻하기도 하지만, 여기서는 코로스가
이 입구를 통해 오르케스트라에 입장한 후 처음으로 부르는 노래를 말한다. 반면에
'스타시몬'은 한 에페이소디온이 끝나고 배우들이 퇴장한 후에 생기는 (그다음 구
간까지의) 빈틈을 메우기 위해 코로스가 부르는 노래를 가리킨다.

61 비극의 구간들은, 예컨대 소포클레스의 『안티고네』에서 다음과 같이 배치된다.
1. 프롤로고스: 1-99행; 2. 파로도스: 100-161행; 3. 첫 번째 에페이소디온: 162-331
행; 4. 첫 번째 스타시몬: 332-375행; 5. 두 번째 에페이소디온: 376-581행; 6. 두
번째 스타시몬: 582-625행; 7. 세 번째 에페이소디온: 626-780행; 8. 세 번째 스타
시몬: 781-800행; 9. 네 번째 에페이소디온: 801-943행(콤모스 806-882행 포함);
10. 네 번째 스타시몬: 944-987행; 11. 다섯 번째 에페이소디온: 988-1114행; 12. 다
섯 번째 스타시몬: 1115-1154행; 13. 엑소도스: 1155-1353행(콤모스: 1261-1347
행 포함).

62 무대에서 [배우가] 부르는 노래(ta apo tēs skēnēs): '스케네'(skēnē)는 대기실, 의상
실, 분장실, 공연무대를 갖춘 무대건물(stage-building)을 지칭하기도 하지만, 여기
서는 배우의 공연이 이루어지는 무대를 가리킨다. 'ta apo tēs skēnēs'는 '코로스가
"오르케스트라"라는 무대에서 부르는 노래'가 아닌 '배우가 "스케네"라는 무대에서
부르는 노래'다.

63 콤모스(kommoi): 콤모스는 대개 죽은 자들을 애도하면서 배우들과 코로스가 번갈
아 부르는 노래다.

ἔστιν δὲ πρόλογος μὲν μέρος ὅλον τραγῳδίας τὸ πρὸ χοροῦ
παρόδου, ἐπεισόδιον δὲ μέρος ὅλον τραγῳδίας τὸ μεταξὺ
ὅλων χορικῶν μελῶν, ἔξοδος δὲ μέρος ὅλον τραγῳδίας μεθ'
ὃ οὐκ ἔστι χοροῦ μέλος· χορικοῦ δὲ πάροδος μὲν ἡ πρώτη
λέξις ὅλη χοροῦ, στάσιμον δὲ μέλος χοροῦ τὸ ἄνευ ἀναπαί-
στου καὶ τροχαίου, κομμὸς δὲ θρῆνος κοινὸς χοροῦ καὶ ἀπὸ
σκηνῆς. μέρη δὲ τραγῳδίας οἷς μὲν <ὡς εἴδεσι> δεῖ χρῆσθαι
πρότερον εἴπαμεν, κατὰ δὲ τὸ ποσὸν καὶ εἰς ἃ διαιρεῖται κε-
χωρισμένα ταῦτ' ἐστίν.

프롤로고스는 코로스의 등장 앞에 오는 비극의 한 독자적 부분[64]이 다. 에페이소디온은 [각기] 하나의 독자적 부분을 이루는 코로스의 노 래들 사이에 놓여 있는 비극의 한 독자적 부분이다. 엑소도스는 코로 스의 마지막 노래에 해당하는 비극의 한 독자적 부분이다. 코로스 부 분 중에서 파로도스는 코로스의 첫 번째 독자적 발언 부분이며, 스타시 몬은 단단장격[의 아나파이스토스] 음보와 장단격[의 트로카이오스] 음보가 사용되지 않는 코로스의 노래이고, 콤모스는 코로스와 배우들[65]이 함 께 주고받는 애탄(哀歎)의 노래다.

  비극의 본질적 요소로서 다루어져야 할 부분들에 대해서는 앞서 논 의했다. 그런데 [여기서는] 양적 측면에서, 즉 비극이 어떤 독립된 구간 들로 나뉘는지의 측면에서 볼 때 이런 것들이 있다[는 것을 살펴보았다].

---

64 비극의 한 독자적 부분(meros holon): 비극의 진행 과정을 양적 관점에서 구분할 때, 코로스의 입장에 앞서 주어지는 프롤로고스는 각각의 다른 부분과 마찬가지로 '하나의 완결된 전체(holon)를 이루는 독립된 부분'이라는 의미에서 '한 독자적 부 분'으로 옮겼다.

65 배우들(apo skēnēs): '(hoi) apo skēnēs'는 '무대'(skēnē) 위에서 노래하는 자들, 즉 '배우들'을 말한다.

제13~18장
구성의 최종적 완성을 위한 세칙

Ὧν δὲ δεῖ στοχάζεσθαι καὶ ἃ δεῖ εὐλαβεῖσθαι συνιστάντας τοὺς μύθους καὶ πόθεν ἔσται τὸ τῆς τραγῳδίας ἔργον,

30 ἐφεξῆς ἂν εἴη λεκτέον τοῖς νῦν εἰρημένοις. ἐπειδὴ οὖν δεῖ τὴν σύνθεσιν εἶναι τῆς καλλίστης τραγῳδίας μὴ ἁπλῆν ἀλλὰ πεπλεγμένην καὶ ταύτην φοβερῶν καὶ ἐλεεινῶν εἶναι μιμη- τικήν (τοῦτο γὰρ ἴδιον τῆς τοιαύτης μιμήσεώς ἐστιν), πρῶτον μὲν δῆλον ὅτι οὔτε τοὺς ἐπιεικεῖς ἄνδρας δεῖ μεταβάλλοντας

35 φαίνεσθαι ἐξ εὐτυχίας εἰς δυστυχίαν, οὐ γὰρ φοβερὸν οὐδὲ ἐλεεινὸν τοῦτο ἀλλὰ μιαρόν ἐστιν· οὔτε τοὺς μοχθηροὺς ἐξ ἀτυχίας εἰς εὐτυχίαν, ἀτραγῳδότατον γὰρ τοῦτ᾽ ἐστὶ πάντων, οὐδὲν γὰρ ἔχει ὧν δεῖ, οὔτε γὰρ φιλάνθρωπον οὔτε ἐλεεινὸν

1453a οὔτε φοβερόν ἐστιν· οὐδ᾽ αὖ τὸν σφόδρα πονηρὸν ἐξ εὐτυχί- ας εἰς δυστυχίαν μεταπίπτειν· τὸ μὲν γὰρ φιλάνθρωπον ἔχοι ἂν ἡ τοιαύτη σύστασις ἀλλ᾽ οὔτε ἔλεον οὔτε φόβον, ὁ μὲν γὰρ περὶ τὸν ἀνάξιόν ἐστιν δυστυχοῦντα, ὁ δὲ περὶ τὸν ὅμοι-

5 ον, ἔλεος μὲν περὶ τὸν ἀνάξιον, φόβος δὲ περὶ τὸν ὅμοιον,

150

제13장 비극적 인물의 유형과 비극적 결말의 원인

구성을 조직할 때 무엇을 준수해야 하고 무엇을 조심해야 하는지, 그리   30
고 비극의 효과는 어떻게 산출될 수 있는지가 지금까지 말한 것에 이
어 우리가 계속 논의해야 할 문제인 것 같다.

 [예술적으로] 가장 훌륭한 비극의 구조는 단순하지 않고 복잡해야 하
기 때문에, 그리고 이[러한 복잡한 구조]를 통해 공포와 연민을 불러일으
키는 행위들이 모방되어야 하기 때문에(그것¹이 이와 같은 모방의 고유한
특징이니까 말이다), 일차적으로 분명한 것은 선한 사람²이 행복에서 불   35
행으로 이행하는 것처럼 보여서는 안 된다는 것이다. 왜냐하면 그것
은 공포도 연민도 불러일으키지 않고 혐오감만 주기 때문이다. 또한 악
한 사람이 불행에서 행복으로 이행하는 것처럼 보여서도 안 된다. 모
든 이행 가운데 이것이 가장 비(非)비극적이다. 비극이 [그 고유의 효과를
산출하기 위해] 반드시 갖추어야 할 것을 하나도 갖추고 있지 않기 때문
이다. 인간적인 공감도 얻지 못하고 연민과 공포도 불러일으키지 않으   1453a
니까 말이다. 그리고 극악한 사람이 행복에서 불행으로 떨어지는 것처
럼 보여서도 안 된다. [행위 전개의] 그런 구조는 인간적인 공감은 얻을
지 모르지만 연민과 공포는 불러일으키지 않는다. 왜냐하면 하나는 우
리가 부당하게 불행에 빠지는 사람에 대해 느끼는 감정이고, 다른 하나
는 우리와 유사한 사람에 대해 느끼는 감정이기 때문이다. 연민은 부당   5
하게 [불행을] 겪는 사람에 대한 것이고, 공포는 우리와 유사한 사람에

---

1 그것: 구조의 복잡성(§10 참조)을 가리킨다.

2 선한 사람(epieikeis andres): 실천적 지혜를 지니고 있어 어떤 상황에서도 잘못에 빠
   지지 않는 도덕적으로 탁월한 사람을 말한다.

ὥστε οὔτε ἐλεεινὸν οὔτε φοβερὸν ἔσται τὸ συμβαῖνον. ὁ
μεταξὺ ἄρα τούτων λοιπός. ἔστι δὲ τοιοῦτος ὁ μήτε ἀρετῇ
διαφέρων καὶ δικαιοσύνῃ μήτε διὰ κακίαν καὶ μοχθηρίαν με-
10 ταβάλλων εἰς τὴν δυστυχίαν ἀλλὰ δι' ἁμαρτίαν τινά, τῶν ἐν
μεγάλῃ δόξῃ ὄντων καὶ εὐτυχίᾳ, οἷον Οἰδίπους καὶ Θυέστης
καὶ οἱ ἐκ τῶν τοιούτων γενῶν ἐπιφανεῖς ἄνδρες. ἀνάγκη
ἄρα τὸν καλῶς ἔχοντα μῦθον ἁπλοῦν εἶναι μᾶλλον ἢ δι-
πλοῦν, ὥσπερ τινές φασι, καὶ μεταβάλλειν οὐκ εἰς εὐτυχίαν
15 ἐκ δυστυχίας ἀλλὰ τοὐναντίον ἐξ εὐτυχίας εἰς δυστυχίαν μὴ
διὰ μοχθηρίαν ἀλλὰ δι' ἁμαρτίαν μεγάλην ἢ οἵου εἴρηται ἢ
βελτίονος μᾶλλον ἢ χείρονος.

---

3 그 사건(to symbainon): 극악무도한 자가 행복에서 불행으로 떨어지는 구성에 포함
된 사건을 가리킨다.
4 덕(aretē): '덕'은 인간으로서 추구해야 할 진정한 의미의 선을 가상적 선과 정확히

대한 것이다. 따라서 그 사건[3]은 우리에게 연민도 공포도 불러일으키지 않을 것이다.

그러므로 남은 것은 이들 중간에 있는 인물이다. 이와 같은 유형의 인물은 덕[4]과 정의에서는 특출나지 않아도 악덕과 악의 때문이 아니라 어떤 잘못[5] 때문에 불행에 빠지는 사람이며, 오이디푸스나 튀에스테스 나 이와 같은 가문 출신의 다른 유명한 인물처럼 큰 명성과 행복을 누리며 사는 사람의 부류에 속한다.

따라서 [예술적으로] 훌륭하게 조직된 구성은 반드시 단순해야 하고 어떤 사람들의 주장처럼 이중적[6]이어서는 안 되며, 불행에서 행복으로 바뀌어서는 안 되고 정반대로 행복에서 불행으로 바뀌어야 하며, 그것도 악의[적 범죄] 때문이 아니라 중대한 잘못 때문에 바뀌어야 하고, 이 잘못은 앞서 우리가 말한 바와 같은 인물의 잘못이거나 그보다 월등한 인물의 잘못이어야지 그보다 열등한 인물의 잘못이어서는 안 된다.

10

15

구별하고 인식하며, 이로부터 추구와 회피의 대상을 최선의 방식으로 선택할 수 있는 영혼의 탁월한 성격적 상태를 말한다. '탁월성'(exellence)으로 많이 번역된다. 반면에 '악덕'(kakia)은 선과 악의 구분 자체를 할 수 없는, 그래서 참된 의미의 선을 선택하고 실행하는 데 무능한 영혼의 열등한 성격적 상태를 말한다.

5 어떤 잘못(hamartia tis): '잘못'(hamartia)은 무지에서 기인하고 도덕적 책임으로부터 자유로운 단순한 '실수'(mistake)와 동일시되어서는 안 된다. 모방의 대상은 행위이고, 행위는 행위자의 성격으로부터 필연적 또는 개연적으로 수행되고 전개된다. 따라서 행위자의 비극적 결말도 행위의 배후에 놓여 있는 성격적 상태에서 기인하는 것이며, 행위자의 '무지'도 욕망과 분노 같은 감정을 통제하지 못하는 성격적 특성에서 기인하는 것으로 마땅히 도덕적 비난의 대상이 될 수 있다. '잘못'을 도덕적 책임을 물어야 할 일종의 '죄'(guilt, Schuld)가 아니라 단순한 판단에서의 '실수'나 '과실'로 보는 브레머(Bremer)의 해석에 대한 비판으로는 이상인(2000), 83-111 참조.

6 이중적(diploos): 구성 조직의 단순성과 복잡성에 대한 앞에서의 구분('1452b30-33')과 달리, 여기서는 구성에 포함된 '결말'의 단순성과 이중성의 구분이 제시된다. '이중적 구성'이 의미하는 바는 '1453a31ff.' 참조.

σημεῖον δὲ καὶ τὸ γιγνόμενον· πρῶτον μὲν γὰρ οἱ ποιηταὶ
τοὺς τυχόντας μύθους ἀπηρίθμουν, νῦν δὲ περὶ ὀλίγας οἰκί-
ας αἱ κάλλισται τραγῳδίαι συντίθενται, οἷον περὶ Ἀλκμέωνα
20 καὶ Οἰδίπουν καὶ Ὀρέστην καὶ Μελέαγρον καὶ Θυέστην καὶ
Τήλεφον καὶ ὅσοις ἄλλοις συμβέβηκεν ἢ παθεῖν δεινὰ ἢ
ποιῆσαι. ἡ μὲν οὖν κατὰ τὴν τέχνην καλλίστη τραγῳδία ἐκ
ταύτης τῆς συστάσεώς ἐστι. διὸ καὶ οἱ Εὐριπίδῃ ἐγκαλοῦντες
25 τὸ αὐτὸ ἁμαρτάνουσιν ὅτι τοῦτο δρᾷ ἐν ταῖς τραγῳδίαις καὶ
αἱ πολλαὶ αὐτοῦ εἰς δυστυχίαν τελευτῶσιν. τοῦτο γάρ ἐστιν
ὥσπερ εἴρηται ὀρθόν· σημεῖον δὲ μέγιστον· ἐπὶ γὰρ τῶν σκη-
νῶν καὶ τῶν ἀγώνων τραγικώταται αἱ τοιαῦται φαίνονται,
ἂν κατορθωθῶσιν, καὶ ὁ Εὐριπίδης, εἰ καὶ τὰ ἄλλα μὴ εὖ
30 οἰκονομεῖ, ἀλλὰ τραγι κώτατός γε τῶν ποιητῶν φαίνεται.
δευτέρα δ᾽ ἡ πρώτη λεγομένη ὑπὸ τινῶν ἐστιν σύστασις, ἡ
διπλῆν τε τὴν σύστασιν ἔχουσα καθάπερ ἡ Ὀδύσσεια καὶ τε-
λευτῶσα ἐξ ἐναντίας τοῖς βελτίοσι καὶ χείροσιν.

154

[비극이] 실제로 전개된 과정도 그 증거다. 초창기 시인들은 아무 이야기나 닥치는 대로 취했지만, 오늘날 가장 훌륭한 비극들은 소수 가문의 이야기, 가령 알크메온, 오이디푸스, 오레스테스, 멜레아그로스, 튀에스테스, 텔레포스, 그리고 끔찍한 [결과를 초래한] 일을 겪거나 저지르게 된 다른 사람들의 이야기로 구성을 짜기 때문이다.

그러니 예술적 관점에서 가장 훌륭한 비극은 이와 같은 구조로 조직된 비극이다.

따라서 에우리피데스를 그가 자신의 비극에 이 원칙[7]을 [일관되게] 적용하고 거의 모든 그의 비극이 불행한 결말로 끝난다고 비난하는 사람들 역시 같은 잘못[8]을 범하고 있다. 왜냐하면 이미 말한 것처럼 이렇게 [구성을 조직]하는 것이 [예술적 관점에서 볼 때는] 정당하기 때문이다. [구성 조직의 예술적 정당성을 입증하는] 가장 중요한 근거는 이것이다. 그런 종류의 비극들은 무대 위에서 그리고 경연에서 [구성 조직의 이러한 원칙을] 제대로 따르기만 한다면 [관객에게] 가장 비극적인 것으로 보이며, 에우리피데스는 비록 그가 다른 측면에서는 [구성을] 잘못 처리하더라도[9] [불행한 결말을 향해 구성을 단순하게 조직한다는 측면에서는] 시인들 가운데 가장 비극적인 시인으로 보인다는 것이다.

어떤 사람들은 『오뒤세이아』처럼 이중의 결말을 가지고 있어 선한 사람과 악한 사람이 각기 서로 반대되는 결말에 이르는 [비극의] 구조가 최선의 구조라고 말하지만, 실은 차선의 구조에 불과하다. 그러한

20

25

30

---

7 이 원칙(touto): 행위의 구성을 행위의 결과와 관련해 단순하게 조직해야 한다는 원칙을 말한다.

8 같은 잘못: 이중적 결말로 끝나는 구성을 선호하는 사람들이 범하는 것과 같은 잘못을 말한다(1453a13 참조).

9 에우리피데스의 구성 처리의 결점에 대한 아리스토텔레스의 지적을 잘 요약한 것으로는 아리스토텔레스/천병희 옮김(2002), 82, 각주 12 참조.

δοκεῖ δὲ εἶναι πρώτη διὰ τὴν τῶν θεάτρων ἀσθένειαν· ἀκο-
λουθοῦσι γὰρ οἱ ποιηταὶ κατ᾽ εὐχὴν ποιοῦντες τοῖς θεαταῖς.
ἔστιν δὲ οὐχ αὕτη ἀπὸ τραγῳδίας ἡδονὴ ἀλλὰ μᾶλλον τῆς
κωμῳδίας οἰκεία· ἐκεῖ γὰρ οἳ ἂν ἔχθιστοι ὦσιν ἐν τῷ μύθῳ,
οἷον Ὀρέστης καὶ Αἴγισθος, φίλοι γενόμενοι ἐπὶ τελευτῆς
ἐξέρχονται, καὶ ἀποθνήσκει οὐδεὶς ὑπ᾽ οὐδενός.

구조가 최선의 구조로 보이는 것은 관객의 약점 때문이다. 왜냐하면 시
인들은 관객[의 이 약점]에 영합해 관객이 원하는 대로 작품을 쓰기 때   35
문이다.

그러나 이것은 비극에서 오는 쾌감이 아니라 희극에 고유한 쾌감이
다. 왜냐하면 희극에서는, 예컨대 오레스테스나 아이기스토스처럼 이
야기가 전개되는 내내 불구대천의 원수였던 사람들이 끝에 가서는 서
로 친구가 되어 퇴장하고 누구도 누구에 의해 죽지 않기 때문이다.[10]

---

10 누구도 누구를 죽이지 않고, 결국 죽는 자도 죽이는 자도 없이 종결된다는 것을 말
  한다.

1453b   Ἔστιν μὲν οὖν τὸ φοβερὸν καὶ ἐλεεινὸν ἐκ τῆς ὄψεως γί-
γνεσθαι, ἔστιν δὲ καὶ ἐξ αὐτῆς τῆς συστάσεως τῶν πραγμά-
των, ὅπερ ἐστὶ πρότερον καὶ ποιητοῦ ἀμείνονος. δεῖ γὰρ καὶ
ἄνευ τοῦ ὁρᾶν οὕτω συνεστάναι τὸν μῦθον ὥστε τὸν ἀκού-
5   οντα τὰ πράγματα γινόμενα καὶ φρίττειν καὶ ἐλεεῖν ἐκ τῶν
συμβαινόντων· ἅπερ ἂν πάθοι τις ἀκούων τὸν τοῦ Οἰδίπου
μῦθον. τὸ δὲ διὰ τῆς ὄψεως τοῦτο παρασκευάζειν ἀτεχνό-
τερον καὶ χορηγίας δεόμενόν ἐστιν. οἱ δὲ μὴ τὸ φοβερὸν διὰ
τῆς ὄψεως ἀλλὰ τὸ τερατῶδες μόνον παρασκευάζοντες οὐ-
10   δὲν τραγῳδίᾳ κοινωνοῦσιν· οὐ γὰρ πᾶσαν δεῖ ζητεῖν ἡδονὴν
ἀπὸ τραγῳδίας ἀλλὰ τὴν οἰκείαν. ἐπεὶ δὲ τὴν ἀπὸ ἐλέου καὶ
φόβου διὰ μιμήσεως δεῖ ἡδονὴν παρασκευάζειν τὸν ποιητήν,
φανερὸν ὡς τοῦτο ἐν τοῖς πράγμασιν ἐμποιητέον.

---

11 바로 이것(haper): 전율과 연민을 느끼는 것을 가리킨다.

12 다분히 비예술적(atechnoteros): 시를 예술로서 성립시키는 데 요구되는 본질적 요
   소가 아니라는 것이다. 'atechnos'란 그리스어 표현에 '예술의 일반적 원리나 원칙
   의 체계와 무관한', 혹은 '그에 속하지 않는', 혹은 '그에 부합하지 않는', 혹은 '그에
   무지한' 등의 여러 의미가 함축되어 있음에 유념할 필요가 있다.

13 코로스 후원자의 [금전적] 지원(chorēgia): 'chorēgia'는 공연 개최에 소요되는 비용
   에 대한 '코로스 후원자(chorēgos)의 외적 지원'을 뜻한다.

158

제14장 비극적 행위들

공포와 연민의 감정은 [고통에 대한] 시각적 묘사를 통해 생길 수 있지1453b
만 행위들의 조직 자체로부터도 생길 수 있는데, 후자의 방식이 [예술적
으로] 한층 더 우월한 방식이며 한층 더 뛰어난 시인의 방식이다. 왜냐
하면 구성은 [극을] 직접 보지 않고 행위들의 전개 과정을 듣기만 하는 5
사람도 [거기서 일어나는] 일련의 사건들로부터 전율과 연민을 느낄 수
있도록 조직되어야 하기 때문이다. 바로 이것[11]이 『오이디푸스』의 이야
기 전개를 들을 때 우리가 경험할 수 있는 것이다. 시각적 장치를 통해
이러한 효과를 만들어내는 것은 다분히 비예술적[12]이며, [거기에 드는 비
용의 충당을 위해] 코로스 후원자의 [금전적] 지원[13]을 필요로 한다.

　시각적 수단을 통해 무서운 것이 아니라 기괴한 것만을 만들어내는
사람들은 비극에 전혀 관여하지 못하는 자들이다. 왜냐하면 우리는 비 10
극으로부터 모든 종류의 쾌감을 다 찾을 것이 아니라 [비극] 고유의 쾌
감만을 찾아야 하기 때문이다.

　시인은 연민과 공포에서 비롯되는 쾌감을 모방을 통해 만들어내야
하므로,[14] 이것이 행위들을 통해 구현되어야 한다는 것은 명백하다.

---

14 연민과 공포에서 비롯되는 쾌감을 모방을 통해 만들어내야 하므로(tēn apo eleou
　kai phobou dia mimēseōs dei hēdonēn paraskeuazein): 문법적으로 'dia mimēseōs'
　는 'apo eleou kai phobou'(대표적으로 로즐린 뒤퐁록, 장 랄로/김한식 옮김(2010),
　263)나 'hēdonēn'(대표적으로 G. F. Else(1957), 407; A. Schmitt(2008), 19)이나
　'paraskeuazein'(대표적으로 I. Bywater(1984), 240; 아리스토텔레스/천병희 옮김
　(2002), 85)을 한정할 수도 있다. 의미의 차이는 크지 않으나(특히 두 번째와 세 번
　째 번역 사이의), 나는 연민과 공포가 가져다주는 비극적 쾌감이 '모방을 통해' 환
　기된다는 것을 아리스토텔레스가 강조하고 있는 것으로 판단해 'paraskeuazein'을
　한정하는 것으로 보았다. '행위들'에 대한 후속 논의를 이해하는 데도 이 번역이 더

ποῖα οὖν δεινὰ ἢ ποῖα οἰκτρὰ φαίνεται τῶν συμπιπτόντων,
λάβωμεν. ἀνάγκη δὴ ἢ φίλων εἶναι πρὸς ἀλλήλους τὰς
τοιαύτας πράξεις ἢ ἐχθρῶν ἢ μηδετέρων. ἂν μὲν οὖν ἐχθρὸς
ἐχθρόν, οὐδὲν ἐλεεινὸν οὔτε ποιῶν οὔτε μέλλων, πλὴν κατ᾽
αὐτὸ τὸ πάθος· οὐδ᾽ ἂν μηδετέρως ἔχοντες· ὅταν δ᾽ ἐν ταῖς
φιλίαις ἐγγένηται τὰ πάθη, οἷον ἢ ἀδελφὸς ἀδελφὸν ἢ υἱὸς
πατέρα ἢ μήτηρ υἱὸν ἢ υἱὸς μητέρα ἀποκτείνῃ ἢ μέλλῃ ἤ τι
ἄλλο τοιοῦτον δρᾷ, ταῦτα ζητητέον. τοὺς μὲν οὖν παρειλημ-
μένους μύθους λύειν οὐκ ἔστιν, λέγω δὲ οἷον τὴν Κλυταιμή-
στραν ἀποθανοῦσαν ὑπὸ τοῦ Ὀρέστου καὶ τὴν Ἐριφύλην ὑπὸ
τοῦ Ἀλκμέωνος, αὐτὸν δὲ εὑρίσκειν δεῖ καὶ τοῖς παραδεδομέ-
νοις χρῆσθαι καλῶς. τὸ δὲ καλῶς τί λέγομεν, εἴπωμεν σαφέ-
στερον. ἔστι μὲν γὰρ οὕτω γίνεσθαι τὴν πρᾶξιν,

적절해 보인다. 연민과 공포로부터 발생하는 비극적 쾌감은 '행위들' 속에서 그 행
위들의 '모방을 통해' 구현되기 때문이다. 첫째 방식에 따라 읽는다면 '모방을 통해
일어나는 연민과 공포에서 비롯되는 쾌감을 만들어내야 하기 때문에'로, 둘째 방식
으로 읽는다면 '연민과 공포에서 모방을 통해 발생하는 쾌감을 만들어내야 하기 때
문에'로 옮길 수 있다.

15 ⋯⋯ 의도적으로(eidotes) 그리고 ⋯⋯ 알고서(gignōskontes): 'eidenai'와 'gig-
nōskein' 모두 '인식의 활동'을 표현하지만, 특히 'eidenai'는 행위의 의도에 대한

이제 어떤 종류의 행위들이 두려움을 불러일으키는 것들로 또는 어 15
떤 종류의 행위들이 동정을 불러일으키는 것들로 보이는지를 살펴보
기로 하자. 이런 종류의 행위들은 필연적으로 서로 사랑하는 사람들이
나 서로 적대적인 사람들이나 양자 어디에도 속하지 않는 사람들 사이
에서 벌어진다. 만일 [행위들이] 적과 적 사이에 이루어지는 것들이라
면, 우리는 [이들이 겪는] 고통 자체와 관련해서는 연민을 느낄 수 있지
만 이들이 하는 행위 [자체]나 그 [행위의] 의도와 관련해서는 결코 연민
을 느끼지 않는다. 이는 서로 사랑하지도 적대적이지도 않은 사람들의
경우에도 마찬가지다.

하지만 고통이 집안 내에서 [서로 사랑하는 사람들 사이에] 생긴다면, 예 20
컨대 형제가 형제를, 아들이 아버지를, 어머니가 아들을, 아들이 어머
니를 죽이거나 죽이고자 의도하거나 그런 종류의 다른 일을 행한다면,
바로 이런 행위들이 [비극적 효과의 산출을 위해 모방의 대상으로] 우리가
찾아야 할 것들이다.

그런데 전래의 이야기들을 [우리 마음대로] 바꿀(lyein) 수는 없다. 예컨
대 클뤼타임네스트라가 오레스테스에 의해 죽고 에리퓔레가 알크메온
에 의해 죽는 것과 같은 이야기 [자체를 우리 마음대로 바꿀 수 없다는] 말
이다. 하지만 시인은 [이야기를] 스스로 발견할 때나 전승된 이야기를 25
사용할 때 반드시 이를 예술적으로 해야 한다. '예술적으로'라는 말이
무엇을 뜻하는지 좀 더 명확히 말해보자.

행위는 옛 시인들이 [등장인물로 하여금 자신이 왜 하는지를 알고서] 의도
적으로 그리고 [자신이 무엇을 하려는지를] 알고서[15] [행위]하게 했던 방식

인식을, 'gignōskein'은 개별적 행위나 상황에 대한 인식을 가리킨다는 점에서는
서로 다르다. 'eidotes'는 [자신이 왜 하는지를 알고서] 의도적으로'로 옮겼으며,
'gignōskontes'는 [자신이 무엇을 하려는지를] 알고서'로 옮겼다.

ὥσπερ οἱ παλαιοὶ ἐποίουν εἰδότας καὶ γιγνώσκοντας, κα-
θάπερ καὶ Εὐριπίδης ἐποίησεν ἀποκτείνουσαν τοὺς παῖδας
τὴν Μήδειαν· ἔστιν δὲ πρᾶξαι μέν, ἀγνοοῦντας δὲ πρᾶξαι
τὸ δεινόν, εἶθ᾽ ὕστερον ἀναγνωρίσαι τὴν φιλίαν, ὥσπερ ὁ
Σοφοκλέους Οἰδίπους· τοῦτο μὲν οὖν ἔξω τοῦ δράματος, ἐν
δ᾽ αὐτῇ τῇ τραγῳδίᾳ οἷον ὁ Ἀλκμέων ὁ Ἀστυδάμαντος ἢ ὁ
Τηλέγονος ὁ ἐν τῷ τραυματίᾳ Ὀδυσσεῖ. ἔτι δὲ τρίτον παρὰ
ταῦτα τὸ μέλλοντα ποιεῖν τι τῶν ἀνηκέστων δι᾽ ἄγνοιαν ἀνα-
γνωρίσαι πρὶν ποιῆσαι. καὶ παρὰ ταῦτα οὐκ ἔστιν ἄλλως. ἢ
γὰρ πρᾶξαι ἀνάγκη ἢ μὴ καὶ εἰδότας ἢ μὴ εἰδότας. τούτων δὲ
τὸ μὲν γινώσκοντα μελλῆσαι καὶ μὴ πρᾶξαι χείριστον· τό τε
γὰρ μιαρὸν ἔχει, καὶ οὐ τραγικόν· ἀπαθὲς γάρ. διόπερ οὐδεὶς
ποιεῖ ὁμοίως, εἰ μὴ ὀλιγάκις, οἷον ἐν Ἀντιγόνῃ τὸν Κρέοντα ὁ
Αἵμων.

---

16 [그리고 알고서 행위하지 않는 것 또한 가능하다.]: '1453b37-38'을 보면, 행위에
대한 의도를 가지고 있고 자신이 하려는 것이 무엇인지를 알고서도 실행에 옮기지
않는 경우가 빠져 있다는 것을 알 수 있다. 따라서 엘스는 바로 여기에 'estin de mē
praxai gignōskontes'를 삽입해 읽는다(G. F. Else(1957), 412). 우리가 여기에 추가
한 부분도 엘스에 따른 것이다.

으로 일어날 수 있다. 에우리피데스 역시 그런 방식으로 메데이아로 하여금 그녀의 자식들을 죽이게 했다. [그리고 알고서 행위하지 않는 것 또한 가능하다.]¹⁶ 또한 행위는 두려운 일을 [자신이 하려는 것이 두려운 일이라는 것을] 알지 못한 채 한 후 나중에야 서로 친근한 관계라는 것을 발견하는 방식으로 일어날 수도 있다. 소포클레스의 오이디푸스의 행위가 그렇다. 물론 [두려운 일임을 모르고서 하는 오이디푸스의] 이 행위¹⁷는 극 밖에 있다. 하지만 [그러한 행위는] 비극 자체 안에서[도] 일어날 수 있다. 예컨대 아스튀다마스의 알크메온이나 『부상자 오뒤세우스』의 텔레고노스의 행위가 그렇다. 그리고 이외에 [행위가 일어날 수 있는] 셋째 경우는 [상대방의 정체에 대한] 무지로 인해 돌이킬 수 없는 어떤 잘못을 범하고자 의도하지만 범하기 직전에 [상대방의 정체를] 발견하는 것이다.

이외의 [행위의] 다른 가능성은 없다. 왜냐하면 필연적으로 우리는 행위를 하든가 하지 않든가 둘 중 하나이고, [왜 행위하는지를] 알고 하든가 모르고 하든가 둘 중 하나이기 때문이다.

이들 가능성 중 최악의 것은 [자신이 하려는 것이 두려운 일이라는 것을] 알고서 [그런 두려운 일을] 행하고자 의도하지만 실행에 옮기지는 않는 경우다. 이것은 혐오감만 주며 비극적이지 않다. 고통이 빠져 있기 때문이다. 따라서 『안티고네』에서 하이몬이 크레온을 향해 했던 것¹⁸과 같은 극히 일부의 경우를 제외하고는 아무도 [등장인물로 하여금] 그와 같은 방식으로 행위하게 하지는 않는다.

---

17 이 행위(touto): 극이 시작하기에 앞서 오이디푸스가 자신의 아버지 라이오스를 죽인 행위를 말한다.

18 하이몬이 크레온을 향해 했던 것: 하이몬이 크레온을 죽이겠다고 위협하면서도 크레온의 도망으로 인해 실행에 옮기지 못한 것을 말한다. 이것이 아리스토텔레스가 앞서 빠뜨린 (실제로는 둘째) 가능성에 해당한다.

τὸ δὲ πρᾶξαι δεύτερον. βέλτιον δὲ τὸ ἀγνοοῦντα μὲν πρᾶξαι, πράξαντα δὲ ἀναγνωρίσαι· τό τε γὰρ μιαρὸν οὐ πρόσεστιν

5 καὶ ἡ ἀναγνώρισις ἐκπληκτικόν. κράτιστον δὲ τὸ τελευταῖον, λέγω δὲ οἷον ἐν τῷ Κρεσφόντῃ ἡ Μερόπη μέλλει τὸν υἱὸν ἀποκτείνειν, ἀποκτείνει δὲ οὔ, ἀλλ' ἀνεγνώρισε, καὶ ἐν τῇ Ἰφιγενείᾳ ἡ ἀδελφὴ τὸν ἀδελφόν, καὶ ἐν τῇ Ἕλλῃ ὁ υἱὸς τὴν μητέρα ἐκδιδόναι μέλλων ἀνεγνώρισεν. διὰ γὰρ τοῦτο, ὅπερ

10 πάλαι εἴρηται, οὐ περὶ πολλὰ γένη αἱ τραγῳδίαι εἰσίν. ζητοῦν-τες γὰρ οὐκ ἀπὸ τέχνης ἀλλ' ἀπὸ τύχης εὗρον τὸ τοιοῦτον παρασκευάζειν ἐν τοῖς μύθοις· ἀναγκάζονται οὖν ἐπὶ ταύτας τὰς οἰκίας ἀπαντᾶν ὅσαις τὰ τοιαῦτα συμβέβηκε πάθη. περὶ μὲν οὖν τῆς τῶν πραγμάτων συστάσεως καὶ ποίους τινὰς εἶ-

15 ναι δεῖ τοὺς μύθους εἴρηται ἱκανῶς.

---

19 다음의 것(deuteron): 최악의 것 다음가는 것으로 차악의 것을 말하며, 아리스토텔 레스가 첫째 가능성으로 언급한 것이다.

이 [최악의 가능성] 다음의 것[19]은 [의도한 것을] 실행에 옮기는 것이다.

이것보다 더 좋은 것[20]은 무지의 상태에서 행위하고 행위한 뒤에 발견하는 것이다. 여기에 혐오감을 주는 것은 아무것도 없고, 발견은 [비극적 감정을 불러일으킬 만큼 강력한 내면적] 충격을 주니까 말이다.

그러나 최선의 것은 마지막 경우[21]다. 가령 『크레스폰테스』에서 메로페가 아들을 죽이고자 의도하다가 아들임을 발견하고서 죽이지 않는다든가, 『이피게네이아』에서 누이가 오빠를 죽이고자 의도하다가 오빠임을 발견하고서 죽이지 않는다든가, 『헬레』[22]에서 아들이 어머니를 적에게 넘겨주려고 [의도]하다가 어머니임을 발견하는 것이 그에 해당한다.

바로 이것이, 앞서 말한 것처럼 왜 소수의 가문만을 비극들이 취급하는지에 대한 이유다. [행위 전개의 유형을 여러모로] 탐색하는 과정에서 시인들은 [시 창작의] 예술적 원리에 근거해서가[23] 아니라 우연히, 그와 같은 [행위 전개의] 가능성을 구성 속에서 구현하는 방법을 발견했다. 따라서 시인들은 이런 종류의 고통[을 가져오는 불운]이 일어났던 이 [소수] 집안에 의지할 수밖에 없었다.

이상으로 행위들의 조직에 대해, 그리고 구성이 어떤 종류의 것이어야 하는지에 대해 충분히 논의했다.

---

20 이것보다 더 좋은 것: 아리스토텔레스가 둘째 가능성으로 언급한 것이다.

21 마지막 경우(to teleutaion): 아리스토텔레스가 셋째 가능성으로 언급한 것이다.

22 『헬레』: 헬레는 아타마스의 딸이고 프릭소스의 자매다. 이 작품에 대해서는 알려진 것이 없다(D. W. Lucas(1968), 155 참조).

23 [시 창작의] 예술적 원리에 근거해서가(apo technēs): 'apo technēs'는 '[시 창작의] 기술에 근거해서'를 뜻하지만, 'technē'가 시의 특수한 목적과 기능의 실현을 위해 요구되는 원칙들을 체계적으로 수립하고 방법적으로 적용하는 기술을 가리킨다는 점에서 약간 풀어 옮겼다.

Περὶ δὲ τὰ ἤθη τέτταρά ἐστιν ὧν δεῖ στοχάζεσθαι, ἓν μὲν καὶ πρῶτον, ὅπως χρηστὰ ᾖ. ἕξει δὲ ἦθος μὲν ἐὰν ὥσπερ ἐλέχθη ποιῇ φανερὸν ὁ λόγος ἢ ἡ πρᾶξις προαίρεσίν τινα <ἥ τις ἂν> ᾖ, χρηστὸν δὲ ἐὰν χρηστήν. ἔστιν δὲ ἐν ἑκάστῳ γένει· καὶ γὰρ γυνή ἐστιν χρηστὴ καὶ δοῦλος, καίτοι γε ἴσως τού-των τὸ μὲν χεῖρον, τὸ δὲ ὅλως φαῦλόν ἐστιν.

20

---

24 앞서 말했던 것처럼: '1450b8ff.' 참조.

25 어떤 특정한 선택(prohairesis tis): 'prohairesis'는 어떤 특정한 것을 외부의 어떤 방해가 없는 한, 어떤 상황에서든 가능적·보편적으로 선호하고 선택하는 마음의 의지적 성향을 말한다.

26 어떤 부류의 사람이든: 즉 어떤 성이나 어떤 사회적 지위를 가진 사람이든 관계없이.

27 [지적인 면에서나 신체적인 면에서 남자보다] 열등한(cheirōn): 여기서 여성의 열등성은 남자같이 용감한 성격이 여성의 묘사에 부적합하다는 주장(1454a23-24)으로 미루어 보면 신체적 열등성을 포함하는 것으로 보이며, 멜라니페가 철학적 지식을 사용해 논변하는 것이 부적합하다는 주장(1454a31)으로 미루어 보면—지적 능력의 완전한 결핍이라는 의미의 열등성은 아니더라도—어느 정도의 지적 열등성을 포함하는 것으로 보인다.

28 [지적인 면에서나 신체적인 면에서 남자보다] 열등한(cheirōn) 존재 …… [사회적 신분상] 전적으로 천한(phaulos) 존재: 이 문장은 번역하기가 까다롭다. 문장

제15장 등장인물의 성격 묘사를 위한 규범적 지침들

성격을 묘사할 때 우리는 다음 네 가지 점을 준수해야 한다. 그 가운데 하나는 성격이 좋아야 한다는 것이고, 이것이 첫째[로 중요한] 것이다. 어떤 [극중] 인물은, 그의 말과 행위가 앞서 말했던 것처럼[24] 어떤 특정한 선택[25]을, 그것이 무엇이든 간에 분명하게 드러낼 때 성격을 가질 것이고, 그의 선택이 좋을 때 좋은 성격을 가질 것이다. 좋은 성격은 어떤 부류의 사람이든[26] 다 가질 수 있다. 사실 좋은 여자도 있고 좋은 노예도 있다. 비록 이들 중 한 부류가 아마도 [지적인 면에서나 신체적인 면에서 남자보다] 열등한[27] 존재이고 다른 한 부류가 [사회적 신분상] 전적으로 천한 존재[28]라고 하더라도 말이다.

20

이 복잡해서가 아니라 여성과 노예에 대한 아리스토텔레스의 다른 저술에서의 언급과 정확히 일치하지 않기 때문이다. 이 문장은 크게 두 가지 방식으로 번역될 수 있다. 하나의 방식은 이것이다: '비록 이들 중 한 부류는 [이성의 합리적 숙고를 통해 좋은 선택을 내리는 데 남자에 비해 상대적으로] 열등한(cheirōn) 존재이고, 다른 한쪽은 [이성의 합리적 숙고를 통해 올바른 선택을 내리는 데] 전적으로 무능한(phaulos) 존재라고 하더라도 말이다'(A. Schmit (2008)의 번역 참조). 이와 같은 번역은 이성적 숙고와 선택의 능력에서 노예와 여성의 차이를 다음과 같이 설명하는 『정치학』의 언급에 기초해 있다: "왜냐하면 한편으로 노예는 숙고[를 통한 합리적 선택]의 능력(to bouleutikon)을 전혀 가지고 있지 않고, 다른 한편으로 여자는 숙고의 능력을 가지고는 있지만 거기에 권위는 없기 때문이다"(1260a12f.). 『시학』의 아리스토텔레스는 여성과 노예의 차이를 비교 관점에서 기술하는 『정치학』의 이 구절을 염두에 두고 있는 것처럼 보인다. 여성은 숙고와 선택 능력을 가지고 있지만, 이 능력을 최선의 방식으로 실현하는 데에는 제한적이다. 그래도 숙고 능력을 가지고 있는 한에서 올바른 선택을 내리고 좋은 성격을 가지는 것은 원칙적으로 가능하다. 이 점은 여자도 좋은 선택을 하고 도덕적으로 탁월한 인간이 될 수 있다는 아리스토텔레스의 『시학』의 주장과 어느 정도 일치한다. 하지만 노예의 경우는 다르다. 만약 노예에게 합리적 숙고 능력이 전적으로 결핍되어 있다면, 노예에게는 좋은 성격을 가진 도덕적 인간이 될 수 있는 가능성이 처음부터 원칙적으로 배제

δεύτερον δὲ τὸ ἁρμόττοντα· ἔστιν γὰρ ἀνδρείαν μὲν τὸ ἦθος,
ἀλλ᾽ οὐχ ἁρμόττον γυναικὶ οὕτως ἀνδρείαν ἢ δεινὴν εἶναι.
25 τρίτον δὲ τὸ ὅμοιον. τοῦτο γὰρ ἕτερον τοῦ χρηστὸν τὸ ἦθος
καὶ ἁρμόττον ποιῆσαι ὡς προείρηται. τέταρτον δὲ τὸ ὁμαλόν.
κἂν γὰρ ἀνώμαλός τις ᾖ ὁ τὴν μίμησιν παρέχων καὶ τοιοῦτον
ἦθος ὑποτεθῇ, ὅμως ὁμαλῶς ἀνώμαλον δεῖ εἶναι.

될 수밖에 없다. 이것은 누구나 이성적 숙고를 통해 좋은 선택을 하고 좋은 선택을
통해 좋은 사람이 될 수 있다는 『시학』의 주장과 충돌된다. 이런 측면에서 『정치학』
의 설명은 노예 중에도 인간에게 보편적으로 요구되는 조건을 충족할 수 있는 좋은
성격의 좋은 인간이 있다는 『시학』의 진술과 정확히 일치하지 않는다. 이 난점은
'phaulos'의 다른 의미에 따른 둘째 번역을 통해 어느 정도 해소할 수 있다: '비록 이
들 중 한 부류가 아마도 [지적인 면에서나 신체적인 면에서 남자보다] 열등한 존재
이고 다른 한 부류가 [사회적 신분상] 전적으로 천한(phaulos) 존재라고 하더라도
말이다.' 이 번역에서는 지적·신체적인 상대적 열등성과 신분상의 비천함에도 불구
하고, 여성이든 노예든 누구나 합리적으로 숙고할 수 있는 능력과 가능성을 근본적
으로 가지고 있고 그런 한에서 누구나 좋은 선택을 통해 좋은 사람이 될 수 있다는
『시학』의 주장은 보존될 수 있다. 여성이 신체적 능력이 떨어지거나 이성의 사용에
제한이 있다고 해서, 그리고 노예가 신분이 천하다고 해서 그들에게 이성이 없다는
것도 아니고 그들이 숙고를 통해 좋은 성격을 형성할 수 없다는 것도 아니니까 말
이다. 물론 이것은 다시 노예는 이성적 숙고 능력을 전적으로 가지고 있지 않다는
『정치학』에서의 주장과 충돌된다. 하지만 이 충돌은 두 저술 사이의 충돌이며, 사
실 『시학』 외적 충돌이다. 만약 『시학』 내에서의 아리스토텔레스의 설명 의도를 파
악하는 것이 우리의 일차적 목표라면, 첫째 번역의 난점이 둘째 번역의 난점보다
더 큰 것으로 보인다. 따라서 나는 어느 정도 불가피하게 둘째 번역을 선택했다. 이
번역이 인간이라면 누구나 좋은 선택과 좋은 성격을 가질 수 있다는 『시학』의 주장
과 원칙적으로 그리고 내적으로 충돌하지 않기 때문이다. 특히 『시학』에서 여성을
바라보는 아리스토텔레스의 시각과 관련해서는 §26의 언급도 참고할 만하다. 아리
스토텔레스는 춤과 같은 동작을 사용하는 저급한 배우에 대해 비판하는데, 한 예

둘째로, 성격은 적합해야 한다. 여자도 남자 같은 성격을 가질 수는 있지만, [남자처럼] 용감하거나[29] 지적인[30] 것은 여자에게 적합하지 않다.

셋째로, 성격은 [우리와] 유사해야[31] 한다. 이는 성격을 방금 언급한 25 것처럼 좋게 그리고 적합하게 묘사해야 한다는 것과는 다른 것이다.

넷째로, 성격은 일관적이어야 한다. 비록 모방의 대상이 되는 인물이 비일관적이고 그런 [비일관적] 성격이 [행위의 저변에] 깔려 있다고 하더라도, 그는 일관적으로 비일관적이어야 한다.

로 '자유로운 [성향의] 여인'에 대한 저급한 모방을 제시하고 있다. 여성은 사회적 신분상 자유인이 아니었다. 하지만 아리스토텔레스는 여성을 '자유로운 존재'로 묘사하면서 자유로운 여성에 대한 배우의 모방은 여성이 지닌 정신의 자유로운 내면적 성향에 대한 모방이어야 한다고 주장한다. 요컨대 아리스토텔레스가 적어도 『시학』에서 노예와 여성을 동등하게 인간의 부류에 포함하는 한, 둘째 번역이 『시학』을 이해하는 데 조금 더 적합한 것으로 보인다.

29 용감하거나(andreios): 여성에게 좋은 인간이 될 수 있는 근본적 가능성이 열려 있다 하더라도 신체적 열등성이 자연적으로 주어져 있는 한, 한 여성으로 하여금 피로 물든 격렬한 전투의 현장에서 마치 아킬레우스 같은 용감하고 무서운 장수처럼 적에게 공포감을 불러일으키며 싸우게 하는 것은, 주로 공동체의 일을 담당하는 남성과 주로 가정의 일을 담당하는 여성의 사회적 역할의 차이를 아는 일반 관객에게는—그것이 비록 가능한 일이더라도—설득력 있는 일(pithanon)로 여겨지지 않을 것이다.

30 지적인(deinos): 'deinos'는 한편으로 '무서운'을, 다른 한편으로 '똑똑한, 총명한' 또는 '지적인'을 뜻한다. '1454a31'에서 부적합한 성격의 예로 제시된 '멜라니페의 대사'를 고려하면, 아리스토텔레스는 여기서 남성보다 상대적으로 떨어지는 여성의 지적 능력을 지적하는 것처럼 보인다. 아리스토텔레스가 단순히 여성에 대한 사회적 통념상의 열등성을 염두에 두고 있는지, 아니면 여성의 근본적인 자연적 열등성을 염두에 두고 있는지는 불분명하다. 하지만 만약 그가 후자를 염두에 두고서 여성의 성격을 지적으로 묘사하는 것의 부적합성을 말하는 것이라면, 여기서의 언급은 여성도 그 자연적 본성에 있어 합리적 선택을 내릴 수 있고 좋은 성격도 가질 수있으며 결국 좋은 사람이 될 수도 있다는 조금 전의 언급과 충돌할 소지가 있다.

31 유사해야(homoios): 보통 사람과의 유사성을 말한다. 이는 비극적 감정들의 환기를 위해 아리스토텔레스가 일관되게 강조하는 것이다.

ἔστιν δὲ παράδειγμα πονηρίας μὲν ἤθους μὴ ἀναγκαίας οἷον

30 ὁ Μενέλαος ὁ ἐν τῷ Ὀρέστῃ, τοῦ δὲ ἀπρεποῦς καὶ μὴ ἁρμότ-

τοντος ὅ τε θρῆνος Ὀδυσσέως ἐν τῇ Σκύλλῃ καὶ ἡ τῆς Μελα-

νίππης ῥῆσις, τοῦ δὲ ἀνωμάλου ἡ ἐν Αὐλίδι Ἰφιγένεια· οὐδὲν

γὰρ ἔοικεν ἡ ἱκετεύουσα τῇ ὑστέρᾳ. χρὴ δὲ καὶ ἐν τοῖς ἤθεσιν

ὁμοίως ὥσπερ καὶ ἐν τῇ τῶν πραγμάτων συστάσει ἀεὶ ζητεῖν

35 ἢ τὸ ἀναγκαῖον ἢ τὸ εἰκός, ὥστε τὸν τοιοῦτον τὰ τοιαῦτα

λέγειν ἢ πράττειν ἢ ἀναγκαῖον ἢ εἰκὸς καὶ τοῦτο μετὰ τοῦτο

γίνεσθαι ἢ ἀναγκαῖον ἢ εἰκός. φανερὸν οὖν ὅτι καὶ τὰς λύ-

1454b σεις τῶν μύθων ἐξ αὐτοῦ δεῖ τοῦ μύθου συμβαίνειν, καὶ μὴ

ὥσπερ ἐν τῇ Μηδείᾳ ἀπὸ μηχανῆς καὶ ἐν τῇ Ἰλιάδι τὰ περὶ

τὸν ἀπόπλουν. ἀλλὰ μηχανῇ χρηστέον ἐπὶ τὰ ἔξω τοῦ δρά-

ματος,

성격을 필요 이상으로 악하게 묘사한 예로는 『오레스테스』의 메넬라오스[에 대한 묘사]가 있다. 적당하지 않고 적합하지 않은 성격의 예로 는 『스퀼라』에서의 오뒤세우스의 통곡과 멜라니페의 대사[32]가 있다. 비일관적인 성격의 예로는 『아울리스의 이피게네이아』가 있다. 왜냐하면 [살려달라고] 애원하는 이피게네이아가 나중의 그녀와 전혀 닮은 데가 없기 때문이다.

30

행위들의 조직에서와 마찬가지로 성격들[의 묘사]에서도 언제나 필연적인 것이나 개연적인 것을 추구해야만 한다. 따라서 어떤 특정한 성 35 질의 사람은 필연적으로나 개연적으로 어떤 특정한 성질의 것[33]을 말하거나 행해야 하며, 이 행위는 필연적으로나 개연적으로 저 행위 다음에 [그 결과로서] 발생해야 한다.

그러므로 행위들의 전개의 결말도 행위들의 구조 자체로부터 발생 1454b 해야 하며, 『메데이아』에서나 『일리아스』의 함대 출범 장면에서처럼 기계장치[34]로부터 발생해서는 안 된다는 것은 명백하다. 기계장치는 극 밖에 놓여 있는 행위들, 즉 [극 안의 행위들보다] 더 먼저 일어나는 관

---

32 오뒤세우스의 통곡(thrēnos)과 멜라니페의 대사(rhēsis): 오뒤세우스의 통곡은 앞서 언급된 '남자다운 여자'의 사례와 정반대되는 '여자 같은 남자'의 사례. 오뒤세우스라는 불멸의 영웅에게 여자처럼 넋 놓고 통곡하는 것은 부적합하다는 것이다. 에우리피데스의 『현명한 멜라니페』에 나오는 멜라니페의 대사는 단편으로 전해져오는데, 거기에서 멜라니페는 자신의 자식들을 불태워 죽이도록 명령하는 아버지를 자연철학적 논변을 구사하면서 설득한다. 자연에 관한 철학적 탐구를 즐기는 지적 성향이 여자에게는 적합하지 않다는 것이다.

33 어떤 특정한 성질의 것(ta toihauta): 어떤 특정한 성질의 성격에 부합하는 것을 말한다.

34 기계장치(mēchanē): 도르래가 부착된 일종의 기중기로 무대 후면에 고정되어 있었다. 이 장치를 사용해 신이나 영웅들을 내리거나 올리거나 하는 식으로 등장시켰다고 한다. 아리스토텔레스는 행위들의 연속적·인과적·구조적 계기에 주목하지 않고 이 장치에 의존해 극의 대단원을 장식하는 시인들의 방식을 비판하고 있다.

ἢ ὅσα πρὸ τοῦ γέγονεν ἃ οὐχ οἷόν τε ἄνθρωπον εἰδέναι, ἢ
5 ὅσα ὕστερον, ἃ δεῖται προαγορεύσεως καὶ ἀγγελίας· ἅπαντα
γὰρ ἀποδίδομεν τοῖς θεοῖς ὁρᾶν. ἄλογον δὲ μηδὲν εἶναι ἐν
τοῖς πράγμασιν, εἰ δὲ μή, ἔξω τῆς τραγῳδίας, οἷον τὸ ἐν τῷ
Οἰδίποδι τῷ Σοφοκλέους. ἐπεὶ δὲ μίμησίς ἐστιν ἡ τραγῳδία
βελτιόνων ἢ ἡμεῖς, δεῖ μιμεῖσθαι τοὺς ἀγαθοὺς εἰκονογρά-
10 φους· καὶ γὰρ ἐκεῖνοι ἀποδιδόντες τὴν ἰδίαν μορφὴν ὁμοίους
ποιοῦντες καλλίους γράφουσιν· οὕτω καὶ τὸν ποιητὴν μι-
μούμενον καὶ ὀργίλους καὶ ῥαθύμους καὶ τἆλλα τὰ τοιαῦτα
ἔχοντας ἐπὶ τῶν ἠθῶν τοιούτους ὄντας ἐπιεικεῖς ποιεῖν
†παράδειγμα σκληρότητος οἷον τὸν Ἀχιλλέα ἀγαθὸν καὶ
15 Ὅμηρος†. ταῦτα δὴ διατηρεῖν, καὶ πρὸς τούτοις τὰ παρὰ τὰς
ἐξ ἀνάγκης ἀκολουθούσας αἰσθήσεις τῇ ποιητικῇ· καὶ γὰρ
κατ᾽ αὐτὰς ἔστιν ἁμαρτάνειν πολλάκις· εἴρηται δὲ περὶ αὐτῶν
ἐν τοῖς ἐκδεδομένοις λόγοις ἱκανῶς.

계로 사람이 알 수 없는 행위들이나 [극 안의 행위들보다] 더 나중에 일 5
어나는 관계로 예언이나 고지(告知)가 필요한 행위들에 사용해야 한다.
왜냐하면 우리는 [과거와 미래까지 꿰뚫어] 모든 것을 아는 능력을 신들에
게 돌리기 때문이다.

　행위들에 [행위 전개의 내적 논리를 해치는] 불합리한 어떤 것도 있어서
는 안 된다. 그러나 만약 있다면, 그것은 소포클레스의 『오이디푸스』에
서처럼 비극 밖에 있어야 한다.

　비극은 우리보다 월등한 인간의 모방이기 때문에 우리는 뛰어난 초
상화가들을 모방해야 한다. 왜냐하면 이들은 [실물의] 특징적 형태를 표 10
현할 때, [실물과] 유사하게 만들면서도 [실물보다] 더 아름답게 그리기
때문이다. 마찬가지로 시인도 벌컥 화를 내거나 경솔하거나 그런 종류
의 다른 성격적인 결함을 가진 인물들을 모방할 때, 이들을 있는 그대
로 묘사하되 좋은 사람들로 묘사해야 한다. 예컨대 무자비한 성격의 전
형인 아킬레우스를 호메로스도 좋은 사람으로 묘사했다.

　우리는 이러한 점들에 유의해야 하며, 그 밖에 시 예술에 필수적으로 15
속하는 감각[적 요소]들[35]과 관련된 점들에도 유의해야 한다. 왜냐하면
감각[적 요소]들과 관련해서도 우리는 자주 잘못을 범할 수 있기 때문이
다. 여기에 대해서는 이미 공개한 나의 저술들[36]에서 충분히 설명한 바
있다.

35　감각[적 요소]들(aisthēseis): 비극이나 희극의 공연을 우리는 감각을 통해 받아들이
　　기 때문에 감각적 요소들도 시 예술에 필수적으로 속한다는 것이다. '감각적 요소
　　들'은 관객이 극을 관람할 때 감각을 통해 직접적으로 확인할 수 있는 무대 요소들,
　　즉 무대 위에서의 배우의 의상이나 연기 등을 말한다.

36　이미 공개한 나의 저술들: 학파 내부용 저술(esoterikoi logoi)이 아닌 대중 공개
　　용 저술(exoterikoi logoi)로서 세 권으로 이루어진 대화편 『시인들에 대하여』(peri
　　poiētōn)를 가리키는 것으로 보인다(D. W. Lucas(1968), 166). 이 저술들은 유실되
　　었고 일부 단편만 남아 있다.

Ἀναγνώρισις δὲ τί μέν ἐστιν, εἴρηται πρότερον· εἴδη δὲ
ἀναγνωρίσεως, πρώτη μὲν ἡ ἀτεχνοτάτη καὶ ᾗ πλείστη χρῶν-
ται δι' ἀπορίαν, ἡ διὰ τῶν σημείων. τούτων δὲ τὰ μὲν σύμ-
φυτα, οἷον "λόγχην ἣν φοροῦσι Γηγενεῖς" ἢ ἀστέρας οἵους ἐν
τῷ Θυέστῃ Καρκίνος, τὰ δὲ ἐπίκτητα, καὶ τούτων τὰ μὲν ἐν
τῷ σώματι, οἷον οὐλαί, τὰ δὲ ἐκτός, οἷον τὰ περιδέραια καὶ
οἷον ἐν τῇ Τυροῖ διὰ τῆς σκάφης. ἔστιν δὲ καὶ τούτοις χρῆ-
σθαι ἢ βέλτιον ἢ χεῖρον, οἷον Ὀδυσσεὺς διὰ τῆς οὐλῆς ἄλλως
ἀνεγνωρίσθη ὑπὸ τῆς τροφοῦ καὶ ἄλλως ὑπὸ τῶν συβοτῶν·
εἰσὶ γὰρ αἱ μὲν πίστεως ἕνεκα ἀτεχνότεραι, καὶ αἱ τοιαῦται
πᾶσαι, αἱ δὲ ἐκ περιπετείας, ὥσπερ ἡ ἐν τοῖς Νίπτροις, βελτί-
ους. δεύτεραι δὲ αἱ πεποιημέναι ὑπὸ τοῦ ποιητοῦ, διὸ ἄτεχ-
νοι. οἷον Ὀρέστης ἐν τῇ Ἰφιγενείᾳ ἀνεγνώρισεν ὅτι Ὀρέστης·

---

37 앞서: §11, 1452a29.
38 창끝 [모양의 점]: 인용의 출처는 알려지지 않았다. 안티고네에 대한 에우리피데스
    의 유실된 작품에서 크레온은 창끝 모양의 점을 통해 하이몬과 안티고네의 자식을

제16장 발견의 유형들

발견이 무엇인지에 대해서는 앞서[37] 설명한 바 있다. 발견에는 여러 종 20
류가 있다. 첫째 것은 가장 비예술적이며, 대개 시인들이 [창작 능력의]
빈곤으로 인해 사용하는 것으로 징표들에 의한 발견이다. 이들 징표 가
운데 어떤 것은 태어나면서부터 지닌 것인데, 예를 들면 "땅에서 태어
난 자들이 지니는 창끝 [모양의 점]"[38]이나 카르키노스가 『티에스테스』
에서 사용한 '별' [모양의 점][39]이 그런 것이고 어떤 것은 [태어난 후에] 획
득한 것인데, 이들 가운데 어떤 것은 흉터처럼 몸에 있는 것이고 어떤
것은 목걸이나 『튀로』에서 발견의 수단이 되는 조각배처럼 밖에 있는 25
것이다.

　이러한 징표들을 사용하는 데도 우열이 있다. 가령 오뒤세우스는 흉
터로 인해 유모에게도 발견되고 돼지치기에게도 발견되지만 그 방식
은 서로 다르다.[40] [신분의] 증명을 위해 [의도적으로 외적 징표가] 사용되
는 발견이나 그런 유의 모든 발견은 [상대적으로] 더 비예술적이고, 세족 30
(洗足) 장면에서처럼 반전과 결부된 발견은 [예술적으로] 더 뛰어나다.

　둘째 것은 시인이 지어낸 것이다. 따라서 그것은 비예술적이다. 예
컨대 『이피게네이아』에서 오레스테스는 자신이 오레스테스임을 스스

발견했다고 한다.

39 '별' [모양의 점]: 펠롭스의 자손들이 상아로 된 어깨에 별 모양의 점이 새겨진 채
　태어났다는 것을 두고 하는 말이다.

40 유모는 에우리클레이아고, 돼지치기는 에우마이오스다. 오뒤세우스는 자신을 알아
　보지 못하도록 흉터를 가리려고 했지만 유모는 흉터를 통해 곧바로 그를 알아보았
　다(*Od.*, 19, 386-395). 반면에 에우마이오스는 오뒤세우스가 흉터를 보여주면서
　자신의 신분을 스스로 밝힌 후에야 비로소 그를 알아보았다(*Od.*, 21, 217-218).

ἐκείνη μὲν γὰρ διὰ τῆς ἐπιστολῆς, ἐκεῖνος δὲ αὐτὸς λέγει ἃ
35 βούλεται ὁ ποιητὴς ἀλλ᾽ οὐχ ὁ μῦθος· διὸ ἐγγύς τι τῆς εἰρημέ-
νης ἁμαρτίας ἐστίν, ἐξῆν γὰρ ἂν ἔνια καὶ ἐνεγκεῖν. καὶ ἐν τῷ
Σοφοκλέους Τηρεῖ ἡ τῆς κερκίδος φωνή. ἡ τρίτη διὰ μνήμης,
1455a τῷ αἰσθέσθαι τι ἰδόντα, ὥσπερ ἡ ἐν Κυπρίοις τοῖς Δικαιογέ-
νους, ἰδὼν γὰρ τὴν γραφὴν ἔκλαυσεν, καὶ ἡ ἐν Ἀλκίνου ἀπο-
λόγῳ, ἀκούων γὰρ τοῦ κιθαριστοῦ καὶ μνησθεὶς ἐδάκρυσεν,
ὅθεν ἀνεγνωρίσθησαν. τετάρτη δὲ ἡ ἐκ συλλογισμοῦ, οἷον ἐν
5 Χοηφόροις, ὅτι ὅμοιός τις ἐλήλυθεν, ὅμοιος δὲ οὐθεὶς ἀλλ᾽ ἢ
Ὀρέστης, οὗτος ἄρα ἐλήλυθεν. καὶ ἡ Πολυίδου τοῦ σοφιστοῦ
περὶ τῆς Ἰφιγενείας· εἰκὸς γὰρ ἔφη τὸν Ὀρέστην συλλογίσα-
σθαι ὅτι ἥ τ᾽ ἀδελφὴ ἐτύθη καὶ αὐτῷ συμβαίνει θύεσθαι.

---

41 '베틀북 소리': 트라케의 왕 테레우스는 자신의 아내인 프로크네의 동생 필로멜레
를 범하고 이 사실이 알려질까 두려워 말을 못 하도록 혀를 자른 채 그녀를 감금한
다. 필로멜레는 자신이 당한 이야기를 베로 짜 언니에게 보냈는데, 언니로 하여금
이 작품을 통해 자신의 목소리('베틀북 소리')를 듣게 하고 자신과 자신이 겪은 일
을 발견하게 한다.

176

로 밝힘으로써 발견되었다. 이피게네이아[의 정체]는 편지에 의해 [그에게] 발견되지만 오레스테스는 스스로 [자신의 정체를] 말한다. 이는 시인이 원하는 것이지 구성이 원하는 것은 아니다. 따라서 [발견의] 이 방식은 앞서 결함이 있다고 말했던 [발견의] 방식과 별반 다를 바 없다. 왜냐하면 오레스테스는 몇몇 징표를 지닐 수도 있었을 것이기 때문이다. 또 다른 예로는 소포클레스의 『테레우스』에 나오는 '베틀북 소리'[41]가 있다.

35

셋째 것은 기억을 통한 발견이다. 어떤 사람이 자신이 보는 무언가에 감정적으로 반응하는 것을 통해 발견되는 경우가 이에 속한다. 예를 들면 디카이오게네스의 『퀴프리스 사람들』에서 주인공은 그림을 보자 울음을 터뜨렸다. 그리고 알키노오스[에게 오뒤세우스가 해주는] 이야기에서 오뒤세우스는 키타라 연주자[의 탄주]를 듣고 지난 일을 회상하며 눈물을 흘렸다.[42] 이와 같은 반응으로 인해 그들은 발견되었다.

1455a

넷째 것은 추론에 의한 발견이다. 예컨대 [아이스퀼로스의] 『제주(祭酒)를 바치는 여인들』에 '[나를] 닮은 사람이 왔는데 오레스테스 외에 [나를] 닮은 사람은 아무도 없고, 따라서 이 사람이 왔던 것이다'라는 언급이 있[는데, 이것이 바로 그 경우에 속한]다. 소피스트 폴뤼이도스 역시 [추론에 의해] 이피게네이아의 발견이 이루어지게 한다.[43] 왜냐하면 그는 오레스테스가 '누이가 제물이 되었고, [따라서] 나도 제물로 바쳐지

5

---

42 오뒤세우스의 정체는 가인(歌人) 데모도코스의 노래에 감정적으로 반응하는 것을 통해 발견된다: *Od.*, 8, 521ff. 참조.

43 폴뤼이도스가 이피게네이아에 대해 쓴 비극작품에서 이런 발견이 이루어지도록 한 것 같지는 않다(로즐린 뒤퐁록, 장 랄로/김한식 옮김(2010), 311f. 참조). 폴뤼이도스는 아마도 에우리피데스의 작품 『타우리케의 이피게네이아』를 비평하는 가운데, 오레스테스의 추론으로 미루어 본다면 이피게네이아 역시 그가 자신의 남동생임을 추론을 통해 발견했을 거라고 주장한 것 같다: D. W. Lucas(1968), 170f. 참조.

καὶ ἐν τῷ Θεοδέκτου Τυδεῖ, ὅτι ἐλθὼν ὡς εὑρήσων τὸν υἱὸν
αὐτὸς ἀπόλλυται. καὶ ἡ ἐν τοῖς Φινείδαις· ἰδοῦσαι γὰρ τὸν
τόπον συνελογίσαντο τὴν εἱμαρμένην ὅτι ἐν τούτῳ εἵμαρτο
ἀποθανεῖν αὐταῖς, καὶ γὰρ ἐξετέθησαν ἐνταῦθα. ἔστιν δέ
τις καὶ συνθετὴ ἐκ παραλογισμοῦ τοῦ θεάτρου, οἷον ἐν τῷ
Ὀδυσσεῖ τῷ ψευδαγγέλῳ· τὸ μὲν γὰρ τὸ τόξον ἐντείνειν, ἄλ-
λον δὲ μηδένα, πεποιημένον ὑπὸ τοῦ ποιητοῦ καὶ ὑπόθεσις,
καὶ εἴ γε τὸ τόξον ἔφη γνώσεσθαι ὃ οὐχ ἑωράκει· τὸ δὲ ὡς δι'
ἐκείνου ἀναγνωριοῦντος

게 되겠구나'라고 추론한 것이 개연적이라고 말했기 때문이다. 또한 테오덱테스의 『튀데우스』에 '내 아들을 찾으러 왔다가 결국 내가 죽는구나'라는 [주인공의] 언급이 있[는데, 이것도 추론에 의한 발견을 포함하고 있]다. 『피네우스의 딸들』도 마찬가지다. 여인들은 그 장소를 보고 '여기에   10
우리가 내버려진 적도 있기 때문에 이곳에서 우리는 죽게 되어 있다'고
자신들의 운명을 추론했다.

관객의 오류 추론으로부터 생기는 조작된[44] 발견도 있다. 이는 예컨
대 『거짓 사자(使者) 오뒤세우스』[45]에서 잘 보인다. [오직] 그가 그 활을   14
당기고 [그 이외의] 다른 누구도 당기지 못한다는 것은 시인[46]이 지어   14¹
낸 것이고 [시인이 오뒤세우스 발견을 위한 추론의] 전제[로 고안한 것]이다.
그리고 [거짓 사자] 오뒤세우스가 자신이 한 번도 본 적이 없는 그 활을   14²
알아볼 것이라고 말했다면, 이 말도 마찬가지[로 『거짓 사자 오뒤세우스』
의 저자로부터 비롯된 것이고 이 시인이 추론의 전제로 고안한 것]이다. 그런데   15
[『거짓 사자 오뒤세우스』의 저자는 한편으로 활을 당긴다는] 저 사실을 통해
[관객이 그를 오뒤세우스로 당연히] 발견하리라 생각하면서 [다른 한편으로

---

44 조작된(synthetos): 'synthetos'는 통상 '복잡한'을 의미하지만 그 외에 '조작된, 가
   공된, 가짜의, 거짓의, 허구의'의 뜻도 가지고 있다. 루카스는 정상적 추론과 오
   류 추론이 결합해 이루어지는 '복잡한' 발견이 여기서 언급된다고 본다(D. W.
   Lucas(1968), 171). 그러나 시인이 관객을 그릇된 추론을 하도록 기만해 발견을 비
   예술적인 방식으로 유도한다는 것이 아리스토텔레스의 논점이라면, 시인의 기만에
   서 비롯된 '조작된' 형태의 발견으로 이해하는 것이 더 적절해 보인다.

45 『거짓 사자(使者) 오뒤세우스』: 이 작품의 내용이나 저자에 대해서는 알려진 바가
   없다.

46 시인: 원저자인 '호메로스'를 가리키는 것으로 보이고 『거짓 사자 오뒤세우스』의 저
   자와 대비된다. 호메로스는 『오뒤세이아』에서 '활을 당기는 것'을 통해 구혼자나 독
   자가 오뒤세우스를 발견할 수 있게 한다. 아리스토텔레스는 추론을 통한 발견의 전
   형으로 호메로스의 발견 방식을 제시하고 있다: 로즐린 뒤퐁록, 장 랄로/김한식 옮
   김(2010), 313 참조.

διὰ τούτου ποιῆσαι παραλογισμός. πασῶν δὲ βελτίστη ἀνα-
γνώρισις ἡ ἐξ αὐτῶν τῶν πραγμάτων, τῆς ἐκπλήξεως γιγνο-
μένης δι᾽ εἰκότων, οἷον ἐν τῷ Σοφοκλέους Οἰδίποδι καὶ τῇ
Ἰφιγενείᾳ· εἰκὸς γὰρ βούλεσθαι ἐπιθεῖναι γράμματα. αἱ γὰρ
20 τοιαῦται μόναι ἄνευ τῶν πεποιημένων σημείων καὶ περιδε-
ραίων. δεύτεραι δὲ αἱ ἐκ συλλογισμοῦ.

---

47 저 사실을 통해(di ekeinou) …… 이 말을 통해 …… 유도하는데: 이 구절은 너무
함축적으로 표현되어 있어 제대로 번역하고 해석하는 것은 거의 불가능하다. 그래
도 여기서 아리스토텔레스가 『오뒤세이아』의 시인 호메로스와 『거짓 사자 오뒤세
우스』의 시인 사이의, 그리고 발견의 출발점으로서 각 시인이 취하는 전제 사이
의, 그리고 '저 사실을 통해'와 '이 말을 통해' 사이의 대비를 활용하고 있다는 사
실은 번역과 해석을 위한 좋은 출발점일 수 있다. 이 대비를 중심으로 우리는 두
종류의 추론을 재구성할 수 있다. 하나는 호메로스의 추론으로 다음과 같이 이루
어진다: a) 대전제: 오직 오뒤세우스만이 활을 당긴다; b) 소전제: 이 사람이 활을 당
긴다; c) 결론: 이 사람이 오뒤세우스다. 만약 어떤 한 남자가 활을 당기는 것을 실제

180

활을 알아볼 것이라는 거짓 사자 오뒤세우스의] 이 말을 통해 [관객의 오뒤세우스 발견을] 유도하는데,[47] 이는 오류 추론[을 하도록 관객을 기만하는 것]이 [나 다를 바 없]다.

모든 발견 중 최선의 것은 행위들 자체로부터 발생하는 발견이다. 왜냐하면 [발견이 수반하는] 경악은 개연적인 행위들을 통해 발생하기 때문이다. 가령 소포클레스의 『오이디푸스』가 그렇고 『이피게네이아』도 그런 종류의 발견을 잘 보여준다. 이피게네이아가 편지를 보내고자 한 것은 개연적이기 때문이다. 이런 유형의 발견만이 꾸며낸 징표나 목걸이를 필요로 하지 않는다. 차선의 것은 추론에 의한 발견이다.

20

로 본다면, 구혼자나 독자는 시인이 교묘하게 심어 놓은 대전제와 결부해 그가 바로 오뒤세우스라고 올바르게 추론할 수 있을 것이다. 이에 반해 『거짓 사자 오뒤세우스』의 시인은 비예술적인 방식으로, 즉 오류 추론을 통해 관객이 오뒤세우스를 발견하게 한다. 그가 의도하고 유도하는 추론은 이렇다: 가) 대전제: 오뒤세우스는 자신이 본 적 없는 활을 알아볼 것이다; 나)소전제: 이 사람이 활을 알아본다; 다) 결론: 이 사람이 오뒤세우스다. 『거짓 사자 오뒤세우스』를 관람한 관객이 어떤 이가 활을 알아보는 장면을 본다면, 그는 부주의하게 이 소전제를 곧바로 대전제 가)와 결부함으로써 그 사람이 오뒤세우스라는 결론을 끌어낼 것이다. 사실 대전제 a)와 가)는 시인에 의해 극적으로 꾸며진 것이라는 점에서 사실적 진리로 받아들이기 어렵다. 오직 오뒤세우스만이 당길 수 있는 활이 있다는 a)의 주장은 고대 신화 속에서만 가능한 것처럼 보이며, 본 적도 없는 활을 알아볼 것이라는 가)의 주장 역시 그렇다. 시적 묘사의 이른바 '신비화 정책'이 두 대전제 모두에서 작동하고 있는 한, 두 전제의 문학적 진리성이 시적 가능 세계에서 유효하다는 것은 수용할 수 있을 것이다. 하지만 대전제 가)의 진실성이 시 고유의 특수한 목적의 관점에서 정당화될 수 있다고 하더라도, 가)는 사실에 대한 진술이 아니라 일어날 수 있는 미래 가능성에 대한 진술이기 때문에 비록 나)가 참이라고 하더라도 이 나)를 바로 가)에 포섭하는 것은 비논리적이다. 아마도 아리스토텔레스는 '(실제로) 알아본다'는 말과 '알아볼 것이다'(또는 '알아볼 수 있다')라는 '말'의 이런 부주의한 동일시를 관객의 오류 추론의 원인으로 지적하는 것처럼 보인다. 물론 만약 대전제 가)가 '오뒤세우스는 자신이 본 적 없는 활을 알아본다'라면, 가)의 문학적 진실성에 대해서는 의문을 가질 수 있을지언정 관객은 나)와 가)의 결합을 통해 형식적으로 타당하게 다)를 추론할 수 있을 것이다.

Δεῖ δὲ τοὺς μύθους συνιστάναι καὶ τῇ λέξει συναπεργά-
ζεσθαι ὅτι μάλιστα πρὸ ὀμμάτων τιθέμενον· οὕτω γὰρ ἂν
ἐναργέστατα [ὁ] ὁρῶν ὥσπερ παρ' αὐτοῖς γιγνόμενος τοῖς
πραττομένοις εὑρίσκοι τὸ πρέπον καὶ ἥκιστα ἂν λανθάνοι
[τὸ] τὰ ὑπεναντία. σημεῖον δὲ τούτου ὃ ἐπετιμᾶτο Καρκίνῳ.
ὁ γὰρ Ἀμφιάραος ἐξ ἱεροῦ ἀνῄει, ὃ μὴ ὁρῶντα [τὸν θεατὴν]
ἐλάνθανεν, ἐπὶ δὲ τῆς σκηνῆς ἐξέπεσεν δυσχερανάντων
τοῦτο τῶν θεατῶν. ὅσα δὲ δυνατὸν καὶ τοῖς σχήμασιν συν-
απεργαζόμενον· πιθανώτατοι γὰρ ἀπὸ τῆς αὐτῆς φύσεως οἱ
ἐν τοῖς πάθεσίν εἰσιν,

25

30

---

48 카르키노스의 작품은 우리에게 알려져 있지 않다. 암피아라오스가 신전으로부터
등장하는 것의 모순성을 이해하기 위해, 우리는 가령 그가 신전으로부터 떠나 더는
신전에 있지 않은데도 무대 위의 신전으로부터 그가 다시 등장하는 상황을 상상해
볼 수 있다(A. Schmitt(2008)의 번역 참조).

49 아리스토텔레스는 구성의 조직과 관련해 행위를 일관되게 묘사하는 수단으로 언어
의 완(결)성을, 행위를 설득력 있게 묘사하는 수단으로 동작의 완(결)성을 제시하
고 있다. 언어적 완(결)성을 위해 시인은 행위들을 그것들이 마치 자신의 눈앞에서
발생하듯이 떠올려야 하며, 동작의 완(결)성을 위해 동작에서 행위자의 감정이 관
객에 의해 직접적으로 인식될 수 있게 묘사해야 한다.

제17장 행위 묘사를 위한 규범적 지침들

구성을 [하나의 행위의 관점에서] 조직하고 언어를 사용해 완성할 때, 우리는 구성[에 포함된 행위들의 진행]을 우리의 눈앞에 두[고 구체적으로 상상할 수 있]어야 한다. 그렇게 행위들을 마치 그 현장에 있듯이 아주 생생하게 보는 사람은 [행위들에] 적합한 것을 발견할 것이고 [행위들 사이의 가능한] 불일치도 거의 간과하지 않을 것이기 때문이다. [사람들이] 카르키노스에 가했던 비판이 이에 대한 증거다. 암피아라오스는 [그가 떠났던] 신전에서 [무대로] 나왔다.[48] 이 작품을 [읽기만 하고] 보지 않았을 때, 관객은 이 장면[의 문제적 상황]을 알아차릴 수 없었다. 하지만 무대 위에 올려졌을 때, 이 작품은 관객들의 야유를 받았다. 이 [두 행위 간의] 불일치에 그들은 불쾌감을 느꼈기 때문이다.

우리는 구성을 [언어를 사용해 완성해야 할 뿐만 아니라] 가능한 한 [등장인물의] 동작을 사용해 완성해야 한다.[49] 왜냐하면 [동작을 예술적으로 묘사하는 능력과] 동일한 재능으로 인해[50] 가장 설득력 있게 [행위들을] 묘사[함으로써 구성을 완성]할 수 있기 때문이다. 이는 [묘사되어야 할] 감정

25

30

---

50 동일한 재능으로 인해(apo tēs autēs physeōs): 일반적으로 '재능이 동일하다면'으로 번역되지만, 언어적으로 이해하기 어려운 과도한 상상을 포함하고 있다. 오히려 '동작을 예술적 또는 시적으로 묘사할 수 있는 능력과 동일한 재능'이 전후 맥락에 더 잘 부합하는 것처럼 보인다. 그렇다면 아리스토텔레스의 주장은 크게 두 가지다. 하나는 동작의 묘사에 타고난 재능을 지닌 시인이 행위들의 통일적 조직을 가장 설득력 있게 완결지을 수 있다는 것이다. 다른 하나는 구성의 성공적 완성을 위해 시인에게는 두 조건, 즉 시인 스스로 감정을 느끼고 그 종류나 특성을 이해하는 것과 자신의 감정을 타인(즉 등장인물)에 이전하는 것이 요구된다는 것이다. 시인은 배우의 동작에서 감정이 직관적으로 보이도록 묘사하며, 관객은 외적으로 표출된 배우의 동작에서 특정한 감정을 읽어냄으로써 구성에 내재한 발견이나 반전 같은 효과를 글자 그대로 '극적으로' 체험할 수 있다.

καὶ χειμαίνει ὁ χειμαζόμενος καὶ χαλεπαίνει ὁ ὀργιζόμενος ἀληθινώτατα. διὸ εὐφυοῦς ἡ ποιητική ἐστιν ἢ μανικοῦ· τούτων γὰρ οἱ μὲν εὔπλαστοι οἱ δὲ ἐκστατικοί εἰσιν. τούς τε λό-

γους καὶ τοὺς πεποιημένους δεῖ καὶ αὐτὸν ποιοῦντα ἐκτίθεσθαι καθόλου, εἶθ᾽ οὕτως ἐπεισοδιοῦν καὶ παρατείνειν. λέγω δὲ οὕτως ἂν θεωρεῖσθαι τὸ καθόλου, οἷον τῆς Ἰφιγενείας· τυθείσης τινὸς κόρης καὶ ἀφανισθείσης ἀδήλως τοῖς θύσασιν,

5 ἱδρυνθείσης δὲ εἰς ἄλλην χώραν, ἐν ᾗ νόμος ἦν τοὺς ξένους θύειν τῇ θεῷ, ταύτην ἔσχε τὴν ἱερωσύνην· χρόνῳ δὲ ὕστερον τῷ ἀδελφῷ συνέβη ἐλθεῖν τῆς ἱερείας, τὸ δὲ ὅτι ἀνεῖλεν ὁ θεὸς [διά τινα αἰτίαν

을 실제로 느끼는 사람들에게 가능하다.⁵¹ 갖은 풍파를 겪는 사람이 고난을, 그리고 격분하는 사람이 분노를 가장 진실되게 묘사하는 법이다. 따라서 시 예술은 [감정을 스스로 느끼고 표현하는 데] 타고난 재능을 지닌 사람이나 광적인 사람이 할 수 있는 일이다. 전자는 [자신이 겪은 다양한 형태의 감정을] 쉽게 형상화하고, 후자는 자기 자신으로부터 벗어나 [자신의 감정을 등장인물의 동작으로 이전하]는 데 능하기⁵² 때문이다.

이야기[의 전개와] 관련해 우리는, 이미 만들어져 우리에게 전승되는 이야기든 우리가 직접 만들어낸 이야기든, 먼저 전체적인 구도를 잡은 다음에 그런 식으로 [전체적인 구도에 맞게] 삽화들을 배치하면서 이야기를 [그 세세한 부분에 이르기까지] 늘여가야 한다.

1455b

『이피게네이아』의 예를 들어 말하면, 전체적 구도는 다음과 같이 보여야 한다. 한 처녀가 제물로 바쳐졌다가 그녀를 제물로 바친 사람들 모르게 감쪽같이 사라진 후에 다른 나라에 정착한다. 그곳에는 이방인 을 여신에게 제물로 바치는 관습이 있었는데, 그녀는 이 [일을 관장하는] 사제직을 맡는다. 시간이 지난 후일 여사제의 남동생이 이곳에 오게 된다. 그가 신이 정한 바에 따라 (무슨 이유로 신이 그렇게 정했는지는 전체적

5

---

51 이 문장은 원문에서 '왜냐하면'(gar)으로 시작하는 앞 문장과 결합되어 있다. 원문 그대로 번역하면 다음과 같다: "왜냐하면(gar) [동작을 예술적으로 묘사하는 능력과] 동일한 재능(physis)으로 인해 가장 설득력 있게(pithanōtatoi) [행위들을] 묘사 [함으로써 구성을 완성]할 수 있는 것은 [묘사되어야 할] 감정을 실제로 느끼는 사람들(hoi en tois pathesin)에게 가능하기 때문이다." 'gar'는 엄밀하게 보면 동작을 사용한 마무리 구성 작업이 필요한 '이유'를 지시하는데, 그 직접적 '이유'는 시인이 감정을 느낀다는 데 있지 않고 그것이 가장 설득력 있는 행위 묘사를 가능하게 한 다는 데 있다. 이 점을 분명히 하기 위해 두 문장으로 나누어 옮겼다.

52 자기 자신으로부터 벗어나 …… 는 데 능하기(ekstatikoi): 로즐린 뒤퐁록, 장 랄로/ 김한식 옮김(2010), 333 참조("여기서 중요한 것은 시인이 자신이 창조한 인물들 의 다양한 감정을 재현하기 위해서는 적어도 어느 정도는 '자기로부터 벗어날' 수 있는 능력을 갖고 있어야 한다는 것이다").

ἔξω τοῦ καθόλου] ἐλθεῖν ἐκεῖ καὶ ἐφ' ὅ τι δὲ ἔξω τοῦ μύθου·
ἐλθὼν δὲ καὶ ληφθεὶς θύεσθαι μέλλων ἀνεγνώρισεν, εἴθ' ὡς
Εὐριπίδης εἴθ' ὡς Πολύιδος ἐποίησεν, κατὰ τὸ εἰκὸς εἰπὼν
ὅτι οὐκ ἄρα μόνον τὴν ἀδελφὴν ἀλλὰ καὶ αὐτὸν ἔδει τυθῆ-
ναι, καὶ ἐντεῦθεν ἡ σωτηρία. μετὰ ταῦτα δὲ ἤδη ὑποθέντα
τὰ ὀνόματα ἐπεισοδιοῦν· ὅπως δὲ ἔσται οἰκεῖα τὰ ἐπεισόδια,
οἷον ἐν τῷ Ὀρέστῃ ἡ μανία δι' ἧς ἐλήφθη καὶ ἡ σωτηρία διὰ
τῆς καθάρσεως. ἐν μὲν οὖν τοῖς δράμασιν τὰ ἐπεισόδια σύν-
τομα, ἡ δ' ἐποποιία τούτοις μηκύνεται. τῆς γὰρ Ὀδυσσείας
οὐ μακρὸς ὁ λόγος ἐστίν· ἀποδημοῦντός τινος ἔτη πολλὰ καὶ
παραφυλαττομένου ὑπὸ τοῦ Ποσειδῶνος καὶ μόνου ὄντος,
ἔτι δὲ τῶν οἴκοι οὕτως ἐχόντων ὥστε τὰ χρήματα ὑπὸ μνη-
στήρων ἀναλίσκεσθαι καὶ τὸν υἱὸν ἐπιβουλεύεσθαι, αὐτὸς
δὲ ἀφικνεῖται χειμασθείς, καὶ ἀναγνωρίσας τινὰς ἐπιθέμενος
αὐτὸς μὲν ἐσώθη τοὺς δ' ἐχθροὺς διέφθειρε. τὸ μὲν οὖν ἴδιον
τοῦτο, τὰ δ' ἄλλα ἐπεισόδια.

구도 밖에 있다) 거기에 갔다는 사실과 그가 간 목적은 구성 밖에 있다. 그는 도착하자마자 붙잡히고 제물이 되려는 순간에 그는 누이뿐만 아니라 자신도 제물이 될 운명이었다는 것을, 에우리피데스가 묘사한 방식으로든 폴뤼이오스가 묘사한 방식으로든, 개연적으로 말함으로써 자신의 정체를 발견하게 한다. 그리고 이[러한 발견으]로부터 그의 구원이 이루어진다.

일단 [전체적 구도를] 잡았다면 다음 단계는 등장인물에 이름을 부여하고 삽화들을 배치하는 것이다. 이때 삽화들이 [전체적 구도에] 부합해야 한다는 점에 유의해야 한다. 가령 『오레스테스』에서 체포의 빌미가 되었던 광증이나 정화의식을 통한 구원이 [전체적 구도에] 부합하는 것처럼 말이다.

극에서는 삽화가 짧지만, 서사시는 삽화를 통해 길이를 늘인다.[53] 『오뒤세이아』의 이야기는 길지 않다. 한 남자는 여러 해 동안 집을 떠나 있다. 그는 늘 포세이돈에 의해 감시받고, [모든 것을] 오로지 혼자 [감당하며] 살아간다. 게다가 고향에서는 그의 재산이 구혼자들에 의해 탕진되고 그의 아들이 음모에 휩싸이는 일이 벌어진다. 그 자신은 갖은 풍파를 겪고 나서 고향에 돌아온다. 몇몇 사람에게 자신의 정체가 발견되게 한 후에 그는 적들을 공격한다. 그 자신은 살아남고 적들은 죽는다. 이것이 [이야기의] 근간이고 나머지는 삽화다.

---

53 서사시와 비극의 길이 차이에 대해서는 '1449b12'와 '1462a18' 참조.

Ἔστι δὲ πάσης τραγῳδίας τὸ μὲν δέσις τὸ δὲ λύσις, τὰ
25 μὲν ἔξωθεν καὶ ἔνια τῶν ἔσωθεν πολλάκις ἡ δέσις, τὸ δὲ
λοιπὸν ἡ λύσις· λέγω δὲ δέσιν μὲν εἶναι τὴν ἀπ᾽ ἀρχῆς μέ-
χρι τούτου τοῦ μέρους ὃ ἔσχατόν ἐστιν ἐξ οὗ μεταβαίνει εἰς
εὐτυχίαν ἢ εἰς ἀτυχίαν, λύσιν δὲ τὴν ἀπὸ τῆς ἀρχῆς τῆς με-
ταβάσεως μέχρι τέλους· ὥσπερ ἐν τῷ Λυγκεῖ τῷ Θεοδέκτου
30 δέσις μὲν τά τε προπεπραγμένα καὶ ἡ τοῦ παιδίου λῆψις καὶ
πάλιν ἡ αὐτῶν <λύσις> δ᾽ ἡ ἀπὸ τῆς αἰτιάσεως τοῦ θανάτου
μέχρι τοῦ τέλους. τραγῳδίας δὲ εἴδη εἰσὶ τέσσαρα

---

54 그들의 [체포](hē autōn **): '[체포]' 부분은 파손되어 있다. 『륑케우스』의 내용이
알려진 바가 없기 때문에 파손 부분을 정확히 복원하는 것은 불가능하다. 바로 앞
의 '체포'(lēpsis)와 같은 여성 명사가 빠져 있다는 점으로 미루어 파손된 단어를 '체
포'로 보았다.

55 앞서 말한 [비극 고유의] 부분들: §6에서 아리스토텔레스는 비극의 본질적 요소로

제18장 분규와 해결, 비극의 종류, 서사시적 구조, 코로스의 역할

모든 비극에는, 한편으로 분규가 있고 다른 한편으로 해결이 있다. [극] 밖의 행위와 일부 [극] 안의 행위가 대개 분규를 이루고, [일부 극 안의 행 위 외의] 나머지 [극 안의 행위]가 해결을 이룬다. 분규란 처음부터 행복 이나 불행으로의 변화가 일어나기 바로 직전 부분까지를 말하며, 해결 이란 [행복이나 불행으로 바뀌는] 변화의 처음부터 끝까지를 말한다. 예를 들면 테오덱테스의 『륑케우스』에서 분규는 [극이 시작되기] 이전에 일어 난 행위들과 아이의 체포와 그들의 [체포][54]까지이며, 해결은 살인죄에 대한 고발에서부터 끝까지다.

비극에는 네 종류가 있다. (앞서 말한 [비극 고유의] 부분들[55]과 그 수가 같

25

30

서 여섯 부분(구성, 성격, 사유방식, 언어적 표현, 노래, 공연)을 제시했으며, §11 에서는 구성의 부분들로 반전과 발견과 고통(pathos)을 언급한다. 비극의 네 종류 에 상응하는 비극의 부분들이 정확히 무엇인지는 불분명하다. 다만 여기서 비극이 네 종류, 즉 복잡한 비극, 고통(을 가져오는 불운)이 주가 되는 비극, 성격을 묘사 하는 비극, 그리고 네 번째로 정확히 설명되지 않은 비극으로 분류된다는 것, 그리 고 복잡한 비극에는 '구성'이, 고통이 지배적인 비극에는 '고통'이, 성격적 비극은 '성격'이 대응한다는 것은 분명하다. 따라서 적어도 '구성'과 '고통'과 '성격'이 비극 의 세 유형에 상응하는 비극의 부분들이라는 점은 확실하다. 문제는 넷째 부분인 데, 여기에 대해서는 학자들 사이에 생각이 엇갈린다. 루카스는 §24에서 아리스토 텔레스가 비극과 서사시의 종류가 같아야 하고 서사시도 비극처럼 단순한 비극, 복 잡한 비극, 성격적 비극, 고통이 지배적인 비극으로 구분된다고 말한다는 것에 근 거해 네 번째 유형의 비극은 '단순한 비극'이라고 주장한다(D. W. Lucas(1968), 184-186). 이에 반해 슈미트는 §24에서 서사시와 비극의 부분은 노래와 공연 외에 는 같아야 하고 반전과 발견과 고통 외에 사유방식도 비극과 서사시에 공통된 주 요 부분이라는 아리스토텔레스의 주장에 근거해 네 번째 유형의 비극을 '사유방식 이 지배적인 비극'으로 해석한다(A. Schmitt(2008), 25). 그 외에 뒤퐁록과 랄로는 '공연'(볼거리, opsis)으로 간주한다(로즐린 뒤퐁록, 장 랄로/김한식 옮김(2010), 348ff., 특히 354 참조).

(τοσαῦτα γὰρ καὶ τὰ μέρη ἐλέχθη), ἡ μὲν πεπλεγμένη, ἧς τὸ ὅλον ἐστὶν περιπέτεια καὶ ἀναγνώρισις, ἡ δὲ παθητική, οἷον οἵ τε Αἴαντες καὶ οἱ Ἰξίονες, ἡ δὲ ἠθική, οἷον αἱ Φθιώτιδες καὶ ὁ Πηλεύς· τὸ δὲ τέταρτον †οης†, οἷον αἵ τε Φορκίδες καὶ ὁ Προμηθεὺς καὶ ὅσα ἐν ᾅδου. μάλιστα μὲν οὖν ἅπαντα δεῖ πειρᾶσθαι ἔχειν, εἰ δὲ μή, τὰ μέγιστα καὶ πλεῖστα, ἄλλως τε καὶ ὡς νῦν συκοφαντοῦσιν τοὺς ποιητάς· γεγονότων γὰρ καθ᾽ ἕκαστον μέρος ἀγαθῶν ποιητῶν, ἑκάστου τοῦ ἰδίου ἀγαθοῦ ἀξιοῦσι τὸν ἕνα ὑπερβάλλειν. δίκαιον δὲ καὶ τραγῳδίαν ἄλλην καὶ τὴν αὐτὴν λέγειν οὐδενὶ ὡς τῷ μύθῳ· τοῦτο δέ, ὧν ἡ αὐτὴ πλοκὴ καὶ λύσις. πολλοὶ δὲ πλέξαντες εὖ λύουσι κακῶς· δεῖ δὲ ἀμφότερα ἀρτικροτεῖσθαι. χρὴ δὲ ὅπερ εἴρηται πολλάκις μεμνῆσθαι καὶ μὴ ποιεῖν ἐποποιικὸν σύστημα τραγῳδίαν—ἐποποιικὸν δὲ λέγω τὸ πολύμυθον—οἷον εἴ τις τὸν τῆς Ἰλιάδος ὅλον ποιοῖ μῦθον.

1456a

으니까 말이다.) 첫째로 전체가 반전과 발견으로 이루어진 복잡한 비극이 있다. 둘째로 고통[을 가져오는 불운]이 지배적인 비극이 있다. 예컨대 아이아스나 익시온의 이름을 딴 비극이 그런 종류에 속한다. 셋째로 성격을 표현하는 비극이 있다. 예컨대 『프티아의 여인들』이나 『펠레우스』가 그런 종류에 속한다. 넷째 종류에는 예컨대 『포르퀴스의 딸들』이나 『프로메테우스』, 그리고 하데스를 배경으로 한 비극들이 속한다.

1456a

가장 좋은 것은 [비극 고유의] 이 [네] 부분 모두를 활용해보는 것이다. 만약 그것이 불가능하다면, 무엇보다도 시인들에 대한 오늘날의 트집잡기식 공격을 고려해 제일 중요한 부분을, 그리고 최대한 많은 부분을 활용해보아야 한다. 왜냐하면 이전에는 [비극의] 개별적 부분에서 [각기] 뛰어난 [역량을 보인] 시인이 있었지만 요즘에는 한 사람[의 시인]에게 [비극의 개별적 부분에서] 특유의 역량을 보였던 개개의 시인 모두를 능가하[여 모든 부분에서 뛰어나]기를 요구하고 있기 때문이다.

5

[어떤] 비극이 [다른 비극과] 다르냐 같으냐라는 것에 대해 말할 때, 당연히 우리는 구성 외의 다른 어떤 기준에 의존해서도 안 된다. 말하자면 [비극들이] 같은 분규와 [같은] 해결을 갖는다면 [같은 구성을 갖는 것으로 볼 수 있기 때문에] 서로 같다고 말할 수 있다는 것이다. 많은 사람이 분규는 잘 짜지만 해결은 잘하지 못한다. 하지만 양자는 서로 일치되어야 한다.

10

우리가 여러 차례 언급한 것을 유념해 비극에 서사시적 구조를 부여하는 일은 없도록 해야 한다. ('서사시적 구조'란 [하나의 구성이 아니라] 여러 개의 구성을 가진 구조를 말한다.)[56] 예를 들어 어떤 사람이 『일리아스』의 구성 전체를 [비극으로] 만드는 경우[가 있어서는 안 되는 것]처럼 말이다.

---

56 카셀의 원문에는 줄표로 표시되어 있다.

ἐκεῖ μὲν γὰρ διὰ τὸ μῆκος λαμβάνει τὰ μέρη τὸ πρέπον μέγε-
θος, ἐν δὲ τοῖς δράμασι πολὺ παρὰ τὴν ὑπόληψιν ἀποβαίνει.
σημεῖον δέ, ὅσοι πέρσιν Ἰλίου ὅλην ἐποίησαν καὶ μὴ κατὰ
μέρος ὥσπερ Εὐριπίδης, <ἢ> Νιόβην καὶ μὴ ὥσπερ Αἰσχύ-
λος, ἢ ἐκπίπτουσιν ἢ κακῶς ἀγωνίζονται, ἐπεὶ καὶ Ἀγάθων
ἐξέπεσεν ἐν τούτῳ μόνῳ. ἐν δὲ ταῖς περιπετείαις καὶ ἐν τοῖς
ἁπλοῖς πράγμασι στοχάζονται ὧν βούλονται θαυμαστῶς·
τραγικὸν γὰρ τοῦτο καὶ φιλάνθρωπον. ἔστιν δὲ τοῦτο, ὅταν
ὁ σοφὸς μὲν μετὰ πονηρίας <δ'> ἐξαπατηθῇ, ὥσπερ Σίσυφος,
καὶ ὁ ἀνδρεῖος μὲν ἄδικος δὲ ἡττηθῇ. ἔστιν δὲ τοῦτο

---

57 거기서는: 즉 『일리아스』 같은 서사시에서는.

58 이해력(hypolepsis): 엘스는 'hypolepsis'를 극의 전체와 부분의 관계에 대한 시인의
'가정'(assupmtion)으로 보면서 "극에서는 그것들이(scil. 부분들이) 시인의 가정에
매우 상반되는 것으로 드러난다"로 옮긴다(G. F. Else(1957)). 나는 극의 부분들의
적정한 크기에 대한 시인들의 '이해력'으로 옮겼다(A. Schmitt(2008) 참조).

59 그들은: 주어는 3인칭 복수 주격으로 동사 'stochazontai'(성취한다)에 함축적으로
표현되어 있다. '그들'은 이야기 소재의 범위를 설정하는 데서 실패한 앞 단락의 비
극시인들을 특칭할 수도 있고, 아니면 앞 단락의 시인들과 관계없이 비극시인 일
반을 통칭할 수도 있다. 논의의 연속성을 위해 전자가 더 적절해 보인다. 그렇게 보
면 아리스토텔레스는 여기서 비극시인들이 소재의 한도를 초과함으로써 실패하더
라도, 반전과 단순한 행위 전개를 통해 비극적 감정과 인간적 공감을 일깨움으로써
비극이 추구하는 목표를 성공적으로 달성할 수 있다는 것을 주장하는 것이다.

왜냐하면 거기서는[57] [그 긴] 길이 때문에 각 부분이 적합한 크기를 갖
지만, [이러한 길이의 서사시에 대한] 극[적 묘사]에서는 [각 부분이 가져야 할   15
적합한 크기가 시인의] 이해력[58]을 훨씬 뛰어넘기 때문이다.

  에우리피데스처럼 일리오스의 함락 전체를 [비극의 소재로] 사용하고
부분적으로 다루지 않는 사람들이나 아이스퀼로스처럼 나오베의 이야
기를 부분적으로 다루지 않[고 전체를 다 다루]는 사람들은 모두 [관객으로
부터] 외면받았거나 경연에서 좋은 성과를 내지 못했다는 사실이 그 증
거다. 사실 아가톤도 오직 이 점에서만 [관객으로부터] 외면을 받았다.

  하지만 그들은[59] 반전이나 행위들의 단순한[60] 전개를 통해 소기의 목   20
표를 경이로울 정도로 탁월하게 성취한다. 왜냐하면 [반전의 구조적 계기
를 활용하고 행위 전개의 결말을 단순하게 맺는] 이러한 [구성 조직의] 방식이
비극적이고[61] 인간적 공감을 얻기 때문이다. [비극적이고 인간적 공감을 얻
고자 하는 비극의] 이러한 목표는 시쉬포스처럼 영리하지만 [성격이] 악한
자가 속는다든가 용감하지만 불의한 자가 패배할 때 이루어진다.[62] 또
한 [반전과 단순한 행위 전개에 의한] 이러한 [구성 조직의] 방식은 아가톤이

---

60 단순한: 구성의 단순성은 아리스토텔레스가 §10에서 언급하는, "[불행이나 행복으
    로의 운명의] 변화가 반전이나 발견 없이 이루어지는" 식의 행위 전개 구조의 단순
    성을 말하는 것이 아니라 행위 전개 결말의 단순성을 말하는 것이다. 전자의 단순
    성이 구조적 복잡성에 대비된다면, 후자의 단순성은 결말의 이중성에 대비되는 개
    념이다(1456a12-13 참조).

61 비극적(tragikon)이고: 즉 연민과 공포의 환기라는 비극 고유의 목표를 달성하는 데
    적합하고.

62 비극시인들이 노리는 목표는 비극적 감정의 구현('tragikon')과 인간적 공감에의
    호소('philanthrōpon')이며, 이 목표를 달성하는 방법이 반전과 단순한 행위 전
    개다. 여기서 제시된 두 사례는 두 목표 중 후자에만 관계된다. 악하고 불의한 자
    가 (아마도 행복에서) 불행으로 전락한다면, 그런 구조는 '인간적인 공감은 얻을
    지 모르지만 연민과 공포는 불러일으키지 않'기 때문이다(1453a1-4; 또한 D. W.
    Lucas(1968), 192f. 참조).

καὶ εἰκὸς ὥσπερ Ἀγάθων λέγει, εἰκὸς γὰρ γίνεσθαι πολλὰ καὶ
25 παρὰ τὸ εἰκός. καὶ τὸν χορὸν δὲ ἕνα δεῖ ὑπολαμβάνειν τῶν
ὑποκριτῶν, καὶ μόριον εἶναι τοῦ ὅλου καὶ συναγωνίζεσθαι
μὴ ὥσπερ Εὐριπίδῃ ἀλλ᾽ ὥσπερ Σοφοκλεῖ. τοῖς δὲ λοιποῖς τὰ
ᾀδόμενα οὐδὲν μᾶλλον τοῦ μύθου ἢ ἄλλης τραγῳδίας ἐστίν·
30 διὸ ἐμβόλιμα ᾄδουσιν πρώτου ἄρξαντος Ἀγάθωνος τοῦ τοι-
ούτου. καίτοι τί διαφέρει ἢ ἐμβόλιμα ᾄδειν ἢ εἰ ῥῆσιν ἐξ ἄλ-
λου εἰς ἄλλο ἁρμόττοι ἢ ἐπεισόδιον ὅλον;

말하듯 개연적[63]이기도 하다. 왜냐하면 [그의 말에 따르면] 많은 행위가 개연성에 반해 일어나는 것도 개연적이기 때문이다.   25

더 나아가 우리는 코로스를 배우들 중 하나로 취급해야 한다. 코로스는 에우리피데스[의 비극]보다는 소포클레스[의 비극]에서처럼 전체의 한 부분이어야 하고 [경연의 승리를 위해 배우들과 한편이 되어 극의] 행위에 참여해야 한다. 그런데 나머지 시인들의 경우에 [코로스에 의해 불리는] 노래들은 [그들이 조직한 비극의 행위, 즉] 구성에 속하지 않는다. 그 노래들이 다른 [사람들이 조직한] 비극[의 행위]에 속하지 않는 것과 같은 정도로 말이다.[64] 따라서 코로스가 부르는 노래는 [그들에게 단지] 막간 [에 부르는] 노래[였을 뿐]이다. 이를 시작했던 최초의 사람이 아가톤이   30 다. 하지만 막간[에] 노래를 부르는 것과 대사나 삽화 전체를 한 작품에서 끌어와 다른 작품에 끼워 넣는 것 사이에 무슨 차이가 있겠는가?[65]

---

63 개연적(eikos): 아리스토텔레스는 비극시인들이 반전이나 단순한 행위 전개에서 성공을 거둔 비결로 세 가지, 즉 1)비극적 방식으로 연민과 공포의 감정을 불러일으킨 점, 2)인간적 공감에 호소한 점, 그리고 3)개연적으로 구성을 조직한 점을 제시하고 있다.

64 코로스의 노래들이 코로스가 등장하는 비극이 아니라 다른 비극에 속할 수 있는 가능성이 전혀 없는 만큼 그들에게 코로스의 노래들이 '하나의 행위'로 조직된 '구성'의 일부로 취급될 수 있는 가능성은 없다는 것이다.

65 비극에서 코로스의 위상을 강조하는 아리스토텔레스는 코로스의 노래를 구성과 무관한 막간 노래로 격하해 "아무 데나 갖다 붙일 수 있는 대사나 에피소드와 마찬가지인 것으로 받아들일 이유가 없다"(로즐린 뒤퐁록, 장 랄로/김한식 옮김(2010), 365)고 주장하고 있다.

제19~22장
사유방식과 언어적 표현

Περὶ μὲν οὖν τῶν ἄλλων εἰδῶν εἴρηται, λοιπὸν δὲ περὶ
λέξεως καὶ διανοίας εἰπεῖν. τὰ μὲν οὖν περὶ τὴν διάνοιαν ἐν
35 τοῖς περὶ ῥητορικῆς κείσθω· τοῦτο γὰρ ἴδιον μᾶλλον ἐκείνης
τῆς μεθόδου. ἔστι δὲ κατὰ τὴν διάνοιαν ταῦτα, ὅσα ὑπὸ τοῦ
λόγου δεῖ παρασκευασθῆναι. μέρη δὲ τούτων τό τε ἀποδει-
κνύναι καὶ τὸ λύειν καὶ τὸ πάθη παρασκευάζειν (οἷον ἔλεον
1456b ἢ φόβον ἢ ὀργὴν καὶ ὅσα τοιαῦτα) καὶ ἔτι μέγεθος καὶ μικρό-
τητας. δῆλον δὲ ὅτι καὶ ἐν τοῖς πράγμασιν ἀπὸ τῶν αὐτῶν
ἰδεῶν δεῖ χρῆσθαι ὅταν ἢ ἐλεεινὰ ἢ δεινὰ ἢ μεγάλα ἢ εἰκότα
5 δέῃ παρασκευάζειν· πλὴν τοσοῦτον διαφέρει, ὅτι τὰ μὲν δεῖ
φαίνεσθαι ἄνευ διδασκαλίας, τὰ δὲ ἐν τῷ λόγῳ ὑπὸ τοῦ λέ-
γοντος παρασκευάζεσθαι καὶ παρὰ τὸν λόγον γίγνεσθαι. τί
γὰρ ἂν εἴη τοῦ λέγοντος ἔργον, εἰ φαίνοιτο ᾗ δέοι καὶ μὴ διὰ
τὸν λόγον; τῶν δὲ περὶ τὴν λέξιν ἓν μέν ἐστι εἶδος θεωρίας
10 τὰ σχήματα τῆς λέξεως, ἅ ἐστιν εἰδέναι τῆς ὑποκριτικῆς καὶ
τοῦ τὴν τοιαύτην ἔχοντος ἀρχιτεκτονικήν, οἷον τί ἐντολὴ καὶ
τί εὐχὴ καὶ διήγησις καὶ ἀπειλὴ καὶ ἐρώτησις καὶ ἀπόκρισις
καὶ εἴ τι ἄλλο τοιοῦτον.

제19장 사유방식

[비극의] 다른 본질적 요소들에 대해서는 이미 다루었고, 이제 남은 것
은 언어적 표현과 사유방식에 대한 논의다.

사유방식에 대한 논의는 수사술에 관한 저술에서 이미 이루어진 것   35
으로 [전제하고 시작]하자. 왜냐하면 이 논의는 오히려 저 [수사술의] 탐구
에 속하기 때문이다. 말에 의해 산출되어야 하는 모든 효과는 [원칙적으
로] 사유[의 논변]방식과 관련되어 있다. 이들 [수사적] 효과에는 증명과
반박, (연민이나 공포나 분노 등과 같은) 감정들의 환기, 그리고 더 나아가   1456b
[어떤 사소한 행위의] 과장과 [어떤 중대한 행위의] 축소가 있다.

당연히 행위들[에 의한 묘사]에서도, 만일 [이러한 묘사를 통해 우리가] 연
민이나 두려움을 불러일으키거나 웅장함이나 개연성을 부여하는 것
과 같은 [시적] 효과를 산출해야 한다면, 우리는 언제나 [말에 의한 묘사
에서와] 동일한 원칙을 따라야 한다. 단지 차이점이 있다면, 우리가 행   5
위들에 의해 [시적으로] 묘사하는 경우에 [분명한] 설명 없이도 [어떤 특
정한] 효과가 [행위가 발생하는 상황 자체로부터] 나타나야 하지만, 말에 의
해 [수사적으로] 묘사할 때는 그 효과가 말하는 사람에 의해 그가 하는
말을 통해 산출되고 그가 하는 말로부터 발생해야 한다는 것이다. 만약
[효과가] 말을 사용하지 않고도 제대로 나타난다면, 말하는 사람이 무슨
소용이 있겠는가?

말과 관련된 것들을 고찰하는 방식[에는 여러 가지가 있는데, 그] 중 하
나는 문장의 종류들[을 구별하는 것]이다. 이것들을 [구별하고] 아는 일은   10
배우의 기술에 속하며, [말과 관련된] 그런 것들을 전문적으로 다루는 기
술에 정통한 사람의 소관이다. [말과 관련된 것들에 대해서는] 예컨대 [이런
것들이 고찰된다.] 명령은 무엇이고, 기원, 서술, 위협, 질문, 대답 등은 무

παρὰ γὰρ τὴν τούτων γνῶσιν ἢ ἄγνοιαν οὐδὲν εἰς τὴν ποιη-
15   τικὴν ἐπιτίμημα φέρεται ὅ τι καὶ ἄξιον σπουδῆς. τί γὰρ ἄν τις
ὑπολάβοι ἡμαρτῆσθαι ἃ Πρωταγόρας ἐπιτιμᾷ, ὅτι εὔχεσθαι
οἰόμενος ἐπιτάττει εἰπὼν "μῆνιν ἄειδε θεά;" τὸ γὰρ κελεῦσαι,
φησίν, ποιεῖν τι ἢ μὴ ἐπίταξίς ἐστιν. διὸ παρείσθω ὡς ἄλλης
καὶ οὐ τῆς ποιητικῆς ὂν θεώρημα.

엇인가? 우리는 이러한 문제들에 대한 [시인들의] 지나 무지를 이유로 우리가 진지하게 대응할 만한 어떤 비난도 시 예술에 가해서는 안 된다. [가령] 호메로스가 "분노를 노래하라, 여신이여"라고 말할 때, 프로 ¹⁵타고라스는 호메로스가 [속으로는] 기원하고 있다고 생각하면서 [실제로는] 명령하고 있다는 이유로 그를 비난한다. 왜냐하면 그는 어떤 것을 하거나 하지 말라고 요구하는 것은 [응당] 명령이라고 말하기 때문이다. 하지만 과연 어느 누가 호메로스의 이 말에 잘못이 있다고 생각할 것인가? 이 문제는 다른 기술과 관련된 것이지 시 예술과 [직접] 관련된 것은 아니니 [그만 논의하고 이제 다른 문제로] 넘어가기로 하자.

20　　Τῆς δὲ λέξεως ἁπάσης τάδ' ἐστὶ τὰ μέρη, στοιχεῖον συλ-
λαβὴ σύνδεσμος ὄνομα ῥῆμα ἄρθρον πτῶσις λόγος. στοι-
χεῖον μὲν οὖν ἐστιν φωνὴ ἀδιαίρετος, οὐ πᾶσα δὲ ἀλλ' ἐξ ἧς
πέφυκε συνθετὴ γίγνεσθαι φωνή· καὶ γὰρ τῶν θηρίων εἰσὶν
ἀδιαίρετοι φωναί, ὧν οὐδεμίαν λέγω στοιχεῖον. ταύτης δὲ
25　　μέρη τό τε φωνῆεν καὶ τὸ ἡμίφωνον καὶ ἄφωνον. ἔστιν δὲ
ταῦτα φωνῆεν μὲν <τὸ> ἄνευ προσβολῆς ἔχον φωνὴν ἀκουσ-
τήν, ἡμίφωνον δὲ τὸ μετὰ προσβολῆς ἔχον φωνὴν ἀκου-
στήν, οἷον τὸ Σ καὶ τὸ Ρ, ἄφωνον δὲ τὸ μετὰ προσβολῆς καθ'
30　　αὑτὸ μὲν οὐδεμίαν ἔχον φωνήν, μετὰ δὲ τῶν ἐχόντων τινὰ
φωνὴν γινόμενον ἀκουστόν, οἷον τὸ Γ καὶ τὸ Δ.

1　모든 언어적 표현(lexis hapasa): 아리스토텔레스는 단순히 시에서 활용되는 언어의
　　부분들을 분석하고 있지 않고 시적 언어를 포함한 언어 일반의 요소들을 분석하고
　　있다(D. W. Lucas(1968), 199 참조).

2　굴절(ptōsis): 굴절에는 명사와 대명사와 형용사의 성, 수, 격을 나타내기 위한 굴
　　절인 곡용(declension)과 동사의 시제, 수, 인칭, 태를 나타내기 위한 굴절인 활용
　　(conjugation)이 포함된다.

3　문장(logos): 어떤 특정한 의미를 전달하게 할 때 사용하는 기본 단위를 말한다. 아

제20장 언어적 표현의 부분들

모든 언어적 표현[1]은 다음과 같은 부분들로 이루어져 있다. 문자, 음절,   20
결합사, 명사, 동사, 분절사, 굴절,[2] 문장.[3]

  문자란 불가분의 소리인데, 모든 종류의 불가분의 소리가 아니라 합
성된 소리[4]를 발생시키는 데 본성상 적합한 그런 불가분의 소리다. 왜
냐하면 짐승들도 불가분의 소리를 내기는 하지만 그런 소리 가운데 어
떤 것도 내가 말하는 문자는 아니기 때문이다.

  이러한 불가분의 소리[로서 문자]의 종류에는 모음과 반모음과 무성   25
음이 있다. 모음은 [혀의] 접촉 없이도 들을 수 있는 소리를 가지는 문
자다. 반모음은 가령 's'나 'r'처럼 [혀의] 접촉을 통해 [다소] 들을 수 있
는 소리를 가지는 문자[5]다. 무성음은 가령 'g'나 'd'처럼 [혀의] 접촉이
있더라도 그 자체만으로는 아무런 소리도 갖지 않고 어떤 소리를 가지   30
는 문자들[6]과 결합할 때만 들을 수 있게 되는 문자다.

리스토텔레스는 문자와 음절, 결합사와 분절사, 동사와 명사, 동사의 활용이나 명사
의 곡용과 같은 굴절의 다양한 요소의 결합을 통해 문장이 소리의 형태로 인식된 하
나의 통합된 의미를 전달하는 방식을 설명하고 있다. 완전한 의미의 '문장'은 주어와
서술을 기본적으로 갖춰야 하지만, 아리스토텔레스는 '인간의 정의'처럼 동사 없
이 표현되고 말해지는 구(句) 역시 'logos'의 범주에 포함시킨다. 나는 '문장'으로 옮
기지만 독자는 '구나 문장' 정도로 읽어주면 좋을 것 같다. 구와 문장 모두를 포괄하
는 언어 단위에 대한 우리말 표현이 없어 불가피하게 '문장'으로 옮겼다.

4 합성된 소리(synthetē phōnē): '음절'이나 음절로 이루어진 '단어'의 음을 말한다. 문
   자들이 합성되어 음절이나 단어로 발성될 때, 비로소 음절이나 단어가 이해될 수 있
   다는 점에서 '이해할 수 있는 소리'로 옮길 수도 있다.

5 [다소] 들을 수 있는 소리를 가지는 문자: 모음과의 결합 없이도 혀의 움직임을 통해
   (어느 정도) 발성될 수 있는 문자를 말한다.

6 문자들: 모음들을 가리킨다.

ταῦτα δὲ διαφέρει σχήμασίν τε τοῦ στόματος καὶ τόποις καὶ
δασύτητι καὶ ψιλότητι καὶ μήκει καὶ βραχύτητι ἔτι δὲ ὀξύτητι
καὶ βαρύτητι καὶ τῷ μέσῳ· περὶ ὧν καθ᾽ ἕκαστον ἐν τοῖς με-
35 τρικοῖς προσήκει θεωρεῖν. συλλαβὴ δέ ἐστιν φωνὴ ἄσημος
συνθετὴ ἐξ ἀφώνου καὶ φωνὴν ἔχοντος· καὶ γὰρ τὸ ΓΡ ἄνευ
τοῦ Α †συλλαβὴ καὶ† μετὰ τοῦ Α, οἷον τὸ ΓΡΑ. ἀλλὰ καὶ τού-
των θεωρῆσαι τὰς διαφορὰς τῆς μετρικῆς ἐστιν. σύνδεσμος
1457a δέ ἐστιν φωνὴ ἄσημος ἣ οὔτε κωλύει οὔτε ποιεῖ φωνὴν μίαν
σημαντικὴν ἐκ πλειόνων φωνῶν πεφυκυῖα συντίθεσθαι καὶ
ἐπὶ τῶν ἄκρων καὶ ἐπὶ τοῦ μέσου ἣν μὴ ἁρμόττει ἐν ἀρχῇ
λόγου τιθέναι καθ᾽ αὑτήν, οἷον μέν ἤτοι δέ. ἢ φωνὴ ἄσημος
5 ἣ ἐκ πλειόνων μὲν φωνῶν μιᾶς σημαντικῶν δὲ ποιεῖν πέφυ-
κεν μίαν σημαντικὴν φωνήν. ἄρθρον δ᾽ ἐστὶ φωνὴ ἄσημος ἣ
λόγου ἀρχὴν ἢ τέλος ἢ διορισμὸν δηλοῖ. οἷον τὸ ἀμφί καὶ τὸ
περί καὶ τὰ ἄλλα. ἢ φωνὴ ἄσημος

---

7 기음(氣音, dasytēs): 거센소리인 'h'음을 말한다.

8 고음(oxytēs)...저음(barytēs)...중음(mesos): 그리스어 억양은 소리의 높고 낮음에 따
라 구분된다.

9 결합사(syndesmos): 단어와 단어, 구와 구, 문장과 문장을 이어주는 역할을 하는 일
부 불변사와 접속사 등을 말한다.

10 양극단(akra): 즉 처음과 끝.

204

이들 문자는 입 모양이 어떠한지, 입의 어느 위치에서 발음되는지, 기음(氣音)[7]을 내는지 내지 않는지, 장음인지 단음인지, 그리고 고음인지 저음인지 중음[8]인지에 따라 구별된다. [그러나] 이에 대해 개별적으로 고찰하는 것은 운율학의 영역에 속한다.

음절은 아무 의미도 가지지 않는 소리이며, 소리를 가지지 않는 문자와 소리를 가지는 문자로 합성된 것이다. 'gr'은 'a' 없이도 음절이고 'gra'처럼 'a'가 붙어도 음절이다. 그러나 음절의 여러 다른 형태를 고찰하는 것 역시 운율학의 소관이다. 35

결합사[9]는 아무 의미도 가지지 않는 소리이며, 여러 소리로부터 의미를 가지는 하나의 소리가 발생하는 것을 막지도 않고 허용하지도 않으며, [다른 것과 상관해 사용될 때는] 양극단[10]이나 중간에 놓이는 것이 본성상 적절하지만 [다른 것과 무관하게] 그 자체[만]으로 [사용될 때] 문장의 처음에 놓는 것은 적합하지 않다. 'men', 'etoi', 'de'가 그 예다. 또는 결합사는 아무 의미도 가지지 않는 소리이며, [각기] 하나의 의미를 가지는 다수의 소리로부터 의미를 가지는 하나의 소리를 만들어내는 것이 본성상 적절하다. 1457a

5

분절사[11]는 아무 의미도 가지지 않는 소리이며, 글의 처음이나 끝, 또는 [그 경계의] 구분을 나타낸다. 'ampi'와 'peri' 등이 그 예다. 또는 분절사는 아무 의미도 가지지 않는 소리이며, 다수의 소리로부터 의미를

---

11 분절사(arthron): 'arthron'은 '접합'을 의미하고 통상 '연결사'로 번역된다. 후대에 관사를 지칭하기 위해 사용되었다고 한다. 여기서는 관사를 지칭하는 것도 아니고, 아리스토텔레스가 예로 제시한 전치사들도 'arthron'의 정의에는 부합하지 않는다 (D. W. Lucas(1968), 201). 나는 글을 구획하고 분절하는 역할을 한다는 'arthron'의 정의를 고려해 '분절사'(Gliederungspartikel)로 옮겼다(A. Schmitt(2008)의 번역 참조). 이 개념과 연관된 논란에 대해서는 로즐린 뒤퐁록, 장 랄로/김한식 옮김 (2010), 399ff. 참조.

ἢ οὔτε κωλύει οὔτε ποιεῖ φωνὴν μίαν σημαντικὴν ἐκ πλειό-
νων φωνῶν πεφυκυῖα τίθεσθαι καὶ ἐπὶ τῶν ἄκρων καὶ ἐπὶ
τοῦ μέσου. ὄνομα δέ ἐστι φωνὴ συνθετὴ σημαντικὴ ἄνευ
χρόνου ἧς μέρος οὐδέν ἐστι καθ᾽ αὑτὸ σημαντικόν· ἐν γὰρ
τοῖς διπλοῖς οὐ χρώμεθα ὡς καὶ αὐτὸ καθ᾽ αὑτὸ σημαῖνον,
οἷον ἐν τῷ Θεόδωρος τὸ δωρος οὐ σημαίνει. ῥῆμα δὲ φωνὴ
συνθετὴ σημαντικὴ μετὰ χρόνου ἧς οὐδὲν μέρος σημαίνει
καθ᾽ αὑτό, ὥσπερ καὶ ἐπὶ τῶν ὀνομάτων· τὸ μὲν γὰρ ἄνθρω-
πος ἢ λευκόν οὐ σημαίνει τὸ πότε, τὸ δὲ βαδίζει ἢ βεβάδικεν
προσσημαίνει τὸ μὲν τὸν παρόντα χρόνον τὸ δὲ τὸν παρελη-
λυθότα. πτῶσις δ᾽ ἐστὶν ὀνόματος ἢ ῥήματος ἡ μὲν κατὰ τὸ
τούτου ἢ τούτῳ σημαῖνον καὶ ὅσα τοιαῦτα, ἡ δὲ κατὰ τὸ ἑνὶ
ἢ πολλοῖς, οἷον ἄνθρωποι ἢ ἄνθρωπος, ἡ δὲ κατὰ τὰ ὑποκρι-
τικά, οἷον κατ᾽ ἐρώτησιν ἐπίταξιν· τὸ γὰρ ἐβάδισεν; ἢ βάδιζε
πτῶσις ῥήματος κατὰ ταῦτα τὰ εἴδη ἐστίν. λόγος δὲ φωνὴ
συνθετὴ σημαντικὴ ἧς ἔνια μέρη καθ᾽ αὑτὰ σημαίνει τι (οὐ
γὰρ ἅπας λόγος ἐκ ῥημάτων καὶ ὀνομάτων σύγκειται, οἷον ὁ
τοῦ ἀνθρώπου ὁρισμός, ἀλλ᾽ ἐνδέχεται ἄνευ ῥημάτων εἶναι
λόγον, μέρος μέντοι ἀεί τι σημαῖνον ἕξει) οἷον ἐν τῷ βαδίζει
Κλέων

가지는 하나의 소리가 발생하는 것을 막지도 않고 허용하지도 않으며, [글의] 양극단이나 중간에 놓이는 것이 본성상 적절하다. 10

명사는 의미를 가지는 합성된 소리이며, 시간을 나타내지 않고 그 어떤 부분도 그 자체[만으]로는 아무 의미도 가지지 않는다. 복합명사의 경우에 우리는 [그것을 이루는 각 부분을] 마치 그것이 그 자체로 의미를 가지는 것처럼 사용하지 않는다. 가령 '테오도로스'(Theodōros)에서 '도로스'(dōros)는 아무 의미도 가지지 않는다.

동사는 의미를 가지는 합성된 소리이며, 시간을 나타내고 명사의 경 15
우에서와 마찬가지로 그 어떤 부분도 그 자체[만으]로는 아무 의미도 가지지 않는다. '사람'이나 '흰 것'은 '때'를 나타내지 않지만 '걷는다'나 '걸었다'는 각기 현재의 시간과 과거의 시간을 부가적으로 나타낸다.

굴절은 명사나 동사에 있다. 굴절에는 첫째로 '[이 사람]의'나 '[이 사람]에게'나 그와 같은 식의 모든 격 변화에 따라 [각기 고유의] 의미를 표 20
현하는 것이 있으며, 둘째로 가령 '인간들'이나 '인간'처럼 하나냐 여럿이냐에 따라[12] [각기 고유의] 의미를 표현하는 것이 있으며, 셋째로 질문이나 명령과 같은 발언 방식에 따라 [각기 고유의] 의미를 표현하는 것이 있다. 왜냐하면 '걸어갔는가?'나 '걸어라!'는 이런 종류의 발언 방식에 따른 동사의 굴절[로서 각기 고유의 의미를 표현하는 것]이기 때문이다.

문장은 의미를 가지는 합성된 소리이며, 문장을 이루는 부분 중 일부는 그 자체만으로 어떤 특정한 의미를 가진다. (왜냐하면 모든 문장이 가령 25
인간에 대한 정의처럼 동사와 명사[의 결합으]로 이루어지는 것은 아니지만, 비록 동사 없는 문장이 [얼마든지] 가능하더라도 문장은 항상 어떤 특정한 의미를 가지는 부분을 지닐 것이기 때문이다.) 예를 들면 '클레온이 걷는다'[라는 문장]에

---

12 하나냐 여럿이냐에 따라(kata to heni ē pollois): 즉 단수냐 복수냐에 따라.

ὁ Κλέων. εἷς δέ ἐστι λόγος διχῶς, ἢ γὰρ ὁ ἓν σημαίνων, ἢ ὁ
30 ἐκ πλειόνων συνδέσμῳ, οἷον ἡ Ἰλιὰς μὲν συνδέσμῳ εἷς, ὁ δὲ
τοῦ ἀνθρώπου τῷ ἓν σημαίνειν.

서 '클레온'은 어떤 특정한 의미를 가진다.

　문장은 두 가지 방식으로 [의미의 전달을 위한] 하나[의 단위]일 수 있다. 말하자면 어떤 하나의 것을 의미할 때나 여러 부분이 [하나로] 결합될 때 문장은 하나로 불릴 수 있다는 것이다. 예를 들면 『일리아스』는 그것의 여러 부분이 하나[의 이야기]로 결합되어 있다는 점에서 하나이 30 며, 인간의 정의는 어떤 하나의 것을 의미한다는 점에서 하나다.

Ὀνόματος δὲ εἴδη τὸ μὲν ἁπλοῦν, ἁπλοῦν δὲ λέγω ὃ μὴ ἐκ σημαινόντων σύγκειται, οἷον γῆ, τὸ δὲ διπλοῦν· τούτου δὲ

33 τὸ μὲν ἐκ σημαίνοντος καὶ ἀσήμου, πλὴν οὐκ ἐν τῷ ὀνόματι

33ι σημαίνοντος καὶ ἀσήμου, τὸ δὲ ἐκ σημαινόντων σύγκειται. εἴη δ' ἂν καὶ τριπλοῦν καὶ τετραπλοῦν ὄνομα καὶ πολλα-

35 πλοῦν, οἷον τὰ πολλὰ τῶν Μασσαλιωτῶν, Ἑρμοκαϊκόξανθος

1457b **. ἅπαν δὲ ὄνομά ἐστιν ἢ κύριον ἢ γλῶττα ἢ μεταφορὰ ἢ κόσμος ἢ πεποιημένον ἢ ἐπεκτεταμένον ἢ ὑφῃρημένον ἢ ἐξηλλαγμένον.

---

13 단어(onoma): 'onoma'는 앞에서처럼 '명사'라는 제한적 의미로도 사용되지만, 일 반적으로는 명사만이 아니라 동사까지 포함하는 '단어'나 '낱말'을 뜻한다(D. W. Lucas(1968), 203 참조).

14 또는 오직 이 단어 안에서만 …… 있으며: 이 구절은 카셀에 따르지 않고 아랍어 번 역본 Ar에 따라 'kai asemou'가 생략된 것으로 읽었다. 카셀에 따라 옮기면 다음과 같다: "또는 오직 이 단어 안에서만 어떤 특정한 의미를 가지지 않는 부분과 아무 의미도 가지지 않은 부분으로 합성되어 있는 것도 있으며".

15 '헤르모카이콕산토스'(Hermokaikoxanthos): 헤르모스(Hermos), 카이코스(Kaikos), 크산토스(Xanthos)라는 세 강의 이름을 합성한 단어다.

제21장 단어의 형성과 활용의 방식들

단어[13]의 종류에는 두 가지가 있다. 하나는 단순한 것이다. '단순한 것' 이란 'gē'(땅)처럼 어떤 특정한 의미를 가지는 부분들로 합성되어 있지 않은 것을 말한다. 다른 하나는 두 부분으로 합성된 것이다. 이런 것에 는 어떤 특정한 의미를 가지는 부분과 아무 의미도 가지지 않는 부분 또는 오직 이 단어 안에서만 어떤 특정한 의미를 가지지 않는 부분으 로 합성되어 있는 것도 있으며,[14] 어떤 특정한 의미를 가지는 부분들로 합성되어 있는 것도 있다. 또한 세 부분과 네 부분을 가지는 단어도 있고, 이보다 더 많은 부분을 가지는 단어도 있다. 맛살리아인들에게 서 자주 사용되었던 '헤르모카이콕산토스'[15]와 같은 유형의 단어가 그 예다.[16]

    모든 단어는 [그 사용 방식에서] 일상어이거나 외래어[17]이거나 은유이 거나 장식이며, [그 형성 방식에서] 신조어(新造語)이거나 연장어이거나 단축어이거나 변형어다.[18]

33

33¹

35

1457b

---

16 그 예다: 이어지는 부분은 파손되어 있다. 아마도 이 복합어의 형성 배경에 대한 모 종의 설명이 있었을 것 같다.

17 외래어(glōtta): '외래어'는 어떤 특정 언어집단이 다른 언어집단으로부터 차용한 단어로, 다른 언어집단에서는 일상어로 활용되지만 그것을 차용한 집단에서는 통 상적으로 활용되지 않는 비일상어 또는 비상용어를 말한다. 이런 유형의 단어는 그 비통상적 사용으로 인해 해당 언어 공동체의 구성원에게 생소하고 불가해할 수밖 에 없다.

18 아리스토텔레스는 단어를 사용 방식과 형성 방식에 따라 두 부류로 나누고 있다. 모든 단어는 특정 언어 공동체에서 일상적으로 사용되거나, 다른 언어 공동체로부 터 차용되어 사용되거나, 은유로서 사용되거나 장식으로 사용되며, 단어의 형성과 관련해서는 새로운 형태로 만들어지거나, 연장된 형태를 가지거나, 단축된 형태를 가지거나 변형된 형태를 가진다.

λέγω δὲ κύριον μὲν ᾧ χρῶνται ἕκαστοι, γλῶτταν δὲ ᾧ ἕτε-
ροι· ὥστε φανερὸν ὅτι καὶ γλῶτταν καὶ κύριον εἶναι δυνατὸν
τὸ αὐτό, μὴ τοῖς αὐτοῖς δέ· τὸ γὰρ σίγυνον Κυπρίοις μὲν κύρι-
ον, ἡμῖν δὲ γλῶττα. μεταφορὰ δέ ἐστιν ὀνόματος ἀλλοτρίου
ἐπιφορὰ ἢ ἀπὸ τοῦ γένους ἐπὶ εἶδος ἢ ἀπὸ τοῦ εἴδους ἐπὶ τὸ
γένος ἢ ἀπὸ τοῦ εἴδους ἐπὶ εἶδος ἢ κατὰ τὸ ἀνάλογον. λέγω
δὲ ἀπὸ γένους μὲν ἐπὶ εἶδος οἷον "νηῦς δέ μοι ἥδ᾽ ἕστηκεν"
τὸ γὰρ ὁρμεῖν ἐστιν ἑστάναι τι. ἀπ᾽ εἴδους δὲ ἐπὶ γένος "ἦ δὴ
μυρί᾽ Ὀδυσσεὺς ἐσθλὰ ἔοργεν" τὸ γὰρ μυρίον πολύ ἐστιν, ᾧ
νῦν ἀντὶ τοῦ πολλοῦ κέχρηται. ἀπ᾽ εἴδους δὲ ἐπὶ εἶδος οἷον
"χαλκῷ ἀπὸ ψυχὴν ἀρύσας" καὶ "τεμὼν ταναήκεϊ χαλκῷ·"
ἐνταῦθα γὰρ τὸ μὲν ἀρύσαι ταμεῖν, τὸ δὲ ταμεῖν ἀρύσαι εἴρη-
κεν·

'일상어'란 [특정 언어 공동체에 속하는] 모든 사람이 사용하는 것을 말하며, '외래어'란 다른 [언어 공동체에 속하는] 사람들이 사용하는 것을 말한다. 따라서 분명한 것은 하나의 같은 단어가 외래어면서 일상어일 수 있지만, 같은 사람들에게 외래어면서 일상어일 수는 없다는 것이다. [가령] 'sigynon'(창)이라는 단어는 퀴프로스인들에게는 일상어이고 우리에게는 외래어니까 말이다.

은유는 [본래 표현하려는 것과] 다른 것을 의미하는 단어의 [본래 표현하려는 것으로의] 이전(移轉)이다.[19] 이러한 이전은 유에서 종으로, 또는 종에서 유로, 또는 [어떤] 종에서 [다른] 종으로, 또는 유추에 따라 이루어진다.

내가 말하는 '유에서 종으로[의 이전]'에 해당하는 예에는 "내 배가 여기 서 있다"가 있다. 왜냐하면 '정박해 있다'는 '서 있다'의 한 종이기 때문이다. '종에서 유로[의 이전]'에 해당하는 예에는 "오뒤세우스는 실로 만 가지 위업을 이루었다"[20]가 있다. '만'은 '많은'[의 한 종]이며, [호메로스는] 여기서 '많은' 대신에 '만'을 사용한 것이다. '[어떤] 종에서 [다른] 종으로[의 이전]'에 해당하는 예에는 "청동으로 생명을 퍼내면서"와 "예리한 청동으로 베면서"가 있다. 왜냐하면 후자에서 그는[21] '퍼내다'를 '베다'로 말했고, 전자에서는 '베다'를 '퍼내다'로 말했기 때문이다. 양

---

19 가령, 시인은 '정박해 있다'(hormein)를 은유적으로 '서 있다'(hestanai)로 표현하는데, 이는 '정박해 있다'와는 다른 것, 즉 '땅에 두 발을 대고 다리를 쭉 뻗어 곧게 있다'를 의미하는 '서 있다'를 그것의 한 종류인 '정박해 있다'로 이전하는 방식으로 이루어진다. 또는 노년과 인생의 관계가 저녁과 하루의 관계와 유사하다는 것에 근거한 유추적 이전은 본래 '저녁'과 다른 것에 대한 표현인 '하루의 노년'을 '저녁'의 의미로 전용하는 시적 표현방식이다.

20 Homeros, *Il.*, 2, 272.

21 그는: 엠페도클레스가 『정화』(*Katharmoi*)에서 한 말로 추측된다. 자세한 것은 D. W. Lucas(1968), 204f. 참조.

ἄμφω γὰρ ἀφελεῖν τί ἐστιν. τὸ δὲ ἀνάλογον λέγω, ὅταν ὁμοί-
ως ἔχῃ τὸ δεύτερον πρὸς τὸ πρῶτον καὶ τὸ τέταρτον πρὸς
τὸ τρίτον· ἐρεῖ γὰρ ἀντὶ τοῦ δευτέρου τὸ τέταρτον ἢ ἀντὶ τοῦ
τετάρτου τὸ δεύτερον. καὶ ἐνίοτε προστιθέασιν ἀνθ᾽ οὗ λέγει
20   πρὸς ὅ ἐστι. λέγω δὲ οἷον ὁμοίως ἔχει φιάλη πρὸς Διόνυσον
καὶ ἀσπὶς πρὸς Ἄρη· ἐρεῖ τοίνυν τὴν φιάλην ἀσπίδα Διονύ-
σου καὶ τὴν ἀσπίδα φιάλην Ἄρεως. ἢ ὃ γῆρας πρὸς βίον, καὶ
ἑσπέρα πρὸς ἡμέραν· ἐρεῖ τοίνυν τὴν ἑσπέραν γῆρας ἡμέρας
ἢ ὥσπερ Ἐμπεδοκλῆς, καὶ τὸ γῆρας ἑσπέραν βίου ἢ δυσμὰς
25   βίου. ἐνίοις δ᾽ οὐκ ἔστιν ὄνομα κείμενον τῶν ἀνάλογον, ἀλλ᾽
οὐδὲν ἧττον ὁμοίως λεχθήσεται· οἷον τὸ τὸν καρπὸν μὲν
ἀφιέναι σπείρειν, τὸ δὲ τὴν φλόγα ἀπὸ τοῦ ἡλίου ἀνώνυμον·
ἀλλ᾽ ὁμοίως ἔχει τοῦτο πρὸς τὸν ἥλιον καὶ τὸ σπείρειν πρὸς
τὸν καρπόν, διὸ εἴρηται "σπείρων θεοκτίσταν φλόγα." ἔστι δὲ
30   τῷ τρόπῳ τούτῳ τῆς μεταφορᾶς χρῆσθαι καὶ ἄλλως, προσ-
αγορεύσαντα τὸ ἀλλότριον ἀποφῆσαι τῶν οἰκείων τι,

---

22 대체되어 사용되는 표현과 상관되는 표현을 부가하기도 한다: 예를 들면 시인들은
잔이 디오뉘소스에 대해 갖는 관계가 방패가 아레스에 대해 갖는 관계와 같을 때,
'다른 표현으로 대체되어 사용되는 표현', 즉 '잔'과 상관되는 표현, 즉 '디오뉘소스'
를 '방패'에 추가해 '디오뉘소스의 방패'라고 말한다. 마찬가지로 '저녁'을 유추에
의해 은유적으로 표현하고자 할 때, '저녁'과 상관적인 '하루'를 '노년'에 덧붙여 '하

자 모두 '제거하다'의 일종이니까 말이다.

내가 말하는 유추는 둘째 것이 첫째 것에 대해 가지는 관계가 넷째 것이 셋째 것에 대해 가지는 관계와 같을 때 사용되는 [은유의] 방식이다. 왜냐하면 우리는 둘째 것 대신에 넷째 것을 또는 넷째 것 대신에 둘째 것을 말할 수 있기 때문이다. 그리고 우리는 때때로 대체되어 사용되는 표현과 상관되는 표현을 부가하기도 한다.[22] 예를 들면 잔이 디오뉘소스에 대해 가지는 관계는 방패가 아레스에 대해 가지는 관계와 같다. 따라서 우리는 잔을 디오뉘소스의 방패라고, 그리고 방패를 아레스의 잔이라고 말할 수 있다. 또는 노년이 인생에 대해 가지는 관계는 저녁이 하루에 대해 가지는 관계와 같다. 따라서 우리는 저녁을 '하루의 노년'이라고, 또는 엠페도클레스처럼 노년을 '인생의 저녁'이나 '인생의 황혼'이라고 말할 수 있다.

유추를 이루는 관계항들 중에는 [고유의] 명칭이 없는 것들도 있지만, 그런데도 우리는 똑같은 방식으로 말할 수 있다. 예컨대 씨앗을 던지는 것을 우리는 '뿌리다'라고 말하는데, 태양으로부터 불꽃을 던지는 것에 대해서는 어떤 특정한 명칭이 없다. 하지만 [고유의 명칭이 없는] 이 행위가 태양[의 불꽃]에 대해 가지는 관계는 뿌리는 행위가 씨앗에 대해 가지는 관계와 같다. 따라서 "신이 만든 불꽃을 뿌리면서"라고 말해진 것이다.

그런데 이런 종류의 [유추에 의한] 은유를 다른 방식으로 사용하는 것도 가능하다. 어떤 것을 다른 [것의] 이름으로 지칭한 다음에 이 이름에 고유하게 속하는 특성 중 하나를 부정하는 방식으로 말이다.[23] 이를테

루의 노년'이라 말한다.

23 예를 들면 방패를 방패와 본질적으로 무관한 잔에 비유하고 잔에 속하는 특성 중 하나, 즉 술을 부정함으로써 방패를 '술 없는 잔'으로 은유적으로 표현할 수 있다.

οἷον εἰ τὴν ἀσπίδα εἴποι φιάλην μὴ Ἄρεως ἀλλ᾽ ἄοινον. **

πεποιημένον δ᾽ ἐστὶν ὃ ὅλως μὴ καλούμενον ὑπό τινῶν

αὐτὸς τίθεται ὁ ποιητής, δοκεῖ γὰρ ἔνια εἶναι τοιαῦτα, οἷον

35   τὰ κέρατα ἔρνυγας καὶ τὸν ἱερέα ἀρητῆρα. ἐπεκτεταμένον

1458a   δέ ἐστιν ἢ ἀφῃρημένον, τὸ μὲν ἐὰν φωνήεντι μακροτέρῳ

κεχρημένον ᾖ τοῦ οἰκείου ἢ συλλαβῇ ἐμβεβλημένῃ, τὸ δὲ ἂν

ἀφῃρημένον τι ᾖ αὐτοῦ, ἐπεκτεταμένον μὲν οἷον τὸ πόλεως

πόληος καὶ τὸ Πηλείδου Πηληιάδεω, ἀφῃρημένον δὲ οἷον τὸ

5   κρῖ καὶ τὸ δῶ καὶ "μία γίνεται ἀμφοτέρων ὄψ." ἐξηλλαγμένον

δ᾽ ἐστὶν ὅταν τοῦ ὀνομαζομένου τὸ μὲν καταλείπῃ τὸ δὲ ποιῇ,

οἷον τὸ "δεξιτερὸν κατὰ μαζόν" ἀντὶ τοῦ δεξιόν.

αὐτῶν δὲ τῶν ὀνομάτων τὰ μὲν ἄρρενα τὰ δὲ θήλεα τὰ

δὲ μεταξύ, ἄρρενα μὲν ὅσα τελευτᾷ εἰς τὸ Ν καὶ Ρ καὶ Σ καὶ

10   ὅσα ἐκ τούτου σύγκειται (ταῦτα δ᾽ ἐστὶν δύο, Ψ καὶ Ξ), θήλεα

δὲ ὅσα ἐκ τῶν φωνηέντων εἴς τε τὰ ἀεὶ μακρά, οἷον εἰς Η καὶ

Ω, καὶ τῶν ἐπεκτεινομένων εἰς Α· ὥστε ἴσα συμβαίνει πλήθει

εἰς ὅσα τὰ ἄρρενα καὶ τὰ θήλεα· τὸ γὰρ Ψ καὶ τὸ Ξ σύνθετά

ἐστιν.

216

면 우리는 방패를 '아레스의 잔'이 아니라 '술 없는 잔'으로 말할 수 있을 것이다.

신조어는 그 누구도 전혀 사용한 적이 없는 단어로 시인 자신이 만들어낸 것이다. 그러한 신조어들이 일부 있다는 것은 분명해 보인다. '뿔'(kerata)을 지칭하기 위해 사용되었던 '가지'(ernyges)나 '사제'(hiereus)를 지칭하기 위해 사용되었던 '기도자'(arētēr)가 그 예다.

연장어는 원래 모음보다 더 긴 모음을 사용하거나 어떤 음절을 삽입해 만든 것이며, 단축어는 단어에서 그 일부를 빼 만든 것이다. 연장어의 예에는 'poleōs'를 대신하는 'polēos'나 'Pēleidou'를 대신하는 'Pēlēiadeō'가 있으며, 단축어의 예에는 ['krithē'(보리)를 대신하는] 'kri'나 ['dōma'(집)를 대신하는] 'dō'나 'mia ginetai ampoterōn ops'(두 사람의 눈이 하나가 된다)[에서 'opsis'(눈)를 대신하는 'ops']가 있다.

변형어란 우리가 [일상적으로] 사용하는 단어의 일부를 남겨두고 다른 일부를 [새로 추가하여] 만든 것이다. 이를테면 'dexion'(오른쪽)을 대신하는 'dexioteron kata mazon'(오른쪽 가슴을)[24][의 'dexioteron']이 그것이다.

명사 자체는 남성이거나 여성이거나 그 중간이다. 'N'(Ny)와 'P'(Rho)와 'Σ'(Sigma)로 끝나거나 'Σ'와 합성된 것들로(여기에는 두 개의 문자, 즉 'Ψ'(Psi)와 'Ξ'(Ksi)가 있다) 끝나는 것은 모두 남성이다. 모음 가운데 항상 장음인 'H'(Ēta)와 'Ω'(Ōmega)로 끝나거나 장음이 될 수 있는 모음 가운데 'A'(Alpha)로 끝나는 것은 모두 여성이다. 따라서 남성명사와 여성명사의 경우에 그 끝에 오는 문자의 수는 결과적으로 같다. 'Ψ'(Psi)와 'Ξ'(Ksi)는 ['Σ'(Sigma)와] 합성된 것이니까 말이다. 어떤 명사도 무성음

35

1458a

5

10

---

24 Homeros, *Il.*, 5, 393.

εἰς δὲ ἄφωνον οὐδὲν ὄνομα τελευτᾷ, οὐδὲ εἰς φωνῆεν βρα-
χύ. εἰς δὲ τὸ Ι τρία μόνον, μέλι κόμμι πέπερι. εἰς δὲ τὸ Υ πέν-
τε. τὰ δὲ μεταξὺ εἰς ταῦτα καὶ Ν καὶ Σ.

이나 단모음²⁵으로 끝나지 않는다. 'Ι'(Iota)로 끝나는 것은 'meli'(꿀)와 15
'kommi'(고무)와 'peperi'(고추) 셋뿐이다. 'Υ'(Ypsilon)으로 끝나는 것은
다섯 개다. 남성과 여성의 중간에 놓여 있는 명사는 이러한 소리들²⁶로
끝나거나 'Ν'(Ny)와 'Σ'(Sigma)로 끝난다.

---

25 단모음: Ε(Epsilon)과 Ο(Omikron)을 말한다.

26 이러한 소리들: 단음도 될 수 있고 장음도 될 수 있는 'Α'(Alpha), 'Ι'(Iota), 'Υ'(Ypsilon)
을 말한다.

Λέξεως δὲ ἀρετὴ σαφῆ καὶ μὴ ταπεινὴν εἶναι. σαφεστά-
τη μὲν οὖν ἐστιν ἡ ἐκ τῶν κυρίων ὀνομάτων, ἀλλὰ ταπεινή·
20 παράδειγμα δὲ ἡ Κλεοφῶντος ποίησις καὶ ἡ Σθενέλου. σεμνὴ
δὲ καὶ ἐξαλλάττουσα τὸ ἰδιωτικὸν ἡ τοῖς ξενικοῖς κεχρημένη·
ξενικὸν δὲ λέγω γλῶτταν καὶ μεταφορὰν καὶ ἐπέκτασιν καὶ
πᾶν τὸ παρὰ τὸ κύριον. ἀλλ᾽ ἄν τις ἅπαντα τοιαῦτα ποιήσῃ,
25 ἢ αἴνιγμα ἔσται ἢ βαρβαρισμός· ἂν μὲν οὖν ἐκ μεταφορῶν,
αἴνιγμα, ἐὰν δὲ ἐκ γλωττῶν, βαρβαρισμός. αἰνίγματός τε γὰρ
ἰδέα αὕτη ἐστί, τὸ λέγοντα ὑπάρχοντα ἀδύνατα συνάψαι·
κατὰ μὲν οὖν τὴν τῶν <ἄλλων> ὀνομάτων σύνθεσιν οὐχ
οἷόν τε τοῦτο ποιῆσαι, κατὰ δὲ τὴν μεταφορῶν ἐνδέχεται,
30 οἷον "ἄνδρ᾽ εἶδον πυρὶ χαλκὸν ἐπ᾽ ἀνέρι κολλήσαντα," καὶ τὰ
τοιαῦτα. τὰ δὲ ἐκ τῶν γλωττῶν βαρβαρισμός. δεῖ ἄρα κεκρᾶ-
σθαί πως τούτοις· τὸ μὲν γὰρ

제22장 최선의 시적 표현을 위한 단어 활용법

[시적] 표현의 탁월성은 명료하면서도 저속하지 않다는 데 있다. 일상어로 이루어진 표현은 가장 명료하기는 하지만 저속하다. 그러한 [표현의] 예로는 클레오폰과 스테넬로스의 시가 있다. 20

생소한 단어를 사용하는 표현[방식]은 품격이 있고 통상적인 용법에서 벗어나 있다. '생소한 단어'란 외래어, 은유, 연장어, 그리고 일상어에서 벗어난 모든 것을 말한다.

그런데 누군가가 [시를] 오직 이런 표현들만을 사용하여 쓴다면, 시는 수수께끼나 불가해한 것이 될 것이다. 은유들로[만] 되어 있다면 수수께 25 끼가 될 것이고, 외래어로[만] 되어 있다면 불가해한 것이 될 것이다.

왜냐하면 수수께끼라는 [특수한] 형식 자체는 실제로 있는 것들을 [말하되 단어들의] 불가능한 조합을 통해 말하는 데서 성립하기 때문이다. 이러한 [불가능한] 조합은 [은유와는] 다른 [방식으로 사용되는 일상적] 단어들의 결합을 통해서는 이루어질 수 없지만, 은유들의 결합을 통해서는 이루어질 수 있다. 예를 들면 "나는 어떤 사람이 불로 청동을 다른 사람 30 에게 붙이는 것을 보았다"[27][에서의 은유적 결합이]나 이와 유사한 결합이 그렇다. 외래어로[만] 되어 있다면 이민족의 말로 쓰인 [불가해한] 시가 될 것이다.

그러므로 우리는 이것들[28]을 어떤 식으로든 혼용해야 한다. 왜냐하면 외래어나 은유나 장식이나 앞서 말한 다른 종류의 단어와 같은 생소

---

27 가열된 청동 소재의 부항단지를 신체 표면에 붙여 부항을 뜨는 것을 은유적으로 표현한 말이다.

28 이것들: 외래어 같은 생소한 단어와 일상어를 가리킨다.

τὸ μὴ ἰδιωτικὸν ποιήσει μηδὲ ταπεινόν, οἷον ἡ γλῶττα καὶ
ἡ μεταφορὰ καὶ ὁ κόσμος καὶ τἆλλα τὰ εἰρημένα εἴδη, τὸ δὲ

κύριον τὴν σαφήνειαν. οὐκ ἐλάχιστον δὲ μέρος συμβάλλε-
ται εἰς τὸ σαφὲς τῆς λέξεως καὶ μὴ ἰδιωτικὸν αἱ ἐπεκτάσεις
καὶ ἀποκοπαὶ καὶ ἐξαλλαγαὶ τῶν ὀνομάτων· διὰ μὲν γὰρ τὸ
ἄλλως ἔχειν ἢ ὡς τὸ κύριον παρὰ τὸ εἰωθὸς γιγνόμενον τὸ
5 μὴ ἰδιωτικὸν ποιήσει, διὰ δὲ τὸ κοινωνεῖν τοῦ εἰωθότος τὸ
σαφὲς ἔσται. ὥστε οὐκ ὀρθῶς ψέγουσιν οἱ ἐπιτιμῶντες τῷ
τοιούτῳ τρόπῳ τῆς διαλέκτου καὶ διακωμῳδοῦντες τὸν ποι-
ητήν, οἷον Εὐκλείδης ὁ ἀρχαῖος, ὡς ῥάδιον ὂν ποιεῖν εἴ τις
δώσει ἐκτείνειν ἐφ' ὁπόσον βούλεται, ἰαμβοποιήσας ἐν αὐτῇ
10 τῇ λέξει "Ἐπιχάρην εἶδον Μαραθῶνάδε βαδίζοντα," καὶ "οὐκ
†ἂν γεράμενος† τὸν ἐκείνου ἐλλέβορον." τὸ μὲν οὖν φαίνε-
σθαί πως χρώμενον τούτῳ τῷ τρόπῳ γελοῖον· τὸ δὲ μέτρον
κοινὸν ἁπάντων ἐστὶ τῶν μερῶν· καὶ γὰρ μεταφοραῖς καὶ
γλώτταις καὶ τοῖς ἄλλοις εἴδεσι χρώμενος ἀπρεπῶς καὶ ἐπί-
15 τηδες ἐπὶ τὰ γελοῖα τὸ αὐτὸ ἂν ἀπεργάσαιτο. τὸ δὲ ἁρμόττον
ὅσον διαφέρει ἐπὶ τῶν ἐπῶν θεωρείσθω ἐντιθεμένων τῶν
ὀνομάτων εἰς τὸ μέτρον.

한 단어는 [언어적 표현을] 통상적이게 만들지 않을뿐더러 저속하게도 만들지 않겠지만, 일상어는 [언어적 표현에] 명료성을 줄 것이기 때문이다.

언어적 표현을 명료하게 하거나 통상적이지 않게 하는 데는 연장과 1458b 단축과 [그 외의 다른] 변형이 가해진 단어들이 적지 않게 기여한다. 왜냐하면 이런 형태의 단어들은 일상어와 다르므로 우리가 보통 사용하는 말과 대비됨으로써 [언어적 표현에] 비통상성을 줄 것이며, 우리가 보 5 통 사용하는 말과 공통점이 있으므로 [언어적 표현에] 명료성을 줄 것이기 때문이다.

따라서 언어의 이와 같은 [변형을 통한 단어 사용] 방식을 비난하면서 시인을 조롱하는 자들은 옳지 못하다.[29] 노(老) 에우클레이데스도 그런 사람 가운데 하나다. 그는 [각 음절을] 원하는 만큼 [마음대로] 늘이는 것이 허용된다면 시를 짓는 것은 누구에게나 쉬울 것이라고 말했다. 게다가 그는 바로 이 표현방식을 사용해 풍자시를 썼다. "나는 에피카레스가 마라톤을 향해 걸어가는 것을 보았네"(Epicharēn eidon Marathōnade 10 badizonta)와 "그는 저 사람의 헬레보레를 원한 적이 없다네"(ouk an g'eramenos ton ekeinou elleboron)가 그것이다.

이런 [변형을 통한 표현]방식을 어떤 식으로든 눈에 뻔히 보이게 사용하는 것은 실소(失笑)할 일이다. 절도[의 준수]는 [언어적 표현의] 모든 부분에 공통되게 적용되는 원칙이다. 왜냐하면 은유나 외래어나 다른 종류[의 단어]들을 부적절하게 사용할 경우에 그 결과는 의도적으로 실소의 유발을 위해 그것들을 사용할 경우와 같을 것이기 때문이다. 15

하지만 단어들[의 변형]에서 절도를 지키는 한 [단어 변형의] 적절한 사용이 얼마나 큰 차이를 만들어내는지는 서사시를 보면 알 수 있다. 또

---

29 아리스토텔레스는 호메로스에 대한 비난의 부당성을 지적하고 있다.

καὶ ἐπὶ τῆς γλώττης δὲ καὶ ἐπὶ τῶν μεταφορῶν καὶ ἐπὶ τῶν
ἄλλων ἰδεῶν μετατιθεὶς ἄν τις τὰ κύρια ὀνόματα κατίδοι ὅτι
ἀληθῆ λέγομεν· οἷον τὸ αὐτὸ ποιήσαντος ἰαμβεῖον Αἰσχύλου
20 καὶ Εὐριπίδου, ἓν δὲ μόνον ὄνομα μεταθέντος, ἀντὶ κυρίου
εἰωθότος γλῶτταν, τὸ μὲν φαίνεται καλὸν τὸ δ᾽ εὐτελές. Αἰσ-
χύλος μὲν γὰρ ἐν τῷ Φιλοκτήτῃ ἐποίησε
    φαγέδαιναν ἥ μου σάρκας ἐσθίει ποδός,
ὁ δὲ ἀντὶ τοῦ ἐσθίει τὸ θοινᾶται μετέθηκεν. καὶ
25   νῦν δέ μ᾽ ἐὼν ὀλίγος τε καὶ οὐτιδανὸς καὶ ἀεικής,
εἴ τις λέγοι τὰ κύρια μετατιθεὶς
    νῦν δέ μ᾽ ἐὼν μικρός τε καὶ ἀσθενικὸς καὶ ἀειδής·
καὶ
    δίφρον ἀεικέλιον καταθεὶς ὀλίγην τε τράπεζαν,
30   δίφρον μοχθηρὸν καταθεὶς μικράν τε τράπεζαν·

한 외래어나 은유나 다른 형태[의 단어]들과 관련해서도 일상어를 [이와 같은 것들로] 바꾸어 표현하는 사람이 있다면, 그는 우리가 말하는 것이 진실이라는 것을 알 수 있을 것이다.

똑같은 단장격[의 이암보스] 시를 예컨대 아이스퀼로스와 에우리피데 20 스가 썼는데, 에우리피데스는 우리가 보통 사용하는 일상어 대신에 외래어를 사용해 단어 하나만을 바꾸는데도 그의 시는 아름다워 보이는 반면, 아이스퀼로스의 시는 평범해 보인다. 아이스퀼로스는 『필록테테스』에서

"내 발의 살을 먹어 치우는 종기"(phagedainan ē mou sarkas esthiei podos) 라고 썼는데, 에우리피데스는 "먹어 치우는"(esthiei)을 "마음껏 즐기는"(thoinatai)으로 바꾸었다. 마찬가지로, 만일 누군가가

"그런데 지금 나를 왜소하고 쓸모없고 볼품없는 자가"(nyn de m' eōn 25 oligos te kai outidanos kai aeikēs)[30]

라는 시구를 일상으로 바꾸어 말한다면,

"그런데 지금 나를 작고 약하고 추한 자가"[31](nyn de m' eōn mikros te kai asthenikos kai aeidēs)

가 될 것이며,

"볼품없는 의자와 소형의 탁자를 놓고서"(diphron aeikelion katatheis oligēn te trapezan)

를 바꾼다면,

"초라한 의자와 작은 탁자를 놓고서"(diphron mochtheron katatheis 30 mikran te trapezan)

---

30 Homeros, *Od.*, 9, 515.

31 Homeros, *Od.*, 20, 259.

καὶ τὸ "ἠιόνες βοόωσιν," ἠιόνες κράζουσιν. ἔτι δὲ Ἀριφράδης
τοὺς τραγῳδοὺς ἐκωμῴδει ὅτι ἃ οὐδεὶς ἂν εἴπειεν ἐν τῇ δια-
λέκτῳ τούτοις χρῶνται, οἷον τὸ δωμάτων ἄπο ἀλλὰ μὴ ἀπὸ
δωμάτων, καὶ τὸ σέθεν καὶ τὸ ἐγὼ δέ νιν καὶ τὸ Ἀχιλλέως

1459a πέρι ἀλλὰ μὴ περὶ Ἀχιλλέως, καὶ ὅσα ἄλλα τοιαῦτα. διὰ γὰρ
τὸ μὴ εἶναι ἐν τοῖς κυρίοις ποιεῖ τὸ μὴ ἰδιωτικὸν ἐν τῇ λέξει
ἅπαντα τὰ τοιαῦτα· ἐκεῖνος δὲ τοῦτο ἠγνόει. ἔστιν δὲ μέγα
μὲν τὸ ἑκάστῳ τῶν εἰρημένων πρεπόντως χρῆσθαι, καὶ δι-
5 πλοῖς ὀνόμασι καὶ γλώτταις, πολὺ δὲ μέγιστον τὸ μεταφο-
ρικὸν εἶναι. μόνον γὰρ τοῦτο οὔτε παρ' ἄλλου ἔστι λαβεῖν
εὐφυΐας τε σημεῖόν ἐστι· τὸ γὰρ εὖ μεταφέρειν τὸ τὸ ὅμοιον
θεωρεῖν ἐστιν. τῶν δ' ὀνομάτων τὰ μὲν διπλᾶ μάλιστα ἁρ-
μόττει τοῖς διθυράμβοις, αἱ δὲ γλῶτται τοῖς ἡρωικοῖς, αἱ δὲ
10 μεταφοραὶ τοῖς ἰαμβείοις. καὶ ἐν μὲν τοῖς ἡρωικοῖς ἅπαντα
χρήσιμα τὰ εἰρημένα, ἐν δὲ τοῖς ἰαμβείοις διὰ τὸ ὅτι μάλιστα
λέξιν μιμεῖσθαι

226

가 될 것이며, "해안이 포효했다"³²(ēiones booōsin)를 바꾼다면 "해안이 소리 질렀다"(ēiones krazousin)가 될 것이다.

또한 아리프라데스도 비극시인들이 예컨대 'apo dōmatōn'(집으로부터)이라 하지 않고 'dōmatōn apo'(으로부터 집)라고 하고, 'sethen'(너의 것)이나 'egō de nin'(그런데 나는 그를)이라 하며, 'peri Achilleōs'(아킬레우스 주위에)라고 하지 않고 'Achilleōs peri'(주위에 아킬레우스)라고 하는 등 [일상적] 대화에서는 아무도 쓰지 않는 그와 같은 종류의 모든 표현방식을 사용한다고 해서 그들을 조롱거리로 만들었다. 왜냐하면 그런 모든 표현방식은 그것이 일상어에서는 사용되지 않는다는 점에서 언어적 표현에 [오히려] 비통상성을 가져다주는데도 저 사람은 이 점을 깨닫지 못했기 때문이다. ^{1459a}

앞서 말한 [단어의] 각 형태, 특히 [두 부분으로 합성된] 복합어나 외래어[의 형태]를 적절하게 사용하는 것도 중요하지만, 단연코 가장 중요한 것은 은유를 적절하게 사용하는 것이다. 왜냐하면 오직 이것만은 다른 사람에게서 배울 수 없는 것이고 천부적 재능의 징표이기 때문이다. 은유의 탁월한 구사는 [다름 아닌] 유사성의 인식[을 전제하는 것]이니까 말이다.³³ ⁵

[지금까지 언급한] 단어들[의 여러 형태] 가운데 [두 부분으로 합성된] 복합어는 디튀람보스에 가장 적합하며, 외래어는 영웅시에, 은유는 단장격[의 이암보스] 시에 적합하다. 그리고 영웅시에서는 앞서 언급한 모든 종류의 단어가 유용하지만, 가능한 한 구어를 모방하는 단장격[의 이암보 ¹⁰

---

32 Homeros, *Il.*, 17, 265.

33 유사성의 인식(theōrein)[을 전제하는 것]이니까 말이다: 은유의 탁월한 구사를 위해서는 유사성, 즉 비교되는 것들의 차이성 속에서 동일성을 포착할 수 있는 시인의 타고난 이론적·논리적 인식 능력이 전제됨을 말하고 있다.

ταῦτα ἁρμόττει τῶν ὀνομάτων ὅσοις κἂν ἐν λόγοις τις χρή-
σαιτο· ἔστι δὲ τὰ τοιαῦτα τὸ κύριον καὶ μεταφορὰ καὶ κόσμος.
15 περὶ μὲν οὖν τραγῳδίας καὶ τῆς ἐν τῷ πράττειν μιμήσεως
ἔστω ἡμῖν ἱκανὰ τὰ εἰρημένα.

스] 시에는 사람들이 일상적 대화에서 사용할 법한 단어들이 적합하다. 이런 것들에는 일상어, 은유[적으로 사용되는 단어], 그리고 장식 [용도의 단]어가 있다.

비극과 행위[의 극적 묘사]에 의한 모방[34]에 대해서는 충분히 논의한 15 것으로 하자.

---

34 행위(prattein)[의 극적 묘사]에 의한 모방(mimēsis): 아리스토텔레스는 §3에서 모 방을 그 방식과 관련해 서술적 모방과 극적 모방으로 구분하는데, 그가 여기서 말 하는 모방은 등장인물들로 하여금 행위하게 하고 배우들로 하여금 이 행위를 실행 하게 함으로써 일련의 행위들을 하나의 통일적 행위로 전개하는 방식의 극적 모방 이다.

서사시 자체와 그 개별적 부분에 대한 고찰: 비극과의 비교적 관점에서

Περὶ δὲ τῆς διηγηματικῆς καὶ ἐν μέτρῳ μιμητικῆς, ὅτι δεῖ τοὺς μύθους καθάπερ ἐν ταῖς τραγῳδίαις συνιστάναι δραματικοὺς καὶ περὶ μίαν πρᾶξιν ὅλην καὶ τελείαν ἔχουσαν ἀρχὴν

20 καὶ μέσα καὶ τέλος, ἵν' ὥσπερ ζῷον ἓν ὅλον ποιῇ τὴν οἰκείαν ἡδονήν, δῆλον, καὶ μὴ ὁμοίας ἱστορίαις τὰς συνθέσεις εἶναι, ἐν αἷς ἀνάγκη οὐχὶ μιᾶς πράξεως ποιεῖσθαι δήλωσιν ἀλλ' ἑνὸς χρόνου, ὅσα ἐν τούτῳ συνέβη περὶ ἕνα ἢ πλείους, ὧν ἕκαστον ὡς ἔτυχεν ἔχει πρὸς ἄλληλα. ὥσπερ γὰρ κατὰ τοὺς

25 αὐτοὺς χρόνους ἥ τ' ἐν Σαλαμῖνι ἐγένετο ναυμαχία καὶ ἡ ἐν Σικελίᾳ Καρχηδονίων μάχη οὐδὲν πρὸς τὸ αὐτὸ συντείνουσαι τέλος, οὕτω καὶ ἐν τοῖς ἐφεξῆς χρόνοις ἐνίοτε γίνεται θάτερον μετὰ θάτερον, ἐξ ὧν ἓν οὐδὲν γίνεται τέλος. σχεδὸν δὲ

30 οἱ πολλοὶ τῶν ποιητῶν τοῦτο δρῶσι. διὸ ὥσπερ εἴπομεν ἤδη καὶ ταύτῃ θεσπέσιος ἂν φανείη Ὅμηρος παρὰ τοὺς ἄλλους, τῷ μηδὲ τὸν πόλεμον καίπερ ἔχοντα ἀρχὴν καὶ τέλος ἐπιχειρῆσαι ποιεῖν ὅλον· λίαν γὰρ ἂν μέγας

232

제23장 서사시의 정의, 구성의 조직

이제 서술[의 방]식으로 운율[의 수단]에 의해 모방하는 시[인 서사시]에 대해 논의해보자. [일차적으로] 분명한 것은 비극에서처럼 [서사시에서도] 구성은 극적으로, 즉 처음과 중간과 끝을 가진 하나의 전체적이고 완결   20
된 행위의 관점에서 조직되어야 한다는 것이다. 서사시가 마치 생명체처럼 [살아 있는] 하나의 전체로서 그 고유의 쾌감을 만들어내기 위해서는 말이다. 이러한 [하나의 전체적이고 완결된 행위] 조직[의 방식]은 역사 서술[의 방식]과 같아서는 안 된다. 역사서술에서는 필연적으로 하나의 행위가 묘사되지 않고 [단지] 하나의 [특정한] 시기에 발생한 사건, 즉 이 시기에 한 사람 또는 여러 사람 주변에서 [특히] 상호 간에 아무런 [내적] 연관성 없이 각기 우연히 발생한 모든 사건이 묘사된다. 왜냐하   25
면 살라미스[에서의] 해전과 시켈리아에서 카르타고인들과 벌인 전투가 같은 시기에 발발했지만 [두 전투가] 같은 목표[1]를 향해 있지는 않았던 것과 마찬가지로, 시간의 연속적인 흐름 속에서 한 사건 다음에 다른 사건이 종종 발생하지만 이 사건들[의 발생으]로부터 [그것들이 공통적으로 지향하는] 하나의 [같은] 목표가 생기는 것은 결코 아니기 때문이다. 하지만 거의 대부분의 시인은 그렇게 하고 있다.

따라서 이미 말했듯이, 호메로스는 이 점에서도 다른 시인과 비교해   30
볼 때 신적 존재로 보일 수 있다. [트로이아] 전쟁이 처음과 끝을 가지고 있음에도 불구하고, 그는 이것 전체를 묘사하려고 하지 않았다. 왜냐하면 [그렇게 할 경우에] 구성이 너무 방대해져 한눈에 [그 전체를] 파악하기

---

1 목표(to telos): 두 전투의 끝, 즉 두 전투가 최종적으로 성취하고자 하는 결말을 말한다.

καὶ οὐκ εὐσύνοπτος ἔμελλεν ἔσεσθαι ὁ μῦθος, ἢ τῷ μεγέθει
35 μετριάζοντα καταπεπλεγμένον τῇ ποικιλίᾳ. νῦν δ' ἓν μέρος
ἀπολαβὼν ἐπεισοδίοις κέχρηται αὐτῶν πολλοῖς, οἷον νεῶν
καταλόγῳ καὶ ἄλλοις ἐπεισοδίοις [δὶς] διαλαμβάνει τὴν ποίη-
1459b σιν. οἱ δ' ἄλλοι περὶ ἕνα ποιοῦσι καὶ περὶ ἕνα χρόνον καὶ μίαν
πρᾶξιν πολυμερῆ, οἷον ὁ τὰ Κύπρια ποιήσας καὶ τὴν μικρὰν
Ἰλιάδα. τοιγαροῦν ἐκ μὲν Ἰλιάδος καὶ Ὀδυσσείας μία τραγῳ-
δία ποιεῖται ἑκατέρας ἢ δύο μόναι, ἐκ δὲ Κυπρίων πολλαὶ καὶ
5 τῆς μικρᾶς Ἰλιάδος [[πλέον] ὀκτώ, οἷον ὅπλων κρίσις, Φιλοκ-
τήτης, Νεοπτόλεμος, Εὐρύπυλος, πτωχεία, Λάκαιναι, Ἰλίου
πέρσις καὶ ἀπόπλους [καὶ Σίνων καὶ Τρῳάδες]].

가 쉽지 않았을 것이기 때문이며, 구성이 설사 그 크기의 측면에서 적
정하다고 하더라도 [소재가 되는 사건들의] 다양성으로 인해 복잡해졌을
것이기 때문이다. 실제로 그는 [구성의] 한 부분[만]을 떼어낸 다음, 많   35
은 다른 부분은 삽화로 이용했다. [구성의 중심을 이루는 한 부분과 여타의]
예컨대 함선의 목록이나 다른 삽화들을 가지고 그는 [자신의] 시를 이
원화했다.²

　　하지만 다른 시인들은 한 사람을, 한 시기를, 그리고 많은 부분을 포   1459b
함하고 있는 하나의 행위를 다룬다. 이를테면 『퀴프리아』와 『소(小)일
리아스』를 썼던 시인들의 경우가 그렇다.

　　그러므로 『일리아스』와 『오뒤세이아』로부터는 각기 한 편의 비극이
만들어지거나 기껏해야 두 편의 비극이 만들어질 수 있는 반면, 『퀴프
리아』로부터는 여러 편의 비극이, 그리고 『소(小)일리아스』로부터는 여   5
덟 편 이상의 비극이 만들어질 수 있다.³ 즉 『무구에 관한 판결(krisis)』,
『필록테테스』, 『네옵톨레모스』, 『에우리퓔로스』, 『구걸』, 『스파르타의
여인들』, 『일리오스의 함락』, 『출범』, 『시논』, 『토로이아의 여인들』이 그
것들이다.

2　이원화했다(dis dialambanei): '이중적으로 배치했다'는 뜻이다. 호메로스는 중심 주
　제와 다른 많은 부수적 주제, 즉 '한 부분'과 함선 목록이나 여타 삽화 같은 '다른 부
　분들'의 이원적 배치를 통해 이야기를 전개했다는 것이다.
3　시의 구성이 하나여야 한다는 것은 단순히 한 사람의 행위에 대한 것이어야 한다는
　것이 아니고(§8 참조), 단순히 하나의 행위에 대한 것이어야 한다는 것도 아니다. 한
　사람의 행위나 하나의 행위와 관련해 우리는 여러 개의 구성을 만들어낼 수 있기 때
　문이다. 따라서 하나의 행위를 다루더라도 거기에 한두 개의 구성만을 포함하는 『일
　리아스』와 『오뒤세이아』가 여러 개의 구성을 포함하는 『퀴프리아』와 『소(小)일리아
　스』보다 예술적으로 훨씬 더 탁월한 작품이라고 할 수 있다.

ἔτι δὲ τὰ εἴδη ταὐτὰ δεῖ ἔχειν τὴν ἐποποιίαν τῇ τραγῳδίᾳ,
ἢ γὰρ ἁπλῆν ἢ πεπλεγμένην ἢ ἠθικὴν ἢ παθητικήν· καὶ τὰ
10   μέρη ἔξω μελοποιίας καὶ ὄψεως ταὐτά· καὶ γὰρ περιπετειῶν
δεῖ καὶ ἀναγνωρίσεων καὶ παθημάτων· ἔτι τὰς διανοίας καὶ
τὴν λέξιν ἔχειν καλῶς. οἷς ἅπασιν Ὅμηρος κέχρηται καὶ
πρῶτος καὶ ἱκανῶς. καὶ γὰρ τῶν ποιημάτων ἑκάτερον συν-
έστηκεν ἡ μὲν Ἰλιὰς ἁπλοῦν καὶ παθητικόν, ἡ δὲ Ὀδύσσεια
15   πεπλεγμένον (ἀναγνώρισις γὰρ διόλου) καὶ ἠθική· πρὸς δὲ
τούτοις λέξει καὶ διανοίᾳ πάντα ὑπερβέβληκεν.

Διαφέρει δὲ κατά τε τῆς συστάσεως τὸ μῆκος ἡ ἐποποιία
καὶ τὸ μέτρον. τοῦ μὲν οὖν μήκους ὅρος ἱκανὸς ὁ εἰρημένος·
δύνασθαι γὰρ δεῖ συνορᾶσθαι τὴν ἀρχὴν καὶ τὸ τέλος. εἴη δ᾽
20   ἂν τοῦτο, εἰ τῶν μὲν ἀρχαίων ἐλάττους αἱ συστάσεις εἶεν,
πρὸς δὲ τὸ πλῆθος τραγῳδιῶν τῶν εἰς μίαν ἀκρόασιν τιθεμέ-
νων παρήκοιεν.

---

4 비극(tragōdia): 비극의 종류에 대해서는 §18 참조.
5 구성(systasis): 'systasis'는 '행위들의 통일적 조직', 즉 '구성'(mythos)을 의미한다.
6 앞서 말한 것: §7, 1451a5-7 참조.

제24장 서사시의 종류, 구성의 길이, 운율, 모방의 방식, 불합리한 것의 활용

그 밖에도 서사시는 그 종류가 비극[4]과 같아야 한다. 왜냐하면 서사시는 [행위 구조의 측면에서] 단순하거나 복잡하고 성격을 표현하거나 고통[을 가져오는 불운]을 묘사하기 때문이다. 또한 그 부분들도 노래와 공연을 제외하고는 같아야 한다. 서사시에도 반전과 발견과 고통[을 가져오는 불운]이 필요하기 때문이다. 그 외에 사유[의 논변]방식과 언어적 표현도 좋아야 한다.   10

호메로스는 이 모든 것을 사용했던 시인이다. 그것도 최초로 그리고 [더할 나위 없이] 적절하게 말이다. 그는 자신의 [두] 작품[의 구성]을 각기 [다르게] 조직했다. 한편으로 『일리아스』는 단순하고 고통[을 가져오는 불운]이 중심이 되며, 다른 한편으로 『오뒤세이아』는 복잡하고(발견이   15 이 작품 전체에 걸쳐 있으니까 말이다) [개개인의] 성격이 중심이 된다. 이들 측면 외에 언어적 표현과 사유방식에서도 그의 시는 다른 모든 작품을 능가했다.

그러나 서사시는 구성[5]의 길이와 운율에서 [비극과] 다르다. 길이의 제한에 대해서는 앞서 말한 것[6]으로 충분하다. 즉 처음과 끝을 한눈에 [전체적으로] 파악할 수 있어야 한다. 이는 구성의 길이가 옛 서사시보다   20 는 짧지만 한 번의 공연에서 제공되는 비극들의 분량[7]만큼 늘어난다면 가능할 것이다.

---

7 비극들의 분량(plēthos): 한자리에 앉아 관객이 적절한 주의력을 가지고 관람할 수 있는 분량을 말한다. 상연된 작품 수와 관련해 기원전 5세기와 아리스토텔레스가 살았던 시대에 큰 차이가 없었다는 것을 가정하면, 하루 공연의 평균적인 분량은 세 편이었고 약 4000~5000행에 달했다고 한다(D. W. Lucas(1968), 222).

ἔχει δὲ πρὸς τὸ ἐπεκτείνεσθαι τὸ μέγεθος πολύ τι ἡ ἐποποιία
ἴδιον διὰ τὸ ἐν μὲν τῇ τραγῳδίᾳ μὴ ἐνδέχεσθαι ἅμα πραττό-
μενα πολλὰ μέρη μιμεῖσθαι ἀλλὰ τὸ ἐπὶ τῆς σκηνῆς καὶ τῶν
ὑποκριτῶν μέρος μόνον· ἐν δὲ τῇ ἐποποιίᾳ διὰ τὸ διήγησιν
εἶναι ἔστι πολλὰ μέρη ἅμα ποιεῖν περαινόμενα, ὑφ᾽ ὧν οἰκεί-
ων ὄντων αὔξεται ὁ τοῦ ποιήματος ὄγκος. ὥστε τοῦτ᾽ ἔχει τὸ
ἀγαθὸν εἰς μεγαλοπρέπειαν καὶ τὸ μεταβάλλειν τὸν ἀκού-
οντα καὶ ἐπεισοδιοῦν ἀνομοίοις ἐπεισοδίοις· τὸ γὰρ ὅμοιον
ταχὺ πληροῦν ἐκπίπτειν ποιεῖ τὰς τραγῳδίας. τὸ δὲ μέτρον
τὸ ἡρωικὸν ἀπὸ τῆς πείρας ἥρμοκεν. εἰ γάρ τις ἐν ἄλλῳ τινὶ
μέτρῳ διηγηματικὴν μίμησιν ποιοῖτο ἢ ἐν πολλοῖς, ἀπρεπὲς
ἂν φαίνοιτο· τὸ γὰρ ἡρωικὸν στασιμώτατον καὶ ὀγκωδέστα-
τον τῶν μέτρων ἐστίν (διὸ καὶ γλώττας καὶ μεταφορὰς

길이를 늘이는 데 있어 서사시는 [비극보다 더] 큰 장점을 가지고 있다. 왜냐하면 비극에서는 동시에 이루어지는 많은 부분행위를 모방하는 것은 불가능하고 다만 무대 위에서 배우들에 의해 이루어지는 부분행위만을 모방할 수 있는 데 반해, 서사시에서는 그것이 서술의 형식을 취하는 까닭에 많은 부분행위를 동시에 일어나게 하는 것이 가능하고 바로 이 부분행위들이 [하나의 전체행위에] 적절하게 속할 때 시의 규모가 확대되기 때문이다. 따라서 그것은[8] [규모의 확대를 통해 서사시에] 웅장함[의 인상]을 주고 청중[의 마음의 상태나 관심]을 계속 변하게 하며, 비슷하지 않은 삽화들로 [이야기의 전개에] 다양성을 부여하는 데 효과적이다. 사실 [삽화들의] 유사성[9]이 [관객을] 금방 싫증 나게 하기 때문에 비극들이 야유받는 것이다.

[우리가 오랜 기간에 걸친] 시험[의 과정]을 통해 [서사시에] 적합한 것으로 발견한 운율은 영웅시의 운율[10]이다. 만일 누군가가 어떤 다른 운율을 사용하거나 여러 가지 운율을 혼용하여 서술적 모방을 한다면, 그것은 부적합하게 보일 것이다. 왜냐하면 영웅시의 운율은 모든 운율 가운데 가장 안정감 있고 가장 무게감 있는 (그래서 외래어와 은유를, 서술적 모

25

30

35

---

8 그것은(touto): 많은 부분행위를 동시에 발생하는 것으로, 특히 하나의 전체행위에 적절하게 속하는 것으로 서술하는 것이 가능하다는 서사시의 장점을 말한다. 이러한 서술방식은 시의 규모를 확대하며, 곧이어 언급되듯이 규모의 확대를 통해 여러 가지 효과도 낼 수 있다.

9 유사성(to homoion): '유사성'(to homoion)은 삽화들의 다양성의 결핍을 말한다. 삽화들의 천편일률성은 관객의 감정적 변화를 끌어내지 못하기 때문에 외면을 초래한다. 길이의 확장과 규모의 확대라는 장점을 가진 서사시에 비해 규모가 작은 비극역시 비록 이야기의 통일적 구성과 전개라는 장점은 가지고 있더라도, 서사시가 탁월하게 보여주는 이 다양성의 요소를 등한시한다면 결코 대중적인 성공을 거둘 수없음을 간접적으로 지적하고 있다.

10 영웅시의 운율(hērōikon): 장단단격의 닥튈로스 육절 운율(hexametra)을 말한다.

δέχεται μάλιστα· περιττὴ γὰρ καὶ ἡ διηγηματικὴ μίμησις τῶν
ἄλλων), τὸ δὲ ἰαμβεῖον καὶ τετράμετρον κινητικὰ καὶ τὸ μὲν
ὀρχηστικὸν τὸ δὲ πρακτικόν. ἔτι δὲ ἀτοπώτερον εἰ μιγνύοι
τις αὐτά, ὥσπερ Χαιρήμων. διὸ οὐδεὶς μακρὰν σύστασιν ἐν
ἄλλῳ πεποίηκεν ἢ τῷ ἡρῴῳ, ἀλλ᾽ ὥσπερ εἴπομεν αὐτὴ ἡ φύ-
σις διδάσκει τὸ ἁρμόττον αὐτῇ αἱρεῖσθαι. Ὅμηρος δὲ ἄλλα τε
πολλὰ ἄξιος ἐπαινεῖσθαι καὶ δὴ καὶ ὅτι μόνος τῶν ποιητῶν
οὐκ ἀγνοεῖ ὃ δεῖ ποιεῖν αὐτόν. αὐτὸν γὰρ δεῖ τὸν ποιητὴν
ἐλάχιστα λέγειν· οὐ γάρ ἐστι κατὰ ταῦτα μιμητής. οἱ μὲν οὖν
ἄλλοι αὐτοὶ μὲν δι᾽ ὅλου ἀγωνίζονται, μιμοῦνται δὲ ὀλίγα καὶ
ὀλιγάκις· ὁ δὲ ὀλίγα φροιμιασάμενος εὐθὺς εἰσάγει ἄνδρα ἢ
γυναῖκα ἢ ἄλλο τι ἦθος, καὶ οὐδέν᾽ ἀήθη ἀλλ᾽ ἔχοντα ἦθος.

11 앞서도 말했듯이: '1449a24'에서 비극의 본성에 고유한 운율의 발견이 언급되고 있
다. 지금 논의는 서사시에 대한 것이기 때문에 정확히 이 구절을 지시한다고 보기
는 어렵다. 루카스는 시험의 과정을 통한 서사시적 운율의 발견('1459b31-32')을
가리키는 것으로 추측한다(D. W. Lucas(1968), 226 참조).

12 본성(physis): 아리스토텔레스가 §4에서 (물론 '시인들'의 개인적 본성('1449a4')에
대해 말하기도 하지만) 비극에 적합한 운율의 발견을 비극이라는 '시 장르'의 본성

방은 다른 모방[방식]들보다 현저하게 더 많이 [이 둘을] 포함하고 있기 때문에 가
장 잘 받아들이는) 운율인 반면, 단장격[의 이암보스] 운율과 사절 운율은
동적인 운율로서 후자는 춤에, 전자는 행위에 적합하기 때문이다. 게다 1460a
가 누군가 카이레몬처럼 이들 운율을 혼용한다면 그것은 더욱더 부적
절할 것이다. 영웅시의 운율과 다른 운율로 [행위들의] 구성을 길게 조
직한 사람이 아무도 없었던 것도 그 때문이다. 그러나 앞서도 말했듯
이,[11] [이런 종류의 시의] 본성[12] 자체가 [그에] 적합한 운율을 선택하도록
가르쳐주는 것이다.

　호메로스는 다른 많은 점에서도 칭송받을 만하지만, 특히 시인들 가 5
운데 유일하게 그 자신이 [시인으로서] 무엇을 해야 할지를 모르지 않았
기 때문에 칭송받을 만하다. 시인은 [작품 속에서] 자신이 직접 말하는
것을 가능한 한 최소화해야 한다. 그렇게 [직접 말]하는 한 그는 모방자
가 아니니까 말이다.

　그런데 다른 시인들은 그들 자신이 직접 작품 전체에 걸쳐 전면에
등장하고[13] 모방을 하더라도 아주 조금만, 그것도 아주 드물게[14] 한다.
이에 반해 호메로스는 몇 줄로 서두를 꺼낸 다음 곧바로 한 남자나 한 10
여자나 어떤 다른 인물을 등장시킨다. 거기에 성격[적 특징이] 없는 인
물은 아무도 없고 모두 [특정한] 성격을 소유하고 있다.

　('1449a24')으로부터 추론하는 것을 미루어 보면, 여기서도 서사시의 본성으로부터
　서사시에 적합한 운율의 발견을 끌어내는 것으로 보는 것이 적절해 보인다.

13 전면에 등장하고(agōnizesthai): 'agōnizesthai'는 배우나 변론가 등이 승리를 위해 경
　쟁하는 것을 의미하는데, 여기서는 작가 자신이 마치 작품 속의 인물들과 경쟁하듯
　직접 등장하는 상황을 비유적으로 표현하고 있어 '전면에 등장한다'로 옮겼다.

14 조금만(oliga) …… 드물게(oligakis): '조금만'은 그들이 모방하는 대상이 극히 일부
　에 제한되어 있다는 것을, '드물게'는 그들이 실제로 모방을 실행하는 빈도가 극히
　낮다는 것을 의미한다.

δεῖ μὲν οὖν ἐν ταῖς τραγῳδίαις ποιεῖν τὸ θαυμαστόν, μᾶλλον
δ' ἐνδέχεται ἐν τῇ ἐποποιίᾳ τὸ ἄλογον, δι' ὃ συμβαίνει μάλι-
στα τὸ θαυμαστόν, διὰ τὸ μὴ ὁρᾶν εἰς τὸν πράττοντα· ἐπεὶ τὰ
15 περὶ τὴν Ἕκτορος δίωξιν ἐπὶ σκηνῆς ὄντα γελοῖα ἂν φανείη,
οἱ μὲν ἑστῶτες καὶ οὐ διώκοντες, ὁ δὲ ἀνανεύων, ἐν δὲ τοῖς
ἔπεσιν λανθάνει. τὸ δὲ θαυμαστὸν ἡδύ· σημεῖον δέ, πάντες
γὰρ προστιθέντες ἀπαγγέλλουσιν ὡς χαριζόμενοι. δεδίδαχεν
δὲ μάλιστα Ὅμηρος καὶ τοὺς ἄλλους ψευδῆ λέγειν ὡς δεῖ.
20 ἔστι δὲ τοῦτο παραλογισμός. οἴονται γὰρ οἱ ἄνθρωποι, ὅταν
τουδὶ ὄντος τοδὶ ᾖ ἢ γινομένου γίνηται, εἰ τὸ ὕστερον ἔστιν,
καὶ τὸ πρότερον εἶναι ἢ γίνεσθαι· τοῦτο δέ ἐστι ψεῦδος. διὸ
δεῖ, ἂν τὸ πρῶτον ψεῦδος, ἄλλο δὲ τούτου ὄντος ἀνάγκη
εἶναι ἢ γενέσθαι ᾖ, προσθεῖναι· διὰ γὰρ τὸ τοῦτο εἰδέναι ἀλη-
25 θὲς ὂν παραλογίζεται ἡμῶν ἡ ψυχὴ καὶ τὸ πρῶτον ὡς ὄν.
παράδειγμα δὲ τούτου τὸ ἐκ τῶν Νίπτρων.

---

15 헥토르의 추격(diōxis) 장면: Homeros, *Il.*, 22, 205ff.
16 사람들이 …… 다른 사람은: 아카이아인들과 아킬레우스.

비극에서는 놀라운 것을 묘사해야 한다. 하지만 서사시에서는 불합리한 것이 놀라움을 불러일으키는 최적[의 수단]이라는 점에서 더 많이 허용된다. [이야기를 듣는 사람은] 행위하는 인물을 눈으로 보지 못하기 때문이다. [이는] 헥토르의 추격 장면[15]을 보면 [잘 알 수 있다.] 한쪽에서는 사람들이 추격하지 않은 채 멈춰 서 있는데, 다른 사람은[16] [이들을 제지하려고] 머리를 젓고 있다. 이 장면이 무대 위에서 펼쳐진다면 확실히 우스꽝스럽겠지만, 서사시에서는 그런 것이 눈에 보이지 않는다.

놀라운 것은 쾌감을 준다. 누구나 [듣는 사람을] 즐겁게 하려고 과장해서[17] 이야기한다는 것이 그 증거다.

거짓을 제대로 말하도록 다른 시인들을 가르치는 데서도 호메로스는 [단연] 최고의 스승이었다. 거짓을 말한다는 것은 오류 추론을 한다는 것이다. 사람들은 이것(A)이 사실이기 때문에 저것(B)이 사실이라면 또는 이것(A)이 일어나기 때문에 저것(B)이 일어난다면, 뒤의 것(B)이 사실일 경우에 앞의 것(A)도 사실이거나 일어난다고 생각한다.[18] 하지만 이것은 거짓 [추론]이다. 따라서 첫째 것(A)은 거짓이지만 다른 것(B)은 첫째 것(A)이 사실일 경우에 필연적으로 사실이거나 일어난다면, [거짓을 말하기 위해 우리는 첫째 것(A)에 다른 것(B)을] 부가해야 한다. 이것(B)이 참이라는 것을 알기 때문에 우리의 마음은 첫째 것(A)도 사실이라고 잘못 추론하니까 말이다. 이에 대한 예는 [『오뒤세우스』의] 세족(洗足) 장면[19]에서 찾아볼 수 있다.

---

17 과장해서(protithentes): 'prosithenai'의 원의는 '첨가하다', '더하다', '덧붙이다'다. 여기서는 이야기에 재미를 부여하기 위해 특정한 사건이나 상황에 새로운 것을 여럿 덧붙여 '부풀려 말한다'는 의미에서 '과장한다'로 옮겼다.

18 사람들은 …… 생각한다: (A)와 (B)는 원문에 없지만 이해의 편의를 위해 표시했다.

19 세족(洗足) 장면: Homeros, *Od.*, 19, 220-248 참조.

προαιρεῖσθαί τε δεῖ ἀδύνατα εἰκότα μᾶλλον ἢ δυνατὰ ἀπίθα-
να· τούς τε λόγους μὴ συνίστασθαι ἐκ μερῶν ἀλόγων, ἀλλὰ
μάλιστα μὲν μηδὲν ἔχειν ἄλογον, εἰ δὲ μή, ἔξω τοῦ μυθεύ-
30   ματος, ὥσπερ Οἰδίπους τὸ μὴ εἰδέναι πῶς ὁ Λάιος ἀπέθα-
νεν, ἀλλὰ μὴ ἐν τῷ δράματι, ὥσπερ ἐν Ἠλέκτρᾳ οἱ τὰ Πύθια
ἀπαγγέλλοντες ἢ ἐν Μυσοῖς ὁ ἄφωνος ἐκ Τεγέας εἰς τὴν Μυ-
σίαν ἥκων. ὥστε τὸ λέγειν ὅτι ἀνήρητο ἂν ὁ μῦθος γελοῖον·
ἐξ ἀρχῆς γὰρ οὐ δεῖ συνίστασθαι τοιούτους. †ἂν δὲ θῇ καὶ
35   φαίνηται εὐλογωτέρως ἐνδέχεσθαι καὶ ἄτοπον † ἐπεὶ καὶ τὰ
ἐν Ὀδυσσείᾳ ἄλογα τὰ περὶ τὴν ἔκθεσιν ὡς οὐκ ἂν ἦν ἀνεκτὰ
1460b δῆλον ἂν γένοιτο, εἰ αὐτὰ φαῦλος ποιητὴς ποιήσειε· νῦν δὲ
τοῖς ἄλλοις ἀγαθοῖς ὁ ποιητὴς ἀφανίζει ἡδύνων τὸ ἄτοπον.

---

20 [행위] 논리에 저촉되는(alogoi): 'alogos'는 '이성의 합리적 이해가 없는'이라는 의
미에서 '불합리한', '비이성적인', '비논리적인' 등으로 번역된다. 아리스토텔레스
의 지금 논의는 '행위들을 하나의 행위의 관점에서 전개하고 조직하는 논리'로
서의 '구성'에 대한 것이기 때문에 나는 'a-logos'를 '[구성이 구축하고자 하는 행
위 전개의] 논리에 저촉되는'으로 옮겼다(A. Schmitt(2008)의 번역 참조: 'was die
〈Handlungs-〉 Logik verletzen'). 행위 전개의 논리로서 구성을 특별하게 강조할 필

우리는 한편으로 가능하지만 설득력이 없는 것보다는 불가능하지만 개연적인 것을 선택해야 한다. 그리고 다른 한편으로 [행위] 논리에 저촉되는[20] 부분들로 이야기를 조직해서는 안 된다. [이야기를 조직할 때] 가장 좋은 것은 이야기가 [행위] 논리에 저촉되는 것을 하나도 포함하지 않[도록 하]는 것이다. 하지만 이것이 불가능하다면, 그것은[21] [적어도] 가령 라이오스가 어떻게 죽었는지를 오이디푸스가 모르고 있었다   30
는 사실처럼 구성 밖에 있어야지 극 안에 있어서는 안 된다. [소포클레스의]『엘렉트라』에서 퓌티아 경기[22]에 대한 소식을 전하는 사람들이나 『뮈시아인들』에서 말 한마디 않고 테게아로부터 뮈시아까지 왔던 사람[이 등장하는 장면]이 극 안에 있어서는 안 되는 것처럼 말이다. 그러므로 [행위 논리에 저촉되는 부분들이 있다면] 구성이 깨질 것이라고 주장하는 것은 웃기는 일이다. 애초에 구성을 그런 식으로 [행위 논리에 저촉되는 부분들이 있게] 조직해서는 안 되기 때문이다. 그래도 구성을 그렇게 [행위 논리에 저촉되는 불합리한 것이 포함되게] 짜고 또 거기에 어느 정도 합당   35
한 근거가 있어 보인다면, 부조리한 것을 허용할 수도 있다. [예를 들어] 『오뒤세우스』에서 [잠들어 있는 오뒤세우스를 배에서 이타케의 해안가로 선원들이] 내려놓는 장면[23]을 보자. 이 장면에 놓여 있는 불합리한 요소는, 만약 저급한 시인이 그것을 묘사했다면, 분명히 용납될 수 없는 것이   1460b
되고 말았을 것이다. 하지만 우리의 시인[24]은 이 부조리한 장면을 다른

요가 없을 때는 '불합리한'으로 옮겼다(가령 '1460a36').

21 그것은: 행위 논리에 저촉되는 것을 가리킨다.

22 퓌티아 경기(ta Pythia): 델피에서 아폴론을 기리기 위해 4년마다 행해진 고대 그리스의 전(全) 민족적인 축제인 '퓌티아 제전'에서 펼쳐진 마차 경주를 말한다.

23 Homeros, *Od.*, 13, 116ff.

24 우리의 시인(ho poiētēs): 호메로스를 말한다.

τῇ δὲ λέξει δεῖ διαπονεῖν ἐν τοῖς ἀργοῖς μέρεσιν καὶ μήτε ἠθι-
κοῖς μήτε διανοητικοῖς· ἀποκρύπτει γὰρ πάλιν ἡ λίαν λαμπρὰ
5   λέξις τά τε ἤθη καὶ τὰς διανοίας.

좋은 장면들과 적절하게 섞어 눈에 띄지 않게 만들었다.[25]

어떤 행위도 일어나지 않고 성격적 태도나 사유방식도 보이지 않는 부분들에서는 언어적 표현을 다듬는 작업에 세심한 주의를 기울여야 한다. 지나치게 화려한 언어적 표현은 도리어 성격과 사유방식을 가리 기 때문이다.

5

---

25 이 부조리한 장면(atopon)을 다른 좋은 장면들(agatha)과 적절하게 섞어(hēdynōn) 눈에 띄지 않게 만들었다: 이 문장은 '양념을 쳐서 조미하다'라는 'hedynein'의 의미를 고려하면, '부조리한 장면을 다른 좋은 [장면들이라는] 양념들로 조미해 눈에 띄지 않게 만들다' 정도로 번역할 수 있을 것 같다. '조미'라는 비유적 표현의 실질적 의미는 명확하지 않다. 하지만 분명한 것은 아리스토텔레스가 위대한 시인의 역량을 칭송하고 있고 이 역량을 부조리가 존재하더라도 그것을 청중의 눈에 보이지 않게 하는 예술적 기교를 통해 설명하고 있다는 점이다. 이 기교를 이해하기 위해 넓은 쟁반 위에 콩 하나가 있는 상황을 가정해보자. 쟁반 위에 덩그러니 콩 하나만 있다면, 그것은 다른 큰 콩들과 비교되지 않는 상황에서는 어느 정도 사람의 눈에 쉽게 띌 것이다. 이때 우리는 어떻게 콩의 마술사가 될 수 있는가? 어떻게 그렇게 크게 보이는 콩을 마치 부재하는 것처럼 만들 수 있는가? 비결은 그 콩을 여러 다른 큰 콩들과 섞어 놓는 것이다. 비교적 큰 것으로 인지되는 콩의 크기를 거의 인지될 수 없을 정도로까지 최소화하는 기교가 사용된 것이다. 시인의 예술적 기교도 그와 같은 것이다. 시인은 부조리한 장면을 하나 포함시키더라도 그것을 다른 좋은 장면들이라는 양념과 잘 버무려 부조리한 장면이 두드러지지 않게 만들 수 있기 때문이다. 이런 측면에서 나는 '부조리한 장면을 다른 좋은 양념들로 조미하다'를 '부조리한 장면을 다른 좋은 장면들과 적절하게 섞다'로 옮겼다.

Περὶ δὲ προβλημάτων καὶ λύσεων, ἐκ πόσων τε καὶ ποί-
ων εἰδῶν ἐστιν, ὧδ' ἂν θεωροῦσιν γένοιτ' ἂν φανερόν. ἐπεὶ
γάρ ἐστι μιμητὴς ὁ ποιητὴς ὡσπερανεὶ ζωγράφος ἤ τις ἄλλος
εἰκονοποιός, ἀνάγκη μιμεῖσθαι τριῶν ὄντων τὸν ἀριθμὸν ἕν
10 τι ἀεί, ἢ γὰρ οἷα ἦν ἢ ἔστιν, ἢ οἷά φασιν καὶ δοκεῖ, ἢ οἷα εἶναι
δεῖ. ταῦτα δ' ἐξαγγέλλεται λέξει ἐν ᾗ καὶ γλῶτται καὶ μετα-
φοραὶ καὶ πολλὰ πάθη τῆς λέξεώς ἐστι· δίδομεν γὰρ ταῦτα
τοῖς ποιηταῖς. πρὸς δὲ τούτοις οὐχ ἡ αὐτὴ ὀρθότης ἐστὶν τῆς
15 πολιτικῆς καὶ τῆς ποιητικῆς οὐδὲ ἄλλης τέχνης καὶ ποιητικῆς.
αὐτῆς δὲ τῆς ποιητικῆς διττὴ ἁμαρτία, ἡ μὲν γὰρ καθ' αὑτήν,
ἡ δὲ κατὰ συμβεβηκός. εἰ μὲν γὰρ προείλετο μιμήσασθαι ∗ ∗
ἀδυναμίαν,

---

26 문제(problēmata): 고대 그리스의 교육에서 호메로스 읽기는 매우 중요한 위치를 차
지했는데, 결과적으로 호메로스를 둘러싼 논쟁도 많았다. 호메로스 시에 대한 반론
과 해결은 기원전 4세기 무렵부터 모음집 형태로 기록되었는데, 우리에게 전해지는
최초의 모음집은 총 9권으로 된 마케도니아 암피폴리스 출신의 문법학자 조일로스
(기원전 약 400~기원전 320)의 『호메로스에 대한 반론들』이다. 조일로스는 '호메

제25장 서사시와 비극에 대한 반론과 해결

이제 문제[26]와 해결에 대해 살펴보자. 여기에 얼마나 많은 것이 있고 어떤 종류의 것이 있는지는 다음과 같은 방식으로 살펴보면 분명해질 것이다.

시인은 화가나 [조각가 같은] 다른 어떤 모상 제작자와 마찬가지로 [어떤 것을] 모방[하는] 자이기 때문에 그는, [모방의 가능한 대상이] 수적으로 셋이라고 볼 때, 항상 이들 중 어느 하나를 반드시 [선택해] 모방해야 한 10 다. 즉 그는 [어떤 것에 대해] 그것이 과거에 어떻게 있었는지 또는 현재 어떻게 있는지를 모방하거나, 사람들이 [그것에 대해] 어떻게 말하고 생 각하는지를 모방하거나, 그것이 어떻게 있어야 하는지를 모방해야 한 다. 이 모든 것은 언어로 표현된다. 그리고 언어에는 외래어나 은유나 언어의 많은 다른 변형된 형태들이 [포함되어] 있다. 왜냐하면 우리는 이것들[의 사용]을 시인들에게 허용하기 때문이다. 게다가 옳음[과 그름 의 기준]이 정치술과 시 예술에 동일하게 적용되지 않고 어떤 다른 기술 15 과 시 예술에도 동일하게 적용되지 않는다.

시 예술[의 영역] 자체에서 범해지는 잘못에는 두 종류가 있다. 하나 는 시 예술 자체와 연관된 것이고, 다른 하나는 시 예술과 부수적으로 연관된 것이다.[27] 만약 시인이 모방의 대상으로 [행위의] 어떤 불가능성

로스를 채찍질하는 자'(homēromastix)라는 별칭을 얻었다고 한다. §25에서 아리스 토텔레스는 아마도 그의 소실된 저술 『호메로스의 문제들』(*Aporēmata Homērica*)을 요약하고 있는 것으로 추정된다(S. Halliwell(1995), 125; D. W. Lucas(1968), 232 참조). 총 6권으로 된 이 저술의 존재에 대해서는 디오게네스 라에르티오스/김주일, 김인곤, 김재홍, 이정호 옮김(2021), 5. 26 참조.

27 잘못의 시 예술 내적 기원과 시 예술 외적 기원을 구분하고 있다.

αὐτῆς ἡ ἁμαρτία· εἰ δὲ τὸ προελέσθαι μὴ ὀρθῶς, ἀλλὰ τὸν
ἵππον <ἅμ'> ἄμφω τὰ δεξιὰ προβεβληκότα, ἢ τὸ καθ' ἑκάστην
τέχνην ἁμάρτημα, οἷον τὸ κατ' ἰατρικὴν ἢ ἄλλην τέχνην [ἢ
ἀδύνατα πεποίηται] ὁποιανοῦν, οὐ καθ' ἑαυτήν. ὥστε δεῖ τὰ
ἐπιτιμήματα ἐν τοῖς προβλήμασιν ἐκ τούτων ἐπισκοποῦντα
λύειν. πρῶτον μὲν τὰ πρὸς αὐτὴν τὴν τέχνην· ἀδύνατα πε-
ποίηται, ἡμάρτηται· ἀλλ' ὀρθῶς ἔχει, εἰ τυγχάνει τοῦ τέλους
τοῦ αὐτῆς (τὸ γὰρ τέλος εἴρηται), εἰ οὕτως ἐκπληκτικώτε-
ρον ἢ αὐτὸ ἢ ἄλλο ποιεῖ μέρος. παράδειγμα ἡ τοῦ Ἕκτορος
δίωξις. εἰ μέντοι τὸ τέλος ἢ μᾶλλον ἢ <μὴ> ἧττον ἐνεδέχετο
ὑπάρχειν καὶ κατὰ τὴν περὶ τούτων τέχνην, [ἡμαρτῆσθαι]
οὐκ ὀρθῶς· δεῖ γὰρ εἰ ἐνδέχεται

---

28 만약 시인이 모방의 대상으로 [행위의] 어떤 불가능성(adynamia)을 선택했다면:
카셀의 원문은 'ei men gar proheileto mimēsasthai ** adynamian'이다. 'adynamia'
는 사전적으로 '무능력'을 의미하며, 많은 경우에 여기에서 'adynamia'는 창작에서
의 시인의 어떤 무능으로 간주된다. 하지만 논의 진행의 전반적 맥락을 고려하면,
'1460b23'의 'adynata'와 연관시키는 것이 합리적이다. 그래서 나는 사전적 의미를
넘어 'adynamia'를 '불가능성'으로 옮겼다. '불가능성' 앞에 '행위의'를 덧붙였다. '불
가능성'은 '행위로 구현될 수 있는 가능성의 전적인 부재'를 말하기 때문이다. '[행
위의] 어떤 불가능성'을 쉽게 풀어 말하면, '일어나는 것이 불가능한 어떤 행위' 정
도가 되겠다. 그러면 카셀처럼 'mimēsasthai'와 'adynamian' 사이에 소실된 부분이
있다고 가정할 필요는 없다(A. Schmitt(2008), XXVII 참조).

250

을 선택했다면,[28] 이것은 시 예술 고유의 잘못이다. 하지만 만약 시인이 선택[의 대상]을 정확하게 알지 못하고 [가령] 어떤 말이 두 오른발을 동시에 앞으로 내딛는 식으로 묘사한다면, 그것은 [시 예술과 별개의 탐구영역에 속하는] 각각의 [개별적] 기술과 연관된 잘못이다. 예를 들면 그것은 의술과 연관된 잘못이거나 여타의 모든 [개별적] 기술과 연관된 잘못이지[29] 시 예술 자체와 연관된 잘못은 아니라는 것이다.

따라서 이와 같은 구분을 염두에 두고 문제에 포함된 반론을 해결해야 한다.

먼저 시 예술 자체와 관련된 반론을 보자.

불가능한 것을 묘사한 것은 [원칙적으로] 잘못한 것이다[라는 반론이 있다]. 하지만 시가 [불가능한 것을 묘사하는] 그런 방식으로 해당 부분 자체나 어떤 다른 부분을 더 돋보이게 만들어 그 본래의 목적을(이 목적에 대해서는 이미 언급했다) 성취한다면 잘못은 정당화될 수 있다. 헥토르의 추격 [장면]이 그 한 예다. 하지만 이러한 [전투와 관련된] 것들에 대한 [다른 개별적] 기술의 관점에서도 이 목적을 더 훌륭하게 또는 그에 못지않게 성취할 수 있다면[30] 잘못은 정당화될 수 없다. 왜냐하면 [전쟁술의 관점에서 묘사하는 한] 우리는 할 수 있다면 [시의] 어떤 구절에서도 [불가능한 것

20

25

---

29 여타의 모든 [개별적] 기술과 연관된 잘못이지(allēn technēn hopoianoun): 카셀은 필사본 AB에 따라 'technēn'과 'hopoianoun' 사이에 'ē adynata pepoietai'를 삽입하는데, 나는 전체적인 맥락과 내용적 일관성을 위해 S. Halliwell(1995)에 따라 생략된 것으로 보았다.

30 이러한 [전투와 관련된] 것들에 대한 [다른 개별적] 기술의 관점에서도(kai kata tēn peri toutōn technēn) 이 목적을 더 훌륭하게(mallon) 또는 그에 못지않게(mē hētton) 성취할 수 있다면: 즉 가령 전쟁술의 관점에서 전투 상황을 오류 없이 '정확하게', 즉 병사들이 적을 추격하는 상황에서 병사들을 제지하는 것으로 묘사할 때도 시 예술의 목적 성취도와 같은 수준의 또는 때에 따라 그보다 더 높은 수준의 성취도를 만들어낼 수 있다면.

ὅλως μηδαμῇ ἡμαρτῆσθαι. ἔτι ποτέρων ἐστὶ τὸ ἁμάρτημα,

30 τῶν κατὰ τὴν τέχνην ἢ κατ᾽ ἄλλο συμβεβηκός; ἔλαττον γὰρ
εἰ μὴ ᾔδει ὅτι ἔλαφος θήλεια κέρατα οὐκ ἔχει ἢ εἰ ἀμιμήτως
ἔγραψεν. πρὸς δὲ τούτοις ἐὰν ἐπιτιμᾶται ὅτι οὐκ ἀληθῆ, ἀλλ᾽
ἴσως <ὡς> δεῖ, οἷον καὶ Σοφοκλῆς ἔφη αὐτὸς μὲν οἵους δεῖ

35 ποιεῖν, Εὐριπίδην δὲ οἷοι εἰσίν, ταύτῃ λυτέον. εἰ δὲ μηδετέ-
ρως, ὅτι οὕτω φασίν, οἷον τὰ περὶ θεῶν· ἴσως γὰρ οὔτε βέλ-

1461a τιον οὕτω λέγειν οὔτ᾽ ἀληθῆ, ἀλλ᾽ εἰ ἔτυχεν ὥσπερ Ξενοφά-
νει· ἀλλ᾽ οὖν φασι.

---

31 가령, 시 예술 자체의 관점에서 우리는 헥토르의 추격 장면을 시의 전체적 조직과
구도에 이바지하기 때문에 허용할 수 있더라도, 전쟁술의 관점에서는 적들이 더는
추격하지 않는 상황에서 머리를 저으며 병사들을 제지하는 것과 같은 묘사를 시의
어느 구절이나 부분에 결코 허용해서는 안 된다는 것을 말한다.

32 두 방식: 하나의 해결방식은 시인이 묘사하는 것이 사실이 아니라는 것을 단적으로
부정하는 것이다. 이 방식은 아리스토텔레스에 의해 여기서 명시적으로 언급되고

252

을 묘사하는 것과 같은] 잘못을 결코 범해서는 안 되기 때문이다.[31]

더 나아가 잘못이 [앞서 말한] 두 종류 중 어떤 것에 속하는 것인지,   30
즉 [시] 예술의 기준에 따라 판단되는 잘못에 속하는지 [시 예술의 기준과
는] 다른 부수적 기준에 따라 판단되는 잘못에 속하는지를 우리는 확인
해야 한다. 왜냐하면 [시인에게는] 암사슴에게 뿔이 없다는 것을 모르는
것이 암사슴을 그릴 때 모방에 미숙한 것보다 덜 심각한 잘못이기 때
문이다.

[시 예술 자체와 관련된 반론에 대한] 이와 같은 해결 외에, 만약 [시인이
묘사한 것이] 사실이 아니라는 반론이 제기된다면, 우리는 '[그것은 물론
사실이 아니다.] 그러나 [시인은] 아마도 그것을 응당 있어야 하는 대로
묘사한 것일 수 있다. 예를 들면 소포클레스 역시 자신은 인물들을 응
당 있어야 하는 대로 묘사했던 반면, 에우리피데스는 있는 그대로 묘사
했다고 말했다'는 식으로 반론을 해결해야 한다.   35

그런데 두 방식[32] 중 어느 방식으로도 [반론을] 해결할 수 없다면, 우
리는 가령 신들에 대한 묘사에서처럼 '사람들이 그렇게 말한다'는 식
으로 해결할 수 있다. 왜냐하면 아마도 [신들이 묘사되는 대로] 그렇게 신
들을 묘사하는 것이 더 바람직한 것도 아니겠고 진실에 부합하는 것도
아니겠기 때문이다. 그런데도 그렇게 묘사한다면, 우리는 크세노파네   1461a
스[의 시인들에 대한 비판][33]에 답하듯이 '사람들은 실제로 그렇게 말한다'
는 식으로 답해야 한다.

있지는 않다. 다른 하나는 바로 앞 문단에서 제시된 대안적 방식, 즉 그것이 사실이
아닌 이유를 시인은 응당 있어야 하는 대로 묘사한다는 데서 찾는 방식이다. 여기서
아리스토텔레스는 사실적 묘사라는 첫 번째 대안과 이상적 묘사라는 두 번째 대안
외의 제3의 대안을 모색하고 있다.

33 크세노파네스[의 시인들에 대한 비판]: 호메로스와 헤시오도스의 신 묘사에 대한
크세노파네스의 비판에 대해서는 D/K, Fr. 11-12 참조.

τὰ δὲ ἴσως οὐ βέλτιον μέν, ἀλλ' οὕτως εἶχεν, οἷον τὰ περὶ
τῶν ὅπλων, "ἔγχεα δέ σφιν ὄρθ' ἐπὶ σαυρωτῆρος" οὕτω γὰρ
τότ' ἐνόμιζον, ὥσπερ καὶ νῦν Ἰλλυριοί. περὶ δὲ τοῦ καλῶς ἢ
5 μὴ καλῶς εἰ εἴρηταί τινι ἢ πέπρακται, οὐ μόνον σκεπτέον εἰς
αὐτὸ τὸ πεπραγμένον ἢ εἰρημένον βλέποντα εἰ σπουδαῖον
ἢ φαῦλον, ἀλλὰ καὶ εἰς τὸν πράττοντα ἢ λέγοντα πρὸς ὃν ἢ
ὅτε ἢ ὅτῳ ἢ οὗ ἕνεκεν, οἷον εἰ μείζονος ἀγαθοῦ, ἵνα γένη-
ται, ἢ μείζονος κακοῦ, ἵνα ἀπογένηται. τὰ δὲ πρὸς τὴν λέξιν
10 ὁρῶντα δεῖ διαλύειν, οἷον γλώττῃ τὸ "οὐρῆας μὲν πρῶτον"
ἴσως γὰρ οὐ τοὺς ἡμιόνους λέγει ἀλλὰ τοὺς φύλακας· καὶ τὸν
Δόλωνα, "ὅς ῥ' ἦ τοι εἶδος μὲν ἔην κακός," οὐ τὸ σῶμα ἀσύμ-
μετρον ἀλλὰ τὸ πρόσωπον αἰσχρόν, τὸ γὰρ εὐειδὲς οἱ Κρῆτες
15 τὸ εὐπρόσωπον καλοῦσι· καὶ τὸ "ζωρότερον δὲ κέραιε" οὐ τὸ
ἄκρατον ὡς οἰνόφλυξιν

---

34 Homeros, *Il.*, 10, 152. 이 구절의 '문제'는 창을 이렇게 세워 놓으면 쉽게 넘어질 수
있다는 것이며, 이에 대한 '해결'은 '하지만 그때는 그랬다'다.

35 Homeros, *Il.*, 1, 50. '문제'는 아폴론이 그리스 동맹군에 역병을 보내 '노새'를 가장
먼저 공격하는 것이 불합리하다는 것이며, '해결'은 그 단어('ourēas')가 여기서는
'보초'를 의미한다는 것이다.

다른 것들의 경우에는 아마도 [그렇게 묘사하는 것이] 더 바람직한 것은 아니겠지만, 그런데도 [만약 그렇게 묘사한다면] '[예전에는] 그랬다'는 식으로 반론에 답할 수 있다. 예를 들면 "그들은 창대 물미를 바닥에 꽂아 창을 똑바로 세웠다"[34]와 같은 무기에 관한 묘사가 그렇다. 왜냐하면 창을 그렇게 세워 놓는 것은 당시에는 관례적인 일이었기 때문이다. 오늘날 일뤼리아인들도 그렇게 [관례적으로] 세워 놓듯이 말이다.

훌륭하게 또는 훌륭하지 않게 누군가가 말했거나 행위했는지가 문제 될 때, 우리는 그의 행위나 말 자체에 주목해 신중한 [판단에서 나온 것인]지 경솔한 [판단에서 나온 것인]지를 검토해야 할 뿐만 아니라 행위하는 자나 말하는 자에 주목해 그가 누구에게 또는 언제 또는 누구를 위해 또는 무엇 때문에 행위하거나 말하는지도, 예컨대 그가 더 큰 선을 얻기 위해서 그러는지 더 큰 악을 피하기 위해 그러는지도 검토해야 한다. 5

다른 반론들은 언어적 표현을 고려해 해결해야 한다. 가령 "먼저 노새를"(ourēas men prōton)이란 구절과 관련된 반론에 대해서는 '외래어를 사용한 것이다'라는 식으로 답할 수 있을 것이다. 호메로스는 아마도 '노새'가 아니라 '보초'의 의미로 말하고 있을 것이기 때문이다.[35] 또 돌론에 대해 "그는 모습(eidos)이 정말 엉망이었다"고 말하는데, 그는 여기서 균형 잡히지 않은 몸이 아니라 추한 얼굴에 대해 말하고 있다.[36] 왜냐하면 크레테인들은 '모습이 훌륭한'(eueidēs)이라는 단어를 '얼굴이 잘 생긴'의 의미로 사용하기 때문이다. 그리고 "포도주를 더 강하게 타라"는 구절에서 의미되고 있는 것은 마치 술꾼이 마시듯이 포도주를 '물 10

15

---

36 Homeros, *Il.*, 10, 316. '문제'는 모습이 매우 엉망인 사람이 빠르게 달리는 것은 불합리하다는 것이며, '해결'은 '엉망인 모습'은 여기서 '육체의 불균형'이 아니라 '얼굴의 추함'을 의미한다는 것이다.

ἀλλὰ τὸ θᾶττον. τὸ δὲ κατὰ μεταφορὰν εἴρηται, οἷον "πάντες
μέν ῥα θεοί τε καὶ ἀνέρες εὗδον παννύχιοι" ἅμα δέ φησιν
"ἦ τοι ὅτ᾽ ἐς πεδίον τὸ Τρωικὸν ἀθρήσειεν, αὐλῶν συρίγγων
τε ὅμαδον" τὸ γὰρ πάντες ἀντὶ τοῦ πολλοί κατὰ μεταφορὰν
20   εἴρηται, τὸ γὰρ πᾶν πολύ τι. καὶ τὸ "οἴη δ᾽ ἄμμορος" κατὰ
μεταφοράν, τὸ γὰρ γνωριμώτατον μόνον. κατὰ δὲ προσῳ-
δίαν, ὥσπερ Ἱππίας ἔλυεν ὁ Θάσιος, τὸ "δίδομεν δέ οἱ εὖχος
ἀρέσθαι" καὶ "τὸ μὲν οὐ καταπύθεται ὄμβρῳ." τὰ δὲ διαιρέ-
σει, οἷον Ἐμπεδοκλῆς "αἶψα δὲ θνήτ᾽ ἐφύοντο τὰ πρὶν μάθον
25   ἀθάνατ᾽ εἶναι

---

37 Homeros, *Il.*, 9, 202. '문제'는 더 강한, 즉 물 없는 더 독한 술로 대접하는 것은 손
    님에게 방탕을 유발한다는 것이며, '해결'은 '더 강하게'가 아마도 '더 빨리'를 의미
    하리라는 것이다.

38 Homeros, *Il.*, 2, 1-2.

39 동시에: 앞의 인용은 『일리아스』 제2권 1-2행에 나오는 것인데, 아리스토텔레스는
    이 두 행이 뒤의 인용 앞에 오는 것으로, 즉 제10권의 1-2행으로 착각하고 있는 것
    으로 보인다.

40 Homeros, *Il.*, 10, 11-13.

41 '문제'는 모두가 잠들어 있다면 누가 아울로스나 쉬링크스를 불고 있었는가라는 것
    이며, '해결'은 '모든'은 여기서 은유로 사용되었다는 것이다.

42 Homeros, *Il.*, 18, 489. 이 행 끝에 오는 '오케아노스의 목욕에'가 생략된 채 인용되
    고 있다. '오케아노스의 목욕에 참여하지 않는다'는 '지지 않는다'를 의미한다. 여기
    서 '문제'는 다른 별들도 지지 않는데 왜 호메로스는 이 별만이 유일하게 지지 않는
    다고 말하느냐는 것이며, '해결'은 '유일한 것'은 '가장 잘 알려진 것'의 의미로 은유
    적으로 사용되었다는 것이다. 왜냐하면 '유일한 것'에는 '가장 사악한 것', '가장 위

없이 [더 독하게]' 타라는 것이 아니라 '더 빨리' 타라는 것이다.[37]

은유로 표현된 것도 있다. 예를 들어 호메로스는 "모든 신과 인간이 밤새도록 잠들어 있었다"[38]고 말한다. 그런데 그는 동시에[39] "트로이아의 들판을 응시했을 때 그는 아울로스와 쉬링크스 소리에 [놀랐다]"[40]고 말한다.[41] 여기서 '모든'은 '많은' 대신에 은유적으로 사용되고 있다. '모든 것'은 '많은 것'의 일종이니까 말이다. 또한 "[그 별이] 유일하게 참여하지 않는다"[42]도 은유적으로 이해될 수 있다. 왜냐하면 '가장 잘 알려진 것'이 '유일한 것'[의 일종]이기 때문이다.

강세의 변화를 통해 해결할 수 있는 반론들도 있다. 예를 들면 타소스의 히피아스는 "그가 명성을 얻도록 우리가 허용한다"[43]와 "그 일부가 비에 썩었다"[44]는 구절의 문제를 [그렇게] 해결했다.

다른 반론은 [문장의] 분할을 통해 해결할 수 있다. 예컨대 "예전에 불사(不死)하는 법을 알았던 것들이 갑자기 가사적(可死的)이 되었고, 예

20

25

대한 것', '가장 작은 것' 등이 속하는데, '가장 잘 알려진 것'도 그런 '유일한 것'의 일종이기 때문이다.

43 "그가 명성을 얻도록 우리가 허용한다"(didomen de hoi euchos aresthai): 실제 이 문장은 아테나와 포세이돈이 아킬레우스의 승리를 약속하는 장면(Il., 2, 297)에서 등장하는데, 아리스토텔레스는 아가멤논을 속이도록 제우스가 '꿈'을 보내는 장면 (Il., 2, 15)에 등장하는 것으로 전하고 있다(Aristoteles, Soph. elen., 166b1ff. 참조). '문제'는 이것이 거짓말이고 동시에 제우스의 진실성이 부정된다는 것이며, '해결'은 'dídomen'으로 읽지 않고 부정사형 'didómenai'의 약형인 'didómen'으로 강세를 변화시켜 읽는 것이다. 그리스어에서 부정사는 명령의 용법으로도 사용되기 때문에 이렇게 강세를 옮겨 읽으면 이 문장은 '그가 명성을 얻도록 그대가 허용하라'가 된다. 이로써 거짓말을 하는 자는 제우스가 아니라 '꿈'이 되며, 거짓말에 대한 책임이 '꿈'에 전가됨에 따라 제우스의 진실성도 보존될 수 있게 된다.

44 "그 일부가 비에 썩었다"(to men hou katapythetai ombrō): Homeros, Il., 23, 327. '문제'는 참나무나 소나무는 비에 잘 썩지 않는데 그 일부가 비에 썩었다는 것은 믿기 어렵다는 것이며, '해결'은 'hou'에서 기음(h)을 빼고 'ou'로 읽으면 이 문장은 '그 것은 비에 썩지 않았다'를 의미하게 되고 결국 그러한 불합리는 제거된다는 것이다.

ζωρά τε πρὶν κέκρητο." τὰ δὲ ἀμφιβολία, "παρῴχηκεν δὲ
πλέω νύξ·" τὸ γὰρ πλείω ἀμφίβολόν ἐστιν. τὰ δὲ κατὰ τὸ
ἔθος τῆς λέξεως. τὸν κεκραμένον οἶνόν φασιν εἶναι, ὅθεν
πεποίηται "κνημὶς νεοτεύκτου κασσιτέροιο" καὶ χαλκέας
30 τοὺς τὸν σίδηρον ἐργαζομένους, ὅθεν εἴρηται ὁ Γανυμήδης
Διὶ οἰνοχοεύειν, οὐ πινόντων οἶνον. εἴη δ᾽ ἂν τοῦτό γε <καὶ>
κατὰ μεταφοράν. δεῖ δὲ καὶ ὅταν ὄνομά τι ὑπεναντίωμά τι
δοκῇ σημαίνειν, ἐπισκοπεῖν ποσαχῶς ἂν σημήνειε τοῦτο ἐν
τῷ εἰρημένῳ, οἷον τῷ "τῇ ῥ᾽ ἔσχετο χάλκεον ἔγχος" τὸ ταύτῃ
35 κωλυθῆναι ποσαχῶς ἐνδέχεται, ὡδὶ ἢ ὡδί, ὡς μάλιστ᾽ ἄν τις
ὑπολάβοι·

---

45 예전에는 혼합되지 않았던 것들이 혼합되었다(zōra te prin kechrēto): '문제'는
'prin'을 'zōra'와 연결해 읽느냐 'kechrēto'와 연결해 읽느냐다. 전자의 방식으로 읽
으면, 여기서 번역한 대로 '예전에 다른 것들과 혼합되지 않은 채 순수하게 존재
한 이 네 뿌리가 혼합되었다'는 것이 된다. 후자의 방식으로 읽으면 '이 혼합되지
않은 네 뿌리가 예전에 혼합되었다'는 것이 된다. 하지만 후자의 읽기는 불합리하
다. 따라서 '해결'은 'zōra'와 'prin' 사이의 분할을 통해 읽는 것이 아니라 'prin'과
'kechrēto' 사이의 분할을 통해 읽는 것이 엠페도클레스의 철학적 입장에 부합한다
는 것이다.

46 Homeros, *Il.*, 10, 252-253: '문제'는 밤의 두 부분, 즉 밤 전체 길이를 세 부분으로
나눈다고 할 때 밤의 2/3보다 더 많이 지나갔다면 남는 것은 1/3일 수 없다는 것,
즉 호메로스가 산술의 규칙을 위반했다는 것이다. '해결'은 'pleō'가 두 의미, 즉
'~보다 더 많이'와 '~의 대부분이'의 의미로 사용된다는 것이다. 후자의 의미로 이
해될 경우에 '밤의 2/3의 대부분이' 흘러간 것이므로, 아직 1/3이 남아 있다는 호메
로스의 묘사에는 아무 산술적 문제도 없게 된다.

전에는 혼합되지 않았던 것들이 혼합되었다"[45]는 엠페도클레스의 시구가 그렇다. 다른 반론은 [단어의] 중의성(重義性)을 통해 해결될 수 있다. "밤은 [밤의 두 부분보다] 더 많이 지나갔[고 아직 셋째 부분이 남아 있다]다"[46]가 그 예다. 왜냐하면 '더 많이'는 중의적이기 때문이다.

다른 반론은 언어의 관례적 용법에 의해 해결할 수 있다. 가령 우리는 물을 탄 포도주도 포도주라고 부른다. 그래서 시인은 "새로 정련한 주석으로 만든 정강이받이"라고 말한다.[47] 또한 우리는 쇠를 세공하는 사람을 '구리 세공인'(chalkeus)이라는 [뜻을 가진] 단어로 부르듯이,[48] 그렇게 우리는 신들이 포도주를 마시지 않음에도 불구하고 가뉘메데스가 제우스에게 포도주를 따른다고도 말하는 것이다. 하지만 이 표현을 은유적으로 이해하는 것도 가능하다.[49]

어떤 단어가 어떤 모순적인 것을 의미하는 것처럼 생각될 때도 우리는 항상 그 단어가 해당 구절에서 얼마나 많은 의미를 가질 수 있는지를 검토해야 한다. 예컨대 "거기서 청동의 창이 멈추었다"는 구절[50]의 경우에 '거기서 가로막혔다'는 표현이 얼마나 많은 의미를 가질 수 있는지에 대해 누군가는 이런 의미 또는 저런 의미를 시험해보면서 가능한 최선의 판단에 도달할 수 있을 것이다. 이러한 [검토의] 방식은 글라

---

47 '문제'는 정강이받이는 주석과 구리의 합금으로 만들어진 것이지 주석으로 만들어진 것이 아니라는 것이며, '해결'은 합성물은 그것을 이루는 요소 중 더 지배적인 것의 이름에 따라 불린다는 것이다. 포도주가 물과 섞이더라도 통상 포도주로 불리듯이, 주석이 구리와 섞이더라도 통상 주석으로 불린다는 것이다.

48 쇠를 세공하는 사람을 '구리 세공인'(chalkeus)이라는 [뜻을 가진] 단어로 부르듯이: '구리 세공인'을 뜻하는 'chalkeus'라는 단어로 쇠를 세공하는 사람인 '대장장이'를 지칭한다는 것이다.

49 넥타르가 신에 대해 갖는 관계는 포도주가 인간에 대해 갖는 관계와 같다. 따라서 신이 마시는 넥타르는 은유적으로 '포도주' 또는 '신들의 포도주'로 불릴 수 있다.

50 Homeros, *Il.*, 20, 272. 아이네이아스의 창을 아킬레우스의 방패로 막아내는 장면

κατὰ τὴν καταντικρὺ ἢ ὡς Γλαύκων λέγει, ὅτι ἔνιοι ἀλόγως

προϋπολαμβάνουσί τι καὶ αὐτοὶ καταψηφισάμενοι συλλογί-

ζονται, καὶ ὡς εἰρηκότος ὅ τι δοκεῖ ἐπιτιμῶσιν, ἂν ὑπεναν-

τίον ᾖ τῇ αὐτῶν οἰήσει. τοῦτο δὲ πέπονθε τὰ περὶ Ἰκάριον.

5 οἴονται γὰρ αὐτὸν Λάκωνα εἶναι· ἄτοπον οὖν τὸ μὴ ἐντυχεῖν

τὸν Τηλέμαχον αὐτῷ εἰς Λακεδαίμονα ἐλθόντα. τὸ δ᾽ ἴσως

ἔχει ὥσπερ οἱ Κεφαλλῆνές φασι· παρ᾽ αὐτῶν γὰρ γῆμαι λέ-

γουσι τὸν Ὀδυσσέα καὶ εἶναι Ἰκάδιον ἀλλ᾽ οὐκ Ἰκάριον· δι᾽

ἁμάρτημα δὲ τὸ πρόβλημα †εἰκός ἐστιν†. ὅλως δὲ τὸ ἀδύνα-

10 τον μὲν πρὸς τὴν ποίησιν ἢ πρὸς τὸ βέλτιον ἢ πρὸς τὴν δόξαν

δεῖ ἀνάγειν. πρός τε γὰρ τὴν ποίησιν αἱρετώτερον πιθανὸν

ἀδύνατον ἢ ἀπίθανον καὶ δυνατόν· ** τοιούτους εἶναι οἷον

Ζεῦξις ἔγραφεν,

이 묘사되어 있는 구절이다. 이 구절에는 그의 창이 다섯 겹의 금속판으로 되어 있
는 방패의 두 겹을 뚫고 들어가지만 금판에서 멈추게 되었다고 적혀 있다. 호메로스
는 금판의 정확한 위치를 말하고 있지 않은데, 고금의 해석자들은 대부분 청동판과
맨 안쪽에 있는 주석판 사이에 있는 것으로 보지 않았다. 만약 그렇게 본다면, 아리
스토텔레스가 여기서 '문제'로 소개하는 반론은 제기될 수 없었을 것이기 때문이다.
아리스타르코스는 금판이 가장 밖에 있다고 주장했다. 아마도 금속 중에서도 금이
최고의 장식미를 지니고 있거나 최상의 신비적 힘을 상징한다는 판단에 근거해 그
렇게 추정한 것으로 보인다. 이처럼 금판이 맨 바깥에 있다는 것을 가정하면, '문제'
는 창이 중간 두 겹의 청동판을 뚫고 '처음' 금판에서 멈추었다는 것은 논리적으로
불가능한 일, 즉 모순이라는 것이다. 아리스토텔레스는 '해결'을 명확히 제시하지
않지만, 그가 '거기서 멈추었다'를 '거기서 가로막혔다'는 표현으로 대체하는 것을
보면 어느 정도 추정할 수는 있다. 즉 '거기서 멈추었다'가 가진 가능한 여러 의미
중 하나가 '거기서 가로막혔다'이며, 이 후자의 의미에 주목한다면 창이 청동판을

우콘이 말하는 것과는 정반대다. 글라우콘에 따르면, 몇몇 사람은 어 1461b
떤 것을 [어떤 시험도 없이] 불합리하게 미리 가정하고 [이 가정이] 참이라
고 [자의적으로] 단정한 다음에 [이 가정으로부터 귀결을] 추론한다. 그리고
[시인의 말이] 자신들의 의견과 모순될 때는, 마치 시인이 자신들이 [시인
이 말한 것으로] 생각하는 것을 말한 것처럼 시인을 비난한다.

이카리오스 때문에 제기된 반론도 이러한 잘못을 범한 경우에 속한
다. 왜냐하면 [비판을 제기한] 사람들은 이카리오스가 스파르타인이므로
텔레마코스가 스파르타에 갔을 때 그를 만나지 않은 것은 이치에 맞지   5
않는다고 생각하기 때문이다. 그러나 아마도 케팔레니아 사람들의 말
이 사실일 수도 있다. 그들은 오뒤세우스가 케팔레니아 출신과 결혼했
고 [그녀의 아버지 이름은] '이카디오스'지 '이카리오스'가 아니라고 주장
하니까 말이다. 이 문제는 아마도 착오로 인해 제기된 것 같다.

지금까지의 논의를 간략히 정리해보자. 불가능한 것은 시[의 목적이]
나 [있는 그대로의 묘사보다] 더 바람직한 [방식으로 이루어지는] 묘사, 또는   10
[사람들의] 의견에 입각해 정당화해야 한다. 시의 [목적의] 관점에서는
불가능하지만 설득력이 있는 것이, 가능하지만 설득력이 없는 것보다
더 선택할 만하다. 왜냐하면 제욱시스가 그리곤 했던 [이상적으로 아름다
운] 인간들이 실제로 존재하는 것은 아마도 불가능하겠지만,[51] [그런 인

뚫고 금판에서 '멈추었다'는 것은 창이 (비록 두 청동판을 뚫었지만 마지막 두 주
석판까지는 관통하지 못하도록) 금판에 의해 '가로막혔다' 또는 '방해받았다'는 것
이 되고, 이로써 논리적 불합리는 해소될 수 있다는 것이다. 창에 대한 금판의 이
러한 저항 형태를 금의 신적인 힘과 연결하는 것에 대해서는 로즐린 뒤퐁록, 장 랄
로/김한식 옮김(2010), 549f. 참조.
51 왜냐하면 …… 아마도 불가능하겠지만: 이 부분은 카셀 판본에서는 생략되어 있지
만, 나는 아랍 번역본(Ar: 'etenim fortasse non possibile est esse talia, quae')에 따라
'kai gar isōs adynaton'을 추가해 'kai gar isōs adynaton toihoutous einai hoihous'로
읽었다.

ἀλλὰ βέλτιον· τὸ γὰρ παράδειγμα δεῖ ὑπερέχειν. πρὸς ἃ φα-
σιν τἄλογα· οὕτω τε καὶ ὅτι ποτὲ οὐκ ἄλογόν ἐστιν· εἰκὸς γὰρ
καὶ παρὰ τὸ εἰκὸς γίνεσθαι. τὰ δ᾽ ὑπεναντίως εἰρημένα οὕτω
σκοπεῖν ὥσπερ οἱ ἐν τοῖς λόγοις ἔλεγχοι εἰ τὸ αὐτὸ καὶ πρὸς
τὸ αὐτὸ καὶ ὡσαύτως, ὥστε καὶ †αὐτὸν† ἢ πρὸς ἃ αὐτὸς
λέγει ἢ ὃ ἂν φρόνιμος ὑποθῆται. ὀρθὴ δ᾽ ἐπιτίμησις καὶ ἀλο-
γίᾳ καὶ μοχθηρίᾳ, ὅταν μὴ ἀνάγκης οὔσης μηθὲν χρήσηται
τῷ ἀλόγῳ, ὥσπερ Εὐριπίδης τῷ Αἰγεῖ, ἢ τῇ πονηρίᾳ, ὥσπερ
ἐν Ὀρέστῃ <τῇ> τοῦ Μενελάου. τὰ μὲν οὖν ἐπιτιμήματα ἐκ
πέντε εἰδῶν φέρουσιν· ἢ γὰρ ὡς ἀδύνατα ἢ ὡς ἄλογα ἢ ὡς
βλαβερὰ ἢ ὡς ὑπεναντία ἢ ὡς παρὰ τὴν ὀρθότητα τὴν κατὰ
τέχνην. αἱ δὲ λύσεις ἐκ τῶν εἰρημένων ἀριθμῶν σκεπτέαι.
εἰσὶν δὲ δώδεκα.

---

52 키케로(Cicero)는 『발견론』(De inventione)에서 제욱시스에 관한 다음의 이야기를
전하고 있다(Cicero(1976), 2.1-3 참조). 제욱시스는 지상의 아프로디테로 칭송되
는 트로이아의 헬레네를 그리고자 했다. 하지만 그는 현실 세계에서 헬레네의 아름
다움을 완벽하게 구현한 여인을 찾을 수 없었다. 그는 헬레네의 월등한 아름다움을
지상의 어느 한 인간에게서 발견할 수 없다고 생각했기 때문에 크로톤의 젊은 여인
들 가운데 다섯 명을 골라 각자의 가장 빼어난 특징을 모아 완전한 아름다움의 전형
을 창조해냈다.

53 어떤 모순(enantion): 카셀은 필사본 Π에 따라 'auton'으로 읽으면서 동시에 내용적
인 측면에서 'enantion'이 더 적합하다고 추정한다. 나는 카셀의 추정('fort.')에 따라
'enantion'으로 읽었다.

54 Euripides, Med., 663ff. 아이게우스의 등장이 행위 전개의 논리에 저촉되기 때문에
비논리적이고 불합리하다는 것이다.

간들을 그리는 것이 회화 자체의 관점에서 보면] 더 바람직하기 때문이다. [아름다움의] 본[이 되는 인간]은 [아름다운 보통의 인간보다] 우월해야 하니까 말이다.[52]

불합리한 것은 사람들이 말하는 바에 입각해 정당화해야 한다. 또한 그런 식으로 [비평가들에 의해 제기되는 불합리한 것이] 어떤 때는 불합리하 15 지 않다는 사실에 입각해 정당화해야 한다. 왜냐하면 어떤 일이 개연성에 반해 발생하는 것도 개연적이기 때문이다.

모순적인 말들에 대한 검토는 [참과 거짓의 판정을 목표로 하는 철학적] 대화에서 행해지는 논박들과 같은 방식으로 이루어져야 한다. 즉 [시인이] 동일한 것을 동일한 것과 관련해 동일한 방식으로 말하고 있는지 물어야 하며, 그래서 시인 자신이 말하는 것에 또는 이성적인 사람이 [자명한 것으로] 가정하는 것에 실제로 어떤 모순[53]이 있는지를 확인해야 한다.

그러나 불합리성이나 악의[적] 성[격]과 관련해 제기되는 비판은 정당하다. 시인이 [구성의 통일성을 기하는 데] 꼭 필요한 것이 아님에도 불 20 구하고, 에우리피데스가 [『메데이아』에서] 아이게우스를 등장시킬 때처럼[54] 불합리한 것을 이용하거나 『오레스테스』에서 메넬라오스를 묘사할 때처럼[55] 악[한 성격]을 이용한다면 말이다.

따라서 [시적 표현들에 대한] 반론은 [총] 다섯 종류에 달한다: 불가능한 것[의 묘사], 불합리한 것[의 묘사], 해로운 것[의 묘사], 모순적인 것[의 묘사], [시 예술과 다른] 기술에서 참된 것으로 인정되는 것에 반하는 것[의 묘사].

이에 대한 해결은 앞서 언급한 항목들에 비추어 검토되어야 하며, 거 25 기에는 총 열두 가지가 있다.

---

55 Euripides, *Or.*, 356ff., 1554ff. §15에서 아리스토텔레스는 구성의 통일적 조직에 필요한 것 이상으로 성격이 악하게 묘사된 대표적 인물로 메넬라오스를 들고 있다.

Πότερον δὲ βελτίων ἡ ἐποποιικὴ μίμησις ἢ ἡ τραγική, δι-
απορήσειεν ἄν τις. εἰ γὰρ ἡ ἧττον φορτικὴ βελτίων, τοιαύτη
δ᾽ ἡ πρὸς βελτίους θεατάς ἐστιν ἀεί, λίαν δῆλον ὅτι ἡ ἅπαντα
μιμουμένη φορτική· ὡς γὰρ οὐκ αἰσθανομένων ἂν μὴ αὐτὸς
30   προσθῇ, πολλὴν κίνησιν κινοῦνται, οἷον οἱ φαῦλοι αὐληταὶ
κυλιόμενοι ἂν δίσκον δέῃ μιμεῖσθαι, καὶ ἕλκοντες τὸν κο-
ρυφαῖον ἂν Σκύλλαν αὐλῶσιν. ἡ μὲν οὖν τραγῳδία τοιαύτη
ἐστίν, ὡς καὶ οἱ πρότερον τοὺς ὑστέρους αὐτῶν ᾤοντο ὑπο-
κριτάς· ὡς λίαν γὰρ ὑπερβάλλοντα πίθηκον ὁ Μυννίσκος τὸν
35   Καλλιππίδην ἐκάλει, τοιαύτη δὲ δόξα καὶ περὶ Πινδάρου ἦν·
1462a ὡς δ᾽ οὗτοι ἔχουσι πρὸς αὐτούς, ἡ ὅλη τέχνη πρὸς τὴν ἐπο-
ποιίαν ἔχει. τὴν μὲν οὖν πρὸς θεατὰς ἐπιεικεῖς φασιν εἶναι
<οἳ> οὐδὲν δέονται τῶν σχημάτων, τὴν δὲ τραγικὴν πρὸς
φαύλους·

---

56 아리스토텔레스는 'gar'(1461b27)를 통해 사람들이 그 질문에 당황하는 배경을 설
    명하고 있다. 'gar'가 내용적으로 이 문단 전체에 영향을 끼친다고 판단해 'gar'(왜냐
    하면)를 떼어내 독립된 하나의 문장으로 옮겼다.

57 저속한(phortikē): '저속한' 모방은 일반 대중의 입맛이나 취향에 맞게 묘사하는 '대
    중적' 모방을 말한다.

58 아리스토텔레스는 비극의 대중성에 대한 통상적인 비난에 대해 말하고 있다. 이 비
    난은 주로 배우들의 저속한 대중 의존적 연기에 근거해 제기되는 것이다.

59 『스퀼라』: '1454a31' 참조.

제26장 서사시에 대한 비극의 우월성

서사시적 모방과 비극적 모방 가운데 어느 것이 더 훌륭한 것인가라는 질문에 [어떻게 답할지] 당황하는 사람도 있을 것이다.

[그가 당황하는 배경은 이렇게 설명할 수 있다.][56] 덜 저속한[57] 모방이 더 훌륭한 모방이고 그와 같은 [덜 저속한] 모방이 더 교양 있는 관객에게 적합한 모방이라면, [대중의 기호에 맞게] 아무거나 다 묘사하는 모방이 저속한 모방이라는 것은 의심할 여지 없이 분명하다.[58] 자신이 뭔가를 덧붙이지 않으면 관객이 이해하지 못할 것으로 생각한 나머지 [배우들은] 별의별 동작을 다 한다. 예를 들면 열등한 아울로스 연주자는 원반던지기를 모방해야 할 때는 몸을 빙글빙글 돌리고, 『스퀼라』[59]를 공연할 때는 코로스의 지휘자를 끌어당긴다. 그런데 비극이 [바로] 그와 같은 것이다. 옛날 배우들도 그들의 후배 배우들을 그렇게 생각했다. 가령 뮌니스코스는 지나치게 과장된 몸짓 때문에 칼립피데스를 '원숭이'라고 불렀다. 그와 같은 평은 핀다로스에 대해서도 있었다. 이 [후배] 배우들이 저 [선배] 배우들에 대해 가지는 관계는 비극 예술 전체가 서사시에 대해 가지는 관계와 같다. 서사시는 [배우의] 몸동작을 전혀 필요로 하지 않는 교양 있는 관객에 부합하는 반면, 비극 예술은 저급한 관객[60]에

30

35

1462a

---

60 관객(theatai): 'theatai'는 연극의 '관객'을 의미한다. 서사시는 음송되는 것이기 때문에 여기서 '청중'으로 옮기는 것이 적절한 것처럼 보이는데, 만약 '음송하는 것을 듣는 자'를 '음송하는 자를 보는 자'로 이해하면 '관객'의 제한적 의미를 어느 정도는 확장할 수 있을 것 같다. 물론 가장 좋은 번역의 방식은 아리스토텔레스가 'theatai'를 '청중'과 '관객' 모두를 포괄하는 개념(영. audience, 독. das Publikum)으로 사용했다고 가정하고 서사시의 경우 '청중'으로, 비극의 경우 '관객'으로 옮기는 것인데, 이는 사전적으로 확인되지는 않는다(H. G. Lidell & R. Scott(1968), 'theatēs' 항목 참조).

5   εἰ οὖν φορτική, χείρων δῆλον ὅτι ἂν εἴη. πρῶτον μὲν οὐ τῆς
    ποιητικῆς ἡ κατηγορία ἀλλὰ τῆς ὑποκριτικῆς, ἐπεὶ ἔστι περι-
    εργάζεσθαι τοῖς σημείοις καὶ ῥαψῳδοῦντα, ὅπερ [ἐστὶ] Σωσί-
    στρατος, καὶ διάδοντα, ὅπερ ἐποίει Μνασίθεος ὁ Ὀπούντιος.
    εἶτα οὐδὲ κίνησις ἅπασα ἀποδοκιμαστέα, εἴπερ μηδ' ὄρχησις,
10 ἀλλ' ἡ φαύλων, ὅπερ καὶ Καλλιππίδῃ ἐπετιμᾶτο καὶ νῦν ἄλ-
    λοις ὡς οὐκ ἐλευθέρας γυναῖκας μιμουμένων. ἔτι ἡ τραγῳ-
    δία καὶ ἄνευ κινήσεως ποιεῖ τὸ αὑτῆς, ὥσπερ ἡ ἐποποιία· διὰ
    γὰρ τοῦ ἀναγινώσκειν φανερὰ ὁποία τίς ἐστιν· εἰ οὖν ἔστι τὰ
    γ' ἄλλα κρείττων, τοῦτό γε οὐκ ἀναγκαῖον αὐτῇ ὑπάρχειν.
    ἔπειτα διότι πάντ' ἔχει ὅσαπερ ἡ ἐποποιία

---

61 서사시적 모방의 상대적인 우월성을 주장하는 사람들의 추론은 다음과 같다(로즐
   린 뒤퐁록, 장 랄로/김한식 옮김(2010), 564: '덜 저속한 모방이 더 훌륭한 모방이
   다. 그런데 비극은 저속하다. 따라서 비극적 모방은 열등하다').

62 저급한 자들(phauloi): 자신의 역할을 품위 있게 연기하지 못하는 '저급한 배우들'을
   말한다.

266

부합한다고 하는 자들의 주장에 따르면 말이다. 따라서 비극이 저속하다면 그것이 [서사시보다] 열등한 모방임은 분명하다.[61]

하지만 첫째로 이 비난은 시 예술에 대한 것이 아니라 연기술(演技術)에 대한 것이다. 왜냐하면 과장된 몸짓으로 연기하는 것은 소시스트라토스처럼 서사시를 음송할 때도 가능하고 오푸스의 므나시테오스가 늘 했던 것처럼 노래 경연을 할 때도 가능하기 때문이다.

둘째로 우리가 춤까지도 배척하는 것이 아니라면 모든 종류의 동작을 배척해서는 안 된다. 오히려 저급한 자들[62]의 동작[만]을 배척해야 한다. 바로 이것이 칼립피데스가 비난받은 점이며, 오늘날 다른 배우들 역시 비난받고 있는 점이다. 왜냐하면 그들은 자유로운 [성향의] 여자들을 모방하지 못했기 때문이다.[63]

게다가 비극은 서사시와 마찬가지로 [신체적] 동작 없이도 그 고유의 효과를 거둘 수 있다. 왜냐하면 읽는 것[만]으로도 그것이 어떤 작품인지가 분명해지기 때문이다.

그러므로 비극이 다른 모든 측면에서 [서사시보다] 더 우월하다면, 이것[64]은 비극에 필수적으로 속하는 부분은 아니다.

더 나아가 비극이 [서사시보다] 더 우월한 이유는 비극이 서사시가 가지고 있는 모든 것을 다 가지고 있기 때문이며, (비극은 심지어 서사시의

---

63 아리스토텔레스의 비판 대상은 배우의 연기방식이지(D. W. Lucas(1968), 254; S. Halliwell(1995), 각주 336 참조) 연기를 위한 신체적 동작의 사용 자체가 아니다. 동작을 사용한 모방은 모든 배우에게 불가피한 것이다. 하지만 어떤 동작을 사용하느냐에 따라 좋은 배우와 나쁜 배우의 구별은 있다. 가령 좋은 배우는 자유로운 여인의 행위를 품위 있는 동작으로, 즉 자유를 추구하는 여인의 기품이 드러나도록 표현하는 반면에 나쁜 배우는 자유로운 여인의 내면적 성격을 드러내지 못한 채 저급한 동작으로 표현한다. 아리스토텔레스는 성격의 특정한 내적 태도에 따라 행위하는 인물에 대한 배우의 저급하고 외면적인 모방방식을 비판하고 있다.

64 이것: 배우의 연기를 통한 묘사를 가리킨다.

(καὶ γὰρ τῷ μέτρῳ ἔξεστι χρῆσθαι), καὶ ἔτι οὐ μικρὸν μέρος
τὴν μουσικήν [καὶ τὰς ὄψεις], δι' ἧς αἱ ἡδοναὶ συνίστανται
ἐναργέστατα· εἶτα καὶ τὸ ἐναργὲς ἔχει καὶ ἐν τῇ ἀναγνώσει
καὶ ἐπὶ τῶν ἔργων· ἔτι τῷ ἐν ἐλάττονι μήκει τὸ τέλος τῆς
μιμήσεως εἶναι (τὸ γὰρ ἀθρούτερον ἥδιον ἢ πολλῷ κεκρα-
μένον τῷ χρόνῳ, λέγω δ' οἷον εἴ τις τὸν Οἰδίπουν θείη τὸν
Σοφοκλέους ἐν ἔπεσιν ὅσοις ἡ Ἰλιάς)· ἔτι ἧττον μία ἡ μίμησις
ἡ τῶν ἐποποιῶν (σημεῖον δέ, ἐκ γὰρ ὁποιασοῦν μιμήσεως
πλείους τραγῳδίαι γίνονται), ὥστε ἐὰν μὲν ἕνα μῦθον ποιῶσιν,
ἢ βραχέως δεικνύμενον μύουρον φαίνεσθαι, ἢ ἀκολουθοῦντα
τῷ τοῦ μέτρου μήκει ὑδαρῆ·

1462b

5

---

65 비극은 서사시가 지닌 모든 것을 가지고 있으므로 우리는 서사시를 읽으면서 느낄
수 있는 모든 쾌감을 비극을 읽으면서도 체험할 수 있을 뿐만 아니라 서사시가 지니
고 있지 않은 음악적·시각적 요소를 가지고 있으므로 우리는 서사시를 들으면서 결
코 느낄 수 없는 모든 쾌감을 비극 공연을 직접 관람하면서 체험할 수도 있다는 것
이다. '읽을 때뿐만 아니라'는 비극의 목표가 동작 없이도 성취 가능하다는, 그래서

운율도 사용할 수 있으니까 말이다) 아울러 전혀 사소하지 않은 부분으로서 음악적 요소와 시각적 요소를 지니고 있기 때문이다. [우리에게] 쾌감을 더없이 생생하게 제공하는 것이 이 요소[들]이다.

그러므로 [비극이 주는 쾌감의] 생생함을 우리는 비극을 읽을 때뿐만 아니라 실제로 공연되는 비극을 볼 때에도 체험한다.[65]

[비극이 서사시보다 더 우월한] 또 [다른 이유는] 모방의 목표가 [비극의 경우에 상대적으로] 더 짧은 [구성의] 길이에 의해 성취될 수 있기 때문이다. (왜냐하면 [하나의 행위에] 보다 더 집중된 구성은 긴 시간에 걸쳐 [일어나는 다수의 행위에 의해] 분산된 것보다 더 큰 쾌감을 주기 때문이다. 가령 누군가가 소포클레스의 『오이디푸스』를 『일리아스』만큼 긴 서사시로 만든다고 생각해보라.) 1462b

[따라서][66] 서사시인들의 모방은 [비극작가들의 모방에 비해 그] 통일성이 더 떨어진다. (이들의 그 어떤 모방[작품]으로부터라도 여러 편의 비극이 만들어질 수 있다는 사실이 그 증거다.) 따라서 [서사시인들이] 하나의 구성을 만들 경우에 이 구성이 짤막하게 전개될 때는 [끝까지] 마무리되지 않은 것처럼[67] 보이며, [서사시의] 운율에 맞는 길이에 따를 때는 장황한 5

몸동작을 사용한 배우의 연기를 보지 않고 단지 작품을 읽기만 해도 비극 전체의 흐름을 알 수 있다는 '1462a11-12'의 구절과 연결되어 있다. 또한 비극 읽기를 통한 쾌감의 이러한 생생한 체험방식은 §17('1455a22f.')에서 언급되는, 비록 공연을 직접 관람하지 않더라도 행위들의 전개를 마치 현장에서 직접 보듯이 구체적이고 생생하게 표상하는 방식을 상기시킨다(로즐린 뒤퐁록, 장 랄로/김한식 옮김(2010), 573 참조).

66 [따라서]: 여기서 아리스토텔레스는 비극의 우월성의 근거가 구성의 크기에 기초해 있다는 직전의 주장이 함축하는 바를 구성의 통일성의 관점에서 다시 설명하고 있다. 앞 단락과의 내용적 연결성을 나타내기 위해 '따라서'를 첨가했다.

67 마무리되지 않은 것처럼(myouros): 'myouros'는 원래 '쥐의 꼬리가 잘린'을 뜻하며, 이로부터 '끝이 서서히 가늘어지는'(tapering)의 의미가 파생된다. 서사시의 구성이 짧게 조직될 경우에 행위의 전개가 그 끝에 이르지 못하고 불완전하게 마무리된다는 것을 비유적으로 표현하고 있다.

λέγω δὲ οἷον ἐὰν ἐκ πλειόνων πράξεων ᾖ συγκειμένη,
ὥσπερ ἡ Ἰλιὰς ἔχει πολλὰ τοιαῦτα μέρη καὶ ἡ Ὀδύσσεια <ἃ>
καὶ καθ' ἑαυτὰ ἔχει μέγεθος· καίτοι ταῦτα τὰ ποιήματα συν-
έστηκεν ὡς ἐνδέχεται ἄριστα καὶ ὅτι μάλιστα μιᾶς πράξεως
μίμησις. εἰ οὖν τούτοις τε διαφέρει πᾶσιν καὶ ἔτι τῷ τῆς τέ-
χνης ἔργῳ (δεῖ γὰρ οὐ τὴν τυχοῦσαν ἡδονὴν ποιεῖν αὐτὰς
ἀλλὰ τὴν εἰρημένην), φανερὸν ὅτι κρείττων ἂν εἴη μᾶλλον
τοῦ τέλους τυγχάνουσα τῆς ἐποποιίας.

περὶ μὲν οὖν τραγῳδίας καὶ ἐποποιίας, καὶ αὐτῶν καὶ
τῶν εἰδῶν καὶ τῶν μερῶν, καὶ πόσα καὶ τί διαφέρει, καὶ τοῦ
εὖ ἢ μὴ τίνες αἰτίαι, καὶ περὶ ἐπιτιμήσεων καὶ λύσεων, εἰρή-
σθω τοσαῦτα. * * *

것처럼[68] 보인다. [서사시인의 모방이 통일성을 더 적게 가진다고 할 때] 내가 말하려고 하는 것은 [서사시인의 모방이] 다수의 행위로 결합되어 있다는 것이다. 『일리아스』나 『오뒤세이아』도 각기 그 자체의 내용에 맞게 일정한 크기를 가지고 있는 그런 부분[행위]들을 많이 가지고 있듯이 말이다. 물론 이 시들은 [많은 부분행위를 가지고는 있더라도 그것들을] 가능한 최선의 방식으로 조직했으며, [그런 점에서] 하나의 행위에 대한 [서사시가 도달할 수 있는] 가능한 최고 수준의 모방이었다.

따라서 비극이 이 모든 측면에서뿐만 아니라 그 고유의 예술적 효과의 측면에서도 서사시를 뛰어넘는다면(그것들[69]은 아무 쾌감이 아니라 우리가 앞서 말한 [특정한] 쾌감을 산출해야 하니까 말이다), 비극이 서사시보다 더 우월하다는 것은 명백하다. 왜냐하면 비극은 [예술로서 시의] 목표를 더 잘 달성하기 때문이다.

비극과 서사시에 관한 우리의 논의, 즉 그것들 자체, 그 종류와 부분, [부분의] 수와 [부분들 간의] 차이, [작품 구성의] 예술적 탁월성과 열등성에 대한 판단의 근거들, 그리고 반론들과 해결들에 대한 논의는 이 정도로 하자. ···

---

68 장황한 것처럼(hydarēs): 'hydarēs'는 포도주가 너무 많은 물과 섞여 희석된 상태를 표현하는 형용사로서 앞서 언급된 '분산된'(kekramenon, 1462b1)에 상응하는 표현이다. 다량의 물과 혼합됨으로써 포도주가 희석되듯이, 행위의 통일적 전개에 불필요한 다른 많은 행위가 뒤섞임으로써 구성 자체가 필요 이상으로 분산되고 확장된다는 것을 비유적으로 표현하고 있다.

69 그것들(autai): 특정한 쾌감의 산출을 공통으로 목표하는 비극과 서사시의 두 모방 형식을 가리킨다. 비극과 서사시의 우열을 다루는 맥락을 고려해 '비극[작품]들'(tragōdiai)을 가리키는 것으로 읽을 수도 있다.

나는 사실 『시학』 전문가는 아니다. 『시학』을 주제로 학위 논문을 쓴 것도 아니고, 논문도 겨우 한 편 쓴 형편이다. 내가 『시학』에 관심을 갖게 된 것은 은사인 슈미트 교수가 1994년에 개설한 『시학』 세미나 때문이었다. 플라톤에 대한 학위 논문을 준비하던 중이라 고대 문학에 대한 상식을 넓히는 기회라고만 생각했는데, 한 학기 내내 아리스토텔레스의 형이상학과 심리학, 윤리학과 수사학 사이를 넘나들었다. 『시학』을 이렇게 폭넓게 접근할 수 있다는 것이 신기할 정도였다. 나는 보고서를 통해 행위의 자발성과 도덕적 책임의 관계에 대한 『니코마코스 윤리학』의 분석에 근거해 '하마르티아' 개념을 해석했으며, 앞서 말한 한 편의 논문도 이 보고서를 토대로 작성했다.

그리스어를 익히기 전부터 『시학』을 천병희 교수의 번역본으로 공부했다. 호라티우스의 『시학』과 플라톤의 『국가』 제10권까지 포함하고 있는 천병희 번역본은 고대 문학을 국내에 소개하고 전파하는 데 크게 이바지했다. 이 지면을 빌려 국내 『시학』 연구의 첫 세대에 속하는 천병희 교수께 감사의 말씀을 전하고 싶다(2022년 12월 22일 이 후기를 쓰던 중 천병희 교수의 부고를 접했다. 머리 숙여 고인의 명복을 빈다). 오랜 기간 반복해 읽었으니 천병희의 『시학』이 내게는 곧 아리스토텔레스의 『시학』이었다. 그도 그럴 것이 유럽어 번역본들과 비교해봐도 천병희 번역의 언어적 감수성과 원문 이해의 정확성은 절대 뒤떨어지지 않는다. 하지만 원문 자체의 애매성과 언어적 불투명성은 옮긴이로서 나에게 더 용감해지길 요구했다. 이미 좋은 번역본이 있는데 그것을 넘어서는 것은 나로서는 쉬운 일이 아니었다. 사실 내 번역본이 천병희 번역본을 넘어섰다고 자신 있게 말할 수도 없다. 그래도 나는 『시학』의 이해와 해석, 그리고 번역의 척도를 가능한 한 나 자신에게 두기로 했다. 내가 할 수 있는 것은 내가 내 번역의 독자가 되어 내 번역에 동의할 수 있는지를 스스로 점검하는 것뿐이었다. 이 번역본에는 대괄호([ ]) 안에 삽입한 내용이 많다. 내가 이해한 바를 솔직하게 전달하고 싶었다. 나보다 더 뛰어난 독자에게는 거추장스럽겠지만 적어도 『시학』을 처음 읽는 독자가 논의의 전개를 쉽게 이해할 수 있도록 만들고 싶었다. 이런 시도에 대한 책임은 당연히 나에게 있다. 열린 마음으로 수정 작업도 계속해갈 것이다. 앞으로 더 정확하고 충실한 번역본을 후배 학자들이 계속 만들어내기를 진심으로 바란다. 아쉬운 점이 하나 있는데, 『시학』에 나오는 시인들이나 그들의 작품 등에 대해 각주를 통해 충분히 해설하지 못한 것이다. 천병희 교수의 각주 설명은 비교적 상세하니 그것을 참고하면서 읽으면 좋을 것 같다. 이외에 김한식 교수가 번역한 뒤풍록과 랄로의 프랑스어판 『시학』과 그 주석도 이 책을 읽으면서 생기는 의문을 더 깊게 파고드는 데 유익한 길잡이가 될 것이다.

이 책의 완성은 가족의 인내와 지지 없이는 불가능했을 것이다. 어머니가 돌아가시기 직전에 초역을 마쳤는데, 벌써 만 5년이 흘렀다.

이 5년은 고치고 또 고치는 시간이 반복되는 고통스러운 시간이었지만 동시에 배움의 겸손을 배우는 시간이기도 했다. 철학과 동료 교수님과 원고 편집에 많은 도움을 준 대학원생 박선영과 변성민과 이지현, 그리고 책의 출판을 위해 애써주신 도서출판 길의 관계자 여러분께도 고마운 마음을 전한다.

2023년 7월
이상인

1. 『시학』의 원전·번역·주석

아리스토텔레스/천병희 옮김(2002), 『시학』, 문예출판사, 1-162.

al-Farabi(1937), "Fārābī's Canons of Poetry", ed. and translation by A. J.
    Arberry, *Rivista degli Studi Orientali* 17, 266-278.

Aristoteles(1831), *Aristotelis Opera*, ex rec. I. Bekkeri ed. Academia Regia
    Borussica, vol. II, Berlin.

—(1965), *De arte poetica liber*, rec. R. Kassel, Oxford.

Averroes(1977), *Averroës' Three Short Commentaries on Aristotle's Topics,
    Rhetoric, and Poetics. Ed. and Translated by Ch. E. Butterworth*, Albany
    (N. Y.) (Studies in Islamic Philosophy and Science).

—(2000), *Averroes' Middle Commentary on Aristotle's Poetics. Translation,
    introduction, and notes by Ch. E. Butterworth*, South Bend.

Avicenna(1974), *Avicenna's Commentary on the Poetics of Aristotle. A Critical
    Study with an Annotated Translation of the Text by I. M. Dahiyat*, Leiden,
    1974.

Butcher, S. H.(1985), *Aristotle's Theory of Poetry and Fine Art, with a critical text
    and translation of the Poetics*, London.

—(2014), 『아리스토텔레스의 창작예술론』, 김진성 옮김, 세창출판사.

Bywater, I.(1909), *Aristotle, On the Art of Poetry. A revised text, with critical
    introduction, translation and commentary*, Oxford.

—(1984), *Aristotle, Poetics*, in: *The Rhetoric and the Poetics of Aristotle*. Introduction by Edward P. J. Corbett, New York, 219-266.

Dupont-Roc, R. & Lallot, J.(1980), *Aristote, La Poétique. Le texte grec avec une traduction et des notes de lecture*, Paris.

—(2010), 『시학』, 김한식 옮김, 펭귄클래식코리아.

Else, G. F.(1957), *Aristotle's Poetics: the Argument*, Cambridge/Massachusetts.

—(1967), *Aristotle, Poetics, translated with an introduction and notes*, Ann Arbor.

Fuhrmann, M.(1976), *Aristoteles, Poetik, eingeleitet, übersetzt u. erläutert*, München.

Golden, L. & Hardison, O. B.(1981), *Aristotle's Poetics. A Translation and Commentary for Students of Literature. Translation by L. Golden, Commentary by O. B. Hardison*, Repr. Tallahassee.

Halliwell, S.(1987), *The Poetics of Aristotle: translation and commentary*, Chapel Hill.

—(1995), *Aristotle, Poetics*, in: *Aristotle, Poetics*, ed. and translated by S. Halliwell; *Longinus, On the Sublime*, ed. and translated by W. H. Fyve, revised by D. Russell; *Demetrius, On Style*, ed. and translated by D.C. Innes, based on the translation by W. Rh. Roberts, Cambridge (Mass.)/London (The Loeb Classical Library 199), 1-141.

Heath, M.(1996), *Aristotle, Poetics, translated with an introduction and notes*, Harmondsworth.

Lucas, D. W.(1968), *Aristotle, Poetics. Introduction, Commentary and Appendixes*, Oxford.

Schmitt, A.(2008), *Aristoteles, Poetik. Übersetzt und Erläutert von*, Berlin.

Tarán L. & Gutas D.(2012), *Aristotle Poetics. Editio Maior of the Greek Text with Historical Introductions and Philological Commentaries*, Leidn/Boston.

Vahlen, J.(1867), *Aristotelis De arte poetica liber*, Berlin.

2. 기타 원전·번역·주석·사전류

디오게네스 라에르티오스/김주일, 김인곤, 김재홍, 이정호 옮김(2021), 『유명한 철학자들의 생애와 사상 1/2』, 나남.

메난드로스/천병희 옮김(2003), 『메난드로스 희극』, 단국대학교출판부.

소포클레스/천병희 옮김(2008), 『소포클레스 비극 전집』, 도서출판 숲.

아리스토텔레스/김재홍 옮김(2017), 『정치학』, 도서출판 길.

아리스토텔레스/강상진, 김재홍, 이창우 옮김(2011), 『니코마코스 윤리학』, 도서출판 길.

아리스토텔레스/조대호 옮김(2017), 『형이상학』, 도서출판 길.

아리스토파네스/천병희 옮김(2000), 『아리스토파네스 희극』, 단국대학교출판부.

아이스퀼로스/천병희 옮김(1998), 『아이스퀼로스 비극』, 단국대학교출판부.

호메로스/천병희 옮김(2015), 『일리아스』, 도서출판 숲 (개정판).

―(2015), 『오뒷세이아』, 도서출판 숲 (개정판).

에우리피데스/천병희 옮김(2009), 『에우리피데스 비극 전집』 1·2, 도서출판 숲.

Alfarabi(2001), *Philosophy of Plato and Aristotle, trans., with an introduction by Mushin Mahdi*, rev. ed., New York.

Aristoteles(=Aris.), *De partibus animalium* (=De part. an.), rec. B. Langkavel, Leipzig.

―, *Ethica Nicomachea* (=EN), rec. I. Bywater, Oxford, 1894.

―, *De animalibus historia* (=Hist. an.), rec. L. Dittmeyer, Lipsiae, 1907.

―, *Categoriae et liber De Interpretatione*(=Cat., Interpr.), rec. L. Minio-Paluello, Oxford, 1949.

―, *Physica* (=Phy.), rec. W. D. Ross, Oxford, 1950.

―, *De sensu et sensato* (=De sensu), in: Parva Naturalia: A revised Text with Introd. and Comm. by W. D. Ross, Oxford, 1955.

―, *De anima* (=DA), rec. W. D. Ross, Oxford, 1956.

―, *Metaphysica* (=Meta.), rec. W. Jaeger, Oxford, 1957.

―, *Politica* (=Pol.), rec. W. D. Ross, Oxford, 1957.

―, *Topica et Sophistici Elenchi* (Top., Soph. elen.), rec. W. D. Ross, Oxford, 1958.

―, *Magna Moralia* (=M. Moral.), Übersetzt und erläutert von Franz Dirlmeier, Berlin, 1958.

―, *Ars rhetorica* (=Rhet.), rec. W. D. Ross, Oxford, 1959.

―, *Analytica Priora et Posteriora* (=Anal. pr., Anal. post.), rec. W. D. Ross, Oxford, 1964.

―, *De arte poetica liber* (=Poetica), rec. Rudolf Kassel, Oxford, 1965.

—, *De generatione animalium* (=*De ge. an.*), rec. H. J. Drossaart Lulofs, Oxford, 1965.

—, *Ethica Eudemia* (=*E. Eud.*), rec. F. Susemihl, Amsterdam, 1967.

—, *De motu animalium* (=*De motu an.*), Text with Trans., Comm. and Interpretive Essays by M. C. Nussbaum, Princeton, 1978.

Aischylos(1972), *Aischyli septem quae supersunt tragoedias*, ed. D. Page, Oxford.

Aristophanes(1906/07), *Aristophanis Comoediae*, rec. F. W. Hall et W. M. Geldart, 2 Bde., Oxford.

Cicero(1976), *De inventione, De optimo genere oratorum, Topica*, trans. H. M. Hubbell, Cambridge(Loeb Classical Library).

Diehl, E.(1954), *Anthologia Lyrica Graeca, Fasc. I: Poetae Elegiaci*, Leipzig.

Diels, H. & Kranz, W.(1951/2)(=D/K), *Die Fragmente der Vorsokratiker*, griech. u. dt. v. Hermann Diels, hg. v. Walter Kranz, 3 Bde., Dublin/Zürich.

Euripides(1981-94), *Euripidis Fabulae*, ed. J. Diggle, 3 Bde., Oxford.

Herodotos(1927), *Herodoti Historiae*, rec. C. Hude, 2 Bde., Oxford.

—(2009), 『역사』, 천병희 옮김, 도서출판 숲.

Homeros(1920), *Illias*(=*Il.*), edd. D. B. Morno et Th. W. Allen, Oxford.

—(1962), *Odysseia*(=*Od.*), rec. P. Von der Mühll, Stuttgart.

Lidell, H. G. & Scott, R.(1968), *Greek-English Lexikon*, Oxford.

Platon(1900-1907), *Platonis opera*, rec. brevique adnotatione critica instruxit John Burnet, 5 vols., Oxford.

Sophokles(1975/79), *Sophoclis Tragoediae*, ed. R. D. Dawe, 2 Bde., Leipzig, 1975/79.

3. 이차문헌

김상봉(2003), 『그리스 비극에 대한 편지』, 한길사.
김율(2010), 『서양고대 미학사 강의』, 한길사.
마틴 호제/김남우 옮김(2010), 『희랍문학사』, 작은이야기 (개정판).
아르보가스트 슈미트/이상인 옮김(2017), 『고대와 근대의 논쟁들: 문제로 읽는 서양철학사』, 도서출판 길.
이상인(2011), 『진리와 논박』, 도서출판 길.

조나단 반즈/문계석 옮김(1989), 『아리스토텔레스의 철학』, 서광사.

조대호(2019), 『아리스토텔레스』, 아르테.

천병희(2002), 『그리스 비극의 이해』, 문예출판사.

강상진(2001), 「12세기 초반 중세철학의 아리스토텔레스 수용: 아벨라르두스(1079~ 1142)를 중심으로」, 『가톨릭철학』 3, 99-118.

—(2004), 「12세기의 삼학과(Trivium) 체계. 아벨라르두스(1079-1142)를 중심으로」, 『서양고전학연구』 22, 59-84.

권혁성(2013), 「아리스토텔레스에서의 미메시스와 예술」, 『미학』 74, 1-48.

—(2014), 「아리스토텔레스와 비극의 카타르시스」, 『서양고전학연구』 53, 121-166.

—(2017), 「시의 보편자와 철학적 특성: 아리스토텔레스의 『시학』 9장을 중심으로」, 『미학』 83, 1-50.

—(2019), 「아리스토텔레스의 이상적 비극과 '하마르티아'」, 『서양고전학연구』 58, 253-295.

—(2021), 「아리스토텔레스에게서 비극에 고유한 즐거움」, 『미학』 87, 1-47.

—(2022), 「아리스토텔레스의 '카타르시스'에 대한 재고」, 『미학』 88, 27-73.

김동규(2009), 「멜랑콜리-이미지 창작의 원동력: 아리스토텔레스의 『문제들』을 중심으로」, 『철학탐구』 25, 119-149.

김태환(2016), 「역사는 왜 미메시스가 아닌가?: 아리스토텔레스의 '미메시스' 개념에 대한 연구」, 『독일어문화권연구』 25, 59-97.

김주일(2021), 「『시학』 아리스토텔레스」, in: 『고전의 고전』, 강대진 외, 아카넷.

김헌(2010), 「아리스토텔레스의 『시학』 제2권의 실재 가능성에 관한 문헌학적 연구」, 『서양고전학연구』 41, 89-121.

—(2004), 「아리스토텔레스 『시학』의 세 개념에 기초한 인간 행동 세계의 시적 통찰과 창작의 원리」, 『인간연구』 7, 27-52.

—(2009a), 「서양 고전문헌학에서 텍스트 재구성과 해석의 태도: 아리스토텔레스의 『시학』을 예시로」, 『해석학연구』 24, 1-37.

—(2009b), 「아리스토텔레스의 『시학』에 나타난 창작의 원리」, 『지중해연구』 11, 61-103.

—(2011), 「희극 주인공의 성격 연구: 아리스토텔레스의 『시학』과 Tractatus Coisli-nianus 120을 중심으로」, 『서양고전학연구』 45, 153-182.

—(2019), 「'시 짓는 기술'의 탄생 원인: 아리스토텔레스의 시학 1448b4-24」, 『서양고전학연구』 58, 221-251.

오지은(2020), 「아리스토텔레스의 『시학』에서 보편으로서의 플롯과 예기치 않음」,

『철학』 144, 31-57.

—(2022), 「아리스토텔레스『시학』에서 비극의 정의와 "극 바깥"」, 『철학』 150, 79-109.

손윤락(2016), 「아리스토텔레스의 학문 분류와 그 의의」, 『서양고대사연구』 46, 69-94.

—(2018), 「아리스토텔레스에 있어서 축제와 시민의 여가, 그리고 관조」, 『인문논총』 75, 79-110.

양태범(2015), 「『파르메니데스』편의 도입부에 나타난 플라톤의 극적인 배경설정의 철학적 함의에 관한 연구」, 『철학논집』 41, 133-169.

이상인(2000), 「연민(eleos)과 비극의 도덕. 아리스토텔레스『시학』 13장의 '비극적 죄'(hamartia)를 중심으로」, 『철학』 64, 83-111.

이재현(2017), 「아리스토텔레스의 저작과 그의 철학」, 『철학연구』 144, 285-318.

전헌상(2007), 「아리스토텔레스 주석서의 주요 흐름」, 『철학사상』 26, 81-108.

한석환(2016), 「무엇하는 시인인가? 아리스토텔레스『시학』 9장의 개연성, 필연성, 가능성」, 『범한철학』 81, 1-27.

허현숙(2018), 「기악음악으로부터 디오니소스적 음악 고찰: 아울로스와 키타라를 중심으로」, 『니체연구』 34, 189-211.

황희숙(2008), 「은유의 인식론」, 『시학과 언어학』 15, 7-49.

Adkins, A. W. H.(1966), "Aristotle and the Best Kind of Tragedy", *Classical Quarterly* 16, 78-102.

Armstrong, J. M.(1998), "Aristotle on the Philosophical Nature of Poetry", *The Classical Quarterly* 48, No. 2, 447-455.

Ax, W.(1989), "Wissen und Handeln. Ein Beitrag zum Verständnis des 14. Kapitels der Aristotelischen Poetik (1453b26-54a9)", *Poetica* 21, 261-276.

Beardsley(1966), M. C., *Aesthetics from Classical Greece to the Present: a Short History*, New York.

—(1998), 『미학사』, 이성훈, 안원현 옮김, 이론과실천.

Belfiore, E.(1983/4), "Aristotle's Concept of Praxis in the Poetics", *Classical Journal* 79, 110-124.

—(1985), "Pleasure, Tragedy and Aristotelian Psychology", *Classical Quarterly* 35, 349-361.

Bittner, R. "One Action", in: A. Oksenberg Rorty (Hg.), *Essays on Aristotle's Poetics*, Princeton (N. J.), 1992, S. 97-110.

Black, D. L.(1990), *Logic and Aristotle's Rhetoric and Poetics in Medieval Arabic Philosophy*, Leiden (Islamic Philosophy and Theology 7).

Bremer, J. M.(1969), *Hamartia. Tragic Error in the Poetics of Aristotle and in Greek Tragedy*, Diss. Amsterdam.

— (1980), "Aristoteles, Empedokles und die Erkenntnisleistung der Metapher", *Poetica* 12, 350-376.

Büttner, S.(2000), *Die Literaturtheorie bei Platon und ihre anthropologische Begründung*, Tübingen/Basel.

— (2006), *Antike Ästhetik. Eine Einführung in die Prinzipien des Schönen*, München.

Carli, S.(2015), "Aristotle on the philosophical elements of "Historia"", *The Review of Metaphysics* 65, No. 2, 321-349.

Cooper, J. M.(1996), "An Aristotelian Theory of the Emotions", in: A. Oksenberg Rorty (Hg.), *Essays on Aristotle's Rhetoric*, Princeton (N. J.), 238-257.

Dale, A. M.(1965), "The Chorus in the Action of Greek Theater", in: M. J. Anderson (Hg.), *Classical Drama and Its Influence. Essays Presented to H. D. F. Kitto*, London, 15-28.

Dawe, R. D.(1967), "Some Reflections on Ate and Hamartia", *Harvard Studies in Classical Philology* 72, 89-123.

Dietze-Mager, G(2015). "Aristoteles-Viten und Schriftenkatalog des Ptolemaios im Licht der Überlieferung", *Studi Classici e Orientali* 61, 97-166.

Dihle, A.(1977), *Euripides' Medea*, Heidelberg (Sitzungsberichte der Heidelberger Akademie der Wissenschaften, Philosophisch-historische Klasse 1977, 5).

Düring(1971), I., "Ptolemy's *Vita Aristotelis* Rediscovered", In: *Philomathes. Studies and Essays in the Humanities in Memory of Philip Merlan*, edited by Palmer, Robert B. and Hamerton-Kelly, Robert, 264-269.

Else, G. F.(1938), "Aristotle on the Beauty of Tragedy", *Harvard Studies in Classical Philology* 49, 179-204.

—(1958), "'Imitation' in the Fifth Century", *Classical Philology* 53, 73-90.

—(1965), *The Origin and Early Form of Greek Tragedy*, Cambridge (Mass.)(Martin Classical Lectures 20).

Erbse, H.(1977), "Aristoteles über Tragödie und Geschichtsschreibung (zum 9. Kapitel der Poetik)", in: A. Lippold u. N. Himmelmann (Hgg.), *Bonner Festgabe. Johannes Straub zum 65. Geburtstag*, Bonn (Beihefte der Bonner Jahrbücher 39), 127-136.

Erler, M.(1994), "Episode und Exkurs in Drama und Dialog. Anmerkung zu einer poetologischen Diskussion bei Platon und Aristoteles", in: A. Bierl u. P. v. Möllendorff (Hgg.), *Orchestra. Drama, Mythos, Bühne. Festschrift für Hellmut Flashar anläßlich seines 65. Geburtstages*, Stuttgart/Leipzig, 318-330.

Flashar, H.(1956), "Die medizinischen Grundlagen der Lehre von der Wirkung der Dichtung in der griechischen Poetik", *Hermes* 84, 12-48. Repr. in: M. Luserke (Hg.), *Die Aristotelische Katharsis. Dokumente ihrer Deutung im 19. und 20. Jahrhundert*, Hildesheim/Zürich/New York, 1991 (Olms Studien 30), 289-325.

—(1976), "Die Handlungstheorie des Aristoteles", *Poetica* 8, 336-339.

—(1984), "Die Poetik des Aristoteles und die griechische Tragödie", *Poetica* 16, 1-23.

—(1994), "Aristoteles, das Lachen und die Alte Komödie", in: S. Jäkel u. A. Timonen (Hgg.), *Laughter down the Centuries*, vol. 1, Turku, 59-70.

Ford, A.(2015), "The Purpose of Aristotle's Poetics", *Classical Philology* 110, No. 1, 1-21.

Fuhrmann, M.(1992), *Die Dichtungstheorie der Antike. Aristoteles-Horaz-'Longin'. Eine Einführung*, Darmstadt.

Golden, L.(1962), "Catharsis", *Transactions and Proceedings of the American Philological Association* 93, 51-60.

—(1965), "Is Tragedy an Imitation of a Serious Action?", *Greek, Roman and Byzantine Studies* 6, 283-289.

—(1969), "Mimesis and Katharsis", *Classical Philology* 64, 145-153.

—(1973a), "Katharsis as Clarification. An Objection Answered", *Classical Quarterly* 23, 45f.

—(1973b), "The Purgation Theory of Catharsis", *Journal of Aesthetics and Art Criticism* 31, 473-479.

—(1976a), "Toward a Definition of Tragedy", *Classical Journal* 72, 21-33.

—(1976b), "The Clarification Theory of Katharsis", *Hermes* 104, 437-452.

—(1976c), "Epic, Tragedy, and Catharsis", *Classical Philology* 71, 77-85.

—(1978/9), "Hamartia, Atē, and Oedipus", *Classical World* 72, 3-12.

—(1983/4), "Aristotle on Comedy", *Journal of Aesthetics and Art Criticism* 42, 283-290.

Grube, G. M. A.(1958), "A Note on Aristotle's Definition of Tragedy", *Phoenix* 12, 26-30.

Gundert, H.(1940), "Charakter und Schicksal homerischer Helden", *Neue Jahrbücher für Antike und deutsche Bildung* 3, 225-237.

Gutas, D.(1988), *Avicenna and the Aristotelian Tradition. Introduction to Reading Avicenna's Philosophical Works*, Leiden.

Halliwell, S.(1984), "Plato and Aristotle on the Denial of Tragedy", *Proceedings of the Cambridge Philological Society* 30, 49-71.

—(1986), *Aristotle's Poetics*, London; with a new introduction, Chicago/London, 1998.

—(1990), "Aristotle's Mimesis Reevaluated", *Journal of the History of Philosophy* 28, 487-510. Repr. in: L. Gerson (Hg.), Aristotle: Critical Essays, London, 1999, 313-336.

—(1992), "Pleasure, Understanding, and Emotion in Aristotle's Poetics", in: A. Oksenberg Rorty (Hg.), *Essays on Aristotle's Poetics*, Princeton (N. J.), 241-260.

—(2002), *The Aesthetics of Mimesis. Ancient Texts and Modern Problems*, Princeton (N. J.)/Oxford.

—(2003), "Aristoteles und die Geschichte der Ästhetik", in: Th. Buchheim, H. Flashar u. R. A. H. King (Hgg.), *Kann man heute noch etwas anfangen mit Aristoteles?*, Hamburg, 165-183.

—(2005), "Greek Laughter and the Problem of the Absurd", *Arion* 44, 111-146.

Hardison, O. B.(1970), "The Place of Averroes' Commentary on the Poetics in the History of Medieval Criticism", in: J. L. Lievsay (Hg.), *Medieval and*

Renaissance Studies. Proceedings of the Southeastern Institute of Medieval and Renaissance Studies (Summer 1968), Durham (N. C.) (Medieval and Renaissance Series nr. 4), 57-81.

Heath, M.(1989), *Unity in Greek Poetics*, Oxford.

—(1991), "The Universality of Poetry in Aristotle's Poetics", *Classical Quarterly* 41, 389-402.

—(2009), "Cognition on Aristotle's "Poetics"", *Mnemosyne* 62, 51-75.

Heinrichs, W.(1969), "Arabische Dichtung und griechische Poetik: Hāzim al-Qartāganni's Grundlegung der Poetik mit Hilfe aristotelischer Begriffe", Beirut.

Hewitt, A.(2006), "Aristotle's "Poetics" as an extention of his political theory", *History of Political Thought* 27, No. 1, 10-26.

Hose, M.(1990), *Studien zum Chor bei Euripides, Teil 1*, Stuttgart.

—(1991), *Studien zum Chor bei Euripides, Teil 2*, Stuttgart.

—(1994), "Der 'unnötig schlechte Charakter'. Bemerkungen zu Aristoteles' Poetik und Euripides' Orestes", *Poetica* 26, 233-255.

Kannicht, R.(1976), "Handlung als Grundbegriff der aristotelischen Theorie des Dramas", *Poetica* 8, 326-336.

Kappl, B.(2006), *Die Poetik des Aristoteles in der Dichtungstheorie des Cinquecento*, Berlin/New York (Untersuchungen zur antiken Literatur u. Geschichte 83).

Kardaun, M.(1993), *Der Mimesisbegriff in der griechischen Antike: Neubetrachtungen eines umstrittenen Begriffes als Ansatz zu einer neuen Interpretation der platonischen Kunstauffassung*, Amsterdam/New York/Tokyo.

Kemal, S.(1990), "The Poetics in Avicenna's Commentary", *Oxford Studies in Ancient Philosophy* 8, 173-210.

—(1991a), "Truth and Unity in Ibn Rushd's Poetics", *British Journal for Middle Eastern Studies* 18, 350-357.

—(1991b), *The Poetics of Alfarabi and Avicenna*, Leiden (Islamic Philosophy, Theology and Science 9).

Kyriakou, P.(1993), "Aristotle's Philosophical "Poetics"", *Mnemosyne* 46, Fasc. 3, 344-355.

Latacz, J.(1993), *Einführung in die griechische Tragödie*, Göttingen.

—(2003), *Homer. Der erste Dichter des Abendlandes*, Düsseldorf/Zürich.

Lee, S. I.(2000), "Platons Anamnesis in deu frühen und mittleren Dialogen", *Antike und Abendland* 46, 93-115.

Lowry, M.(1979), *The World of Aldus Manutius: Business and Scholarship in Renaissance Venice*, Blackwell.

—(2020), 『알두스 마누티우스: 세계를 편집한 최초의 출판인』, 심정훈 옮김, 도서출판 길.

Ludescher, T(1996), "The Islamic Roots of the Poetic Syllogism", *College Literature* 23, 93-99.

Lurje, M.(2004), *Die Suche nach der Schuld. Sophokles' Oedipus Rex, Aristoteles Poetik und das Tragödienverständnis der Neuzeit*, München/Leipzig (Beiträge zur Altertumskunde 209).

MacFarlane, J.(2000), "Aristotle's Definition of "Anagnorisis"", *The American Journal of Philology* 121, No. 3, 367-383.

Moles, J. L.(1984), "Philanthropia in the Poetics", *Phoenix* 38, 325-335.

Nehamas, A.(1992), "Pity and Fear in the Rhetoric and the Poetics", in: A. Oksenberg Rorty (Hg.), *Essays on Aristotle's Poetics*, Princeton (N. J.), 291-314. Repr. in: D. J. Furley u. A. Nehamas (Hgg.), *Aristotle's Rhetoric. Philosophical Essays. Proceedings of the Twelfth Symposium Aristotelicum*, Princeton (N. J.), 1994, 257-282.

Nietzsche, F.(1968), *Zur Geneologie der Moral*, in: ders., *Werke. Kritische Gesamtausgabe* hrsg. von G. Colli und M. Montinari, VI. 2, Berlin.

Nussbaum, M. C.(1986), *The fragility of goodness. Luck and ethics in Greek tragedy and philosophy*, Cambridge/London u. a.

—(1992), "Tragedy and Self-Sufficiency: Plato and Aristotle on Fear and Pity", *Oxford Studies in Ancient Philosophy* 10, 107-159.

Oksenberg Rorty, A.(1992), "The Psychology of Aristotelian Tragedy", in: ders. (Hg.), *Essays on Aristotle's Poetics*, Princeton (N. J.), 1-22.

Pack, R. A.(1939), "Fate, Chance, and Tragic Error", *American Journal of Philology* 60, 350-356.

—(1940), "On Guilt and Error in Senecan Tragedy", *Transactions and Proceedings of the American Philological Association* 71, 360-371.

—(1984), "The Conditions of Aesthetic Feeling in Aristotle's Poetics", *British Journal of Aesthetics* 24, 138-148.

Pathmanathan, R. S.(1965), "Death in Greek Tragedy", *Greece and Rome* 12, 2-14.

Patzer, H.(1962), *Die Anfänge der griechischen Tragödie*, Wiesbaden (Schriften der Wissenschaftlichen Gesellschaft an der Johann Wolfgang Goethe Universität Frankfurt a. M., Geisteswissenschaftliche Reihe 3).

Petersen, J. H.(1992), ""Mimesis" versus "Nachahmung". Die Poetik des Aristoteles nochmals neu gelesen", *Arcadia* 27, 3-46.

—(2000), *Mimesis-Imitatio-Nachahmung. Eine Geschichte der europäischen Poetik*, München.

Pohlenz, M.(1956), "Furcht und Mitleid? Ein Nachwort", *Hermes* 84, 49-74.

Puelma, M.(1989), "Der Dichter und die Wahrheit in der griechischen Poetik von Homer bis Aristoteles", *Museum Helveticum* 46, 65-100.

Radke, G.(2003), *Tragik und Metatragik. Euripides' Bakchen und die moderne Literaturwissenschaft*, Berlin/New York (Untersuchungen zur antiken Literatur und Geschichte 66).

—(2007), "Die poetische Souveränität des homerischen Erzählers", *Rheinisches Museum* 150, 8-66.

—(2008), "Über eine vergessene Form der Anschaulichkeit in der griechischen Dichtung", *Antike und Abendland* 54.

Reeves, C. H.(1952), "The Aristotelian Concept of the Tragic Hero", *American Journal of Philology* 73, 172-188.

Roberts, D. H.(1992), "Outside the Drama: The Limits of Tragedy in Aristotle's Poetics", in: A. Oksenberg Rorty (Hg.), *Essays on Aristotle's Poetics*, Princeton (N. J.), 133-154.

Ross, W. D.(1995), *Aristotle*, sixth edition, London.

—(2011), 『아리스토텔레스』, 김진성 옮김, 누멘.

Sanz Morales, M.(1999), "Odysseus wounded again on Parnassus: a note to Aristotle, Po. 1451a 24-30", *Philologus* 143, 353-355.

Schadewaldt, W.(1926), *Monolog und Selbstgespräch. Untersuchungen zur Formgeschichte der griechischen Tragödie*, Berlin.

—(1955). "Furcht und Mitleid?", *Hermes* 83, 129-171.

Schenkeveld, D. M.(1993), "The Lacuna at Aristotle's Poetics 1457b33", *American Journal of Philology* 114, 85-89.

Schmitt, A.(1977), "Zur Charakterdarstellung des Hippolytos im »Hippolytos" von Euripides", *Würzburger Jahrbücher für die Altertumswissenschaft* 3, 17-42.

—(1987/88a), "Das Schöne: Gegenstand von Anschauung oder Erkenntnis? Zur Theorie des Schönen im 18. Jahrhundert und bei Platon, PHILOSOPHIA (Yearbook of the Research Center for Greek Philosophy at the Academy of Athens) 17/18, 272-296.

—(1987/88b), "Tragische Schuld in der griechischen Antike", in: G. Eifler u. O. Saame (Hgg.), *Die Frage nach der Schuld*, Mainz [ohne Jahr] (Mainzer Universitätsgespräche SS 1987 u. WS 1987/88), 157-192.

—(1988a), "Menschliches Fehlen und tragisches Scheitern. Zur Handlungs- motivation im Sophokleischen 'König Ödipus'", *Rheinisches Museum* 131, 8-30.

—(1988b), "Bemerkungen zu Charakter und Schicksal der tragischen Hauptpersonen in der "Antigone"", *Antike und Abendland* 34, 1-16.

—(1990), *Selbständigkeit und Abhängigkeit menschlichen Handelns bei Homer. Hermeneutische Untersuchungen zur Psychologie Homers*, Stuttgart (Akademie der Wissenschaften und der Literatur Mainz, Abhandlungen der geistes- und sozialwissenschaftlichen Klasse 1990, 5).

—(1992a), "Zur Aristoteles-Rezeption in Schillers Theorie des Tragischen. Hermeneutisch-kritische Anmerkungen zur Anwendung neuzeitlicher Tragikkonzepte auf die griechische Tragödie", in: B. Zimmermann (Hg.), *Antike Dramentheorien und ihre Rezeption*, Stuttgart.

—(1992b), "Zur Darstellung menschlichen Handelns in griechischer Literatur und Philosophie", in: O. W. Gabriel, U. Sarcinelli u. a. (Hgg.), *Der demokratische Verfassungsstaat. Theorie, Geschichte, Probleme. Festschrift für Hans Buchheim zum 70. Geburtstag*, München, 3-16.

—(1994a), "Aristoteles und die Moral der Tragödie", in: A. Bierl u. P. v. Möllendorff unter Mitwirkung v. S. Vogt (Hgg.), *Orchestra. Drama, Mythos, Bühne. Festschrift für Hellmut Flashar anläßlich seines 65.*

Geburtstages, Stuttgart/Leipzig, 331–343.

—(1994b), "Leidenschaft in der Senecanischen und Euripideischen Medea", in: U. Albini, F. del Franco u. a. (Hgg.), *Storia, poesia e pensiero nel mondo antico. Studi in onore di Marcello Gigante*, Neapel, 573–599.

—(1996), "Teleologie und Geschichte bei Aristoteles, oder: Wie kommen nach Aristoteles Anfang, Mitte und Ende in die Geschichte?", in: K. Stierle u. R. Warning (Hgg.), *Das Ende. Figuren einer Denkform*, München (Poetik und Hermeneutik 16), 528–563.

—(1997), "Wesenszüge der griechischen Tragödie. Schicksal, Schuld, Tragik", in: H. Flashar (Hg.), *Tragödie. Idee und Transformation*, Stuttgart/ Leipzig (Colloquium Rauricum 5), 5–49.

—(1998), "Mimesis bei Aristoteles und in den Poetikkommentaren der Renaissance. Zum Wandel des Gedankens von der Nachahmung der Natur in der frühen Neuzeit", in: A. Kablitz u. G. Neumann (Hgg.), *Mimesis und Simulation*, Freiburg (Rombach Litterae 52), 17–53.

—(2001), "Homer, Ilias – ein Meisterwerk der Literatur?", in: R. Brandt (Hg.), *Meisterwerke der Literatur. Von Homer bis Musil*, Leipzig, 9–52.

—(2003), "Die Literatur und ihr Gegenstand in der Poetik des Aristoteles", in: Th. Buchheim, H. Flashar u. R. A. H. King (Hgg.), *Kann man heute noch etwas anfangen mit Aristoteles?*, Hamburg, 184–219.

—(2004a), "Was macht Dichtung zur Dichtung. Zur Interpretation des neunten Kapitels der Aristotelischen Poetik (1451a36–b11)", in: Jörg Schönert/Ulrike Zeuch (Hgg.), *Mimesis–Repräsentation–Imagination. Literaturtheoretische Positionen von Aristoteles bis zum Ende des 18. Jahrhunderts*, Berlin, 65–95.

—(2004b), "Die Entgrenzung der Künste durch ihre Ästhetisierung bei Baumgarten", in: G. Mattenklott (Hg.), *Ästhetische Erfahrung im Zeichen der Entgrenzung der Künste. Epistemische, ästhetische und religiöse Formen von Erfahrung im Vergleich*, Hamburg, 55–71.

—(2007), "Schöpferische und produktive Formen der Mimesis bei Aristoteles", in: Andreas Becker/Martin Doll/Serjoscha Wiemer/Anke Zechner (Hgg.), *Mimikry. Gefährlicher Luxus zwischen Natur und Kultur*, Schliengen (Zeiterfahrung und ästhetische Wahrnehmung, Bd.

4), 173-188.

—(2008a), "Gott und Mensch bei Homer, in: Joachim Latacz/Thierry Greub/Peter Blome/Alfried Wieczorek (Hgg.), *Homer. Der Mythos von Troja in Dichtung und Kunst*, München, 164-170.

—(2009a), "Achill - ein Held?", in: Karl-Heinz Bohrer/Kurt Scheel (Hg.), *Heldengedanken. Über das heroische Phantasma*, Sonderheft Merkur, 860-870.

—(2009b), "Aristoteles' Theorie des Komischen und der Komödie", in: Fritz Felgentreu/Felix Mundt/Nils Rücker (Hgg.), *Per attentem Caesaris aurem: Satire-die unpolitische Gattung?. Eine internationale Tagung an der Freien Universität Berlin vom 7. bis 8. März 2008*, Tübingen (Leipziger Studien zu Klassischen Philologie, Bd. 5), 1-26.

—(2010), "Aristoteles, Poetik", in: Christine Walde (Hg.), *Die Rezeption der antiken Literatur. Kulturhistorisches Werklexikon*, Stuttgart/Weimar (Der Neue Pauly, Supplemente, Bd. 7), 121-129.

—(2011), "Figuren des Glücks in der griechischen Literatur. Glück als Ausdruck volendeter Selbstverwirklichung im Handeln", in: Dieter Thomä, Christoph Henning, Olivia Mitcherlich-Schönherr (Hgg.), *Glück. Ein interdisziplinäres Handbuch*, Stuttgart/Weimar, 135-140.

—(2012a), *Homer und wir*, Marburg (Uni im Café, Bd. 3).

—(2012b), "Große Gefühle. Zwei Grundformen der Darstellung und Deutung in antiker Literatur und Philosophie", in: Jörg Robert/Friederike Felicitas Günther (Hgg.), *Poetik wider Willen. Festschrift für Wolfgang Riedel*, Würzburg, 137-146.

—(2012c), "Vom Gliedergefüge zum handelnden Menschen. Snells entwicklungsgeschichtliche Homerdeutung und ein mögliches Homerbild heute", in: Michael Meier Brügger (Hg.), *Homer, gedeutet durch ein großes Lexikon. Akten des Hamburger Kolloquiums vom 6.- 8. OKtober 2010 zum Abschluss des Lexikons des frühgriechischen Epos*, Berlin/New York, 263-317.

—(2013), "Aristoteles über die Entstehung der Gattungsunterschiede in der Dichtung", in: Boris Dunsch/Arbogast Schmitt/Thomas A. Schmitz (Hgg:), *Epos, Lyrik, Drama. Genese und Ausformung der literarischen*

Gattungen. Festschrift für Ernst-Richard Schwinge zum 75. Geburtstag, Heidelberg (Bibliothek der klassischen Altertumswissenschaft; Neue Folge, 2. Reihe, Bd. 6), 135-212.

—(2014a), "Innere und äußere Wahrscheinlichkeit im König Ödipus oder: Über Ödipus in uns", in: N. Bender, M. Grosse, St. Schneider (Hgg.), *Ethos und Form der Tragödie. Für Maria Moog-Grünewald zum 65. Geburtstag*, Heidelberg, 1-62.

—(2014b), "Gibt es eine Aristotelische Herodotlektüre?", in: B. Dunsch, K. Ruffing (Hgg.), *Herodots Quellen-die Quellen Herodots*, Wiesbaden (Classica et Orientalia, Bd. 6), 285-322.

—(2015), "Tragik vor der Tragödie. Scheiterndes Handeln im Homerischen Epos - und ein kurzer Vergleich mir dem Scheitern des Handelns im mittelalterlichen Nibelungenepos", in: R. Toepfer, G. Radke-Uhlmann, *Tragik vor der Moderne. Literaturwissenschaftliche Analysen*, Heidelberg (Studien zu Literatur und Erkenntnis, Bd. 6), 201-244.

—(2016), "Literatur zwischen 'Dichtung und Wahrheit'. Über das Wahrscheinliche in der Dichtung bei Aristoteles und in der Aristoteles-Rezeption der Neuzeit", in: R. Merker/G. Danek/E. Klecker (Hgg.), *Trilogie: Epos-Drama-Epos, Festschrift für Herbert Bannert*, Wien, 81-114.

Schoeler, G.(2013), "The 'Poetic Syllogism' Revisited", *Oriens* 41, 1-26.

Schofield, M.(1973), "Aristotelian Mistakes", *Proceedings of the Cambridge Philological Society* 19, 66-70.

Schrier, O. J.(1980), "A Simple View of Peripeteia: Aristotle, Poet. 1452a22-29", *Mnemosyne* 33, 96-118.

—(1997), "The Syriac and Arabic Versions of Aristotle's Poetics", in: G. Endress u. R. Kruk (Hgg.), *The Ancient Tradition in Christian and Islamic Hellenism. Studies on the Transmission of Greek Philosophy and Sciences dedicated to H. J. Drossaart Lulofs on his ninetieth birthday*, Leiden, 259-278.

Schütrumpf, E.(1993), "Aristotle's theory of slavery - a Platonic dilemma", *Ancient Philosophy* 13, 111-123.

Schwinge, E.-R.(1981), "Griechische Poesie und die Lehre von der Gattungs-

trinität in der Moderne. Zur gattungstheoretischen Problematik antiker
Literatur", *Antike und Abendland* 27, 130-162.

—(1990), "Aristoteles und die Gattungsdifferenz von Epos und Drama",
Poetica 22, 1-20.

Scullion, S.(2002), "'Nothing to do with Dionysus': tragedy misconceived as
ritual", *Classical Quarterly* 52, 102-137.

Seamon, R.(2006), "The Price of the Plot in Aristotle's "Poetics"", *The Journal
of Aesthetics and Art Criticism* 64, No. 2, 251-258

Seel, M.(2000), *Ästhetik des Erscheinens*, München.

Seidensticker, B.(1996), "Peripeteia and Tragic Dialectic in Euripidean Tragedy",
in: M.S. Silk (Hg.), *Tragedy and the Tragic. Greek Theatre and Beyond*,
Oxford, 377-396.

Sicking, C. M. J.(1998), "Pre-platonic, Platonic and Aristotelian Poetics
of Imitation", in: ders., *Distant Companions. Selected Papers*, Leiden
(Mnemosyne Suppl. 185), 85-100.

Siegmann, E.(1987), *Homer. Vorlesungen über die Odyssee*, bearbeitet v. J.
Latacz, hg. v. J. Latacz, A. Schmitt u. E. Simon, Würzburg.

Sifakis, G. M.(1986), "Learning from Art and Pleasure in Learning. An
Interpretation of Aristotle, Poetics 4 1448b8-19", in: J. H. Betts, J. T.
Hooker u. J. R. Green (Hgg.), *Studies in Honour of T. B. L. Webster I*,
Bristol, 211-222.

—(2002), "Looking for the Actor's Part in Aristotle", in: P. Easterling u.
E. Hall (Hgg.), *Greek and Roman Actors. Aspects of Ancient Profession*,
Cambridge, 148-164.

Simon, A.(2002), "Das Wunderbare und das Verwundern. Die anthro-
pologischen Beziehungen des Begriffs des thaumaston in der aristo-
telischen Poetik", *Acta Antiqua Academiae Scientiarum Hungaricae* 42,
77-92.

Simpson, P.(1988), "Aristotle on Poetry and Imitation", *Hermes* 116, 279-291.

Söffing, W.(1981), *Deskriptive und normative Bestimmungen in der Poetik des
Aristoteles*, Amsterdam.

Stinton, T. C. W.(1975), "Hamartia in Aristotle and Greek Tragedy", *Classical
Quarterly* 25, 221-254.

Stohn, G.(2001), "Ein Beitrag zum 3. Kapitel der Poetik des Aristoteles (1448a20–24)", *Hermes* 129, 344-352.

Stroumsa, S.(1992), "Avicenna's Philosophical Stories: Aristotle's Poetics Reinterpreted", *Arabica* 39, 183-206.

Sutton, D. F.(1994), *The Catharsis of Comedy*, Lanham (Md.)/London.

Taran, L. & Gutas, D.(2012), *Aristotle Poetics, Editio Maior of the Greek Text with Historical Introductions and Philosophical Commentaries*, Leiden/Boston.

Taylor, P. A.(2008), "Sympathy and Insight in Aristotle's "Poetics"", *The Journal of Aesthetics and Art Criticism* 66, No. 3, 265-280.

Wiegmann, H.(2003), *Abendländische Literaturgeschichte*, Würzburg.

Will, F.(1960/61), "Aristotle and the Question of Character in Literature", *Review of Metaphysics* 14, 353-359.

Woodruff, P.(1992), "Aristotle on Mimēsis", in: A. Oksenberg Rorty (Hg.), *Essays on Aristotle's Poetics*, Princeton (N. J), 73-96.

—(2016), "Sharing emotions through theater: The Greek way", *Philosophy East and West* 66, No. 1, 146-151.

Zanker, G.(2000), "Aristotle's Poetics and the Painters", *American Journal of Philology* 121, 225-235.

Zimmermann, B.(1998), *Die griechische Komödie*, Darmstadt.

아리스토텔레스 연보

기원전 384/3년	기원전 384년에 마케도니아의 스타게이로스에서 태어남.
기원전 368/7년	시라쿠사이의 디오뉘시오스 1세가 세상을 떠남.
기원전 367/6년	기원전 367년에 플라톤의 시켈리아 방문. 이 기간 동안에 에우독소스가 아카데메이아의 수장을 대리함. 아리스토텔레스는 17세에 아테나이로 옴(플라톤은 두 번의 시켈리아 방문 사이 약 3년 동안 아테나이에 머묾).
기원전 361년 봄	플라톤의 세 번째 시켈리아 방문. 스페우시포스, 크세노크라테스, 에우독소스 및 헬리콘과 동행함. 헤라클레이토스가 수장을 대리함. 플라톤은 기원전 360년 후반에 아테나이로 귀환함.
기원전 348/7년	기원전 348년 가을에 올륀토스 함락. 기원전 347년 초에 데모스테네스를 중심으로 한 반(反)마케도니아 운동 세력이 권력을 잡음. 기원전 347년 봄에 아리스토텔레스는 아테나이를 떠나 아타르네우스로 감. 기원전 347년 5월경에 플라톤이 세상을 떠남.
기원전 345/4년	아리스토텔레스가 뮈틸레네로 옮겨감. 뮈틸레네를 떠나 스타게이로스로 언제 갔는지 모름.
기원전 343/2년	알렉산드로스의 선생으로 미에자로 초청됨.
기원전 341/0년	헤르메이아스가 페르시아인들에게 사로잡혀 처형됨.

기원전 340/39년   필리포스가 비잔티온으로 떠나고 알렉산드로스가 섭정의 자리에 오름.

기원전 339/8년   스페우시포스가 세상을 떠남. (뤼시마키데스에 따르면) 아리스토텔레스가 아카데메이아의 후계자로 지명되었으나, 크세노크라테스가 투표로 기원전 338년 봄에 수장으로 선출됨. 필리포스가 아리스토텔레스를 테베에 외교사절로 보냄. 기원전 338년 여름에 에우보이아섬에서 '카이로네이아 전쟁'이 발발함.

기원전 336/5년   필리포스가 살해됨. 20세의 알렉산드로스가 기원전 336년 7월경에 왕위를 계승함.

기원전 335/4년   기원전 335년 10월에 테바이가 알렉산드로스 대왕에 의해 파괴됨. 아리스토텔레스가 아테나이로 돌아와 뤼케이온에서 학생들을 가르침.

기원전 323/2년   바빌론에서 기원전 323년 6월에 알렉산드로스 대왕이 세상을 떠남. 아테나이를 중심으로 한 헬라스 폴리스들이 마케도니아에 맞서 독립 전쟁인 라미아 혹은 '헬라스 전쟁'을 일으킴. 에피쿠로스가 18세에 아테나이로 옴. 이 무렵에 아리스토텔레스는 칼키스로 돌아감.

기원전 322년   기원전 322년 9월(10월, 오늘날의 4월에서 5월 초에 해당)에 마케도니아 주둔군이 무니키아(Mounichia) 축제에 들어감. 칼라우리아섬에서 데모스테네스가 세상을 떠남. 아리스토텔레스는 그의 죽음 직후에 칼키스의 집에서 63세(혹은 62세)에 병으로 세상을 떠남.

찾아보기

일러두기

- 카셀(Kassel)의 '그리스어 색인'(Index Graecus)에 기반해 작성했다.

- 카셀의 색인에서 본문의 내용을 파악하는 데 도움을 주거나 해석적 관점에서 주목할 필요가 있는 용어를 선별해 실었다.

- 원칙적으로 베커의 쪽수에 따라 표시했다. 우리 번역본에 표시된 쪽수가 베커의 쪽수와 정확히 일치하지 않는 경우도 있다. 예컨대 'kōmōdein'은 카셀본의 58b32에서 나오지만, 우리 번역본에서는 59a 부분에서 찾을 수 있다.

- 그리스어 명사 표기는 단수를 원칙으로 했으나, 복수 사용이 관례일 경우에는(ex. ta epeisodia) 그에 따랐다. 그리스어 동사의 경우 부정사 표기를 원칙으로 했고, 형용사처럼 사용된 일부 분사의 경우(ex. 'katapeplegmenon') 변형된 형태 그대로 표기했다. 그리스어 형용사는 남성 주격 표기를 원칙으로 했고, 특히 중성 정관사나 명사와 결합해 독립적 의미를 형성하는 경우(ex. '(to) analogon', 'kyrion (onoma)') 중성 주격으로 표기했다.

- 약호는 다음을 사용한다.

  1) * : * 표시가 있는 부분은 그 대목에 해당 주석이 있음을 가리킨다.
  2) ☞ : 해당 항목에 가서 확인할 수 있다.
  3) → : 표제어에서 파생되거나 표제어와 연관되는 낱말을 표제어 밑에 둘 때 사용한다.
  4) ― : 표제어와 같은 낱말을 다른 말로 번역했을 때 사용한다.

한글-그리스어

|ㄱ|

가능한 (것, 일) dynatos 51a38, 51b16, 17, 55a29, 60a27, 61b12
— ~일 수 있는 57b5
가로막다 kōlyein 51b31, 61a34
— 막다 57a1, 8
가르치다 didaskein 60a4, 18
→ 설명 didaskalia 56b5
가리다 apokryptein 60b4
가리키다 dēloun ☞ 분명한
가면 prosōpon 49a36, b4
— 얼굴 61a13
가문 oikia 53a19, 54a12
→ 집에 oikoi 55b19
→ 처리하다 oikonomein 53a29
가슴 mazos 58a7
가정하다 hypotithenai ☞ 부여하다
감각(적 요소) aisthēsis ☞ 지각(능력)
감시하다 paraphylattein 55b18
감정 pathēma ☞ 고통
강세의 변화 prosōdia 61a22
갖은 풍파를 겪다 cheimazesthai 55a31, b21
개별적 kath ekaston 49a31, 56b34
→ 개별적인 것 to kath ekaston 51b7, 10
→ 특정한 개인 ho kath ekaston 51b14
개연적인 eikos 51a28, b13, 31, 54a34, 36, 55a7, 17, 18, b10, 56a24, 56b4, 60a27, 61b15
— 개연성을 띠는 51b35
— ~일 것 같은 48b29
→ 개연성 to eikos 51a12, 38, b9, 52a24
→ 개연성에 반하여 para to eikos 56a25, 61b15
개인적인 idios ☞ 고유한
거의 schedon 48a2, 50a37, 59a29
→ 거의 engys 50b38
— 별반 다르지 않은 54b35
거의 유사한 paraplēsios ☞ 유사한
거짓 pseudos 60a22, 23
→ 거짓의 pseudēs 60a19
→ 거짓 사자 pseudangelos 55a14
걷다 badizein 57a17, 22, 27
— 걸어가다 58b10
검토하다 skopein 61a5, b16, 25
격분하다 orgizesthai ☞ 분노
견해 gnōmē ☞ 지(의 상태)
결부시키다 synhaptein 47b13
— 조합하다 58a27
결합 synthesis 50a5, 58a28
— 배합 49b35
— 구조 52b31
— 조직 59a22
→ 합성된 synthetos 56b23*, 조작된 55a12*
→ 결합 syndesmos ☞ 결합사
결합되다 syncheisthai 57a32, 62b8
— 이루어지다 57a25
— 합성되다 58a10
— 혼란에 빠지다 50b38
결합사 syndesmos 56b21, 38*
— 결합 57a29, 30
경박한 eutelēs 48b26
— 평범한 58b22
경솔한 rhathymos 54b11
→ 경솔한 phaulos ☞ 열등한
경악 ekplēxis 55a17

298

남겨두다 kataleipein 58a6
남근가(男根歌) phallika 49a11
남자 anēr 60a
—사람 58a29, 52b34
—인물 53a12
—인간 61a17
낱말 onomasia ☞ 단어
(오뒤세우스를) 내려놓는 장면 ekthesis
　60a36*
너무 작은 pammikros ☞ 작은
너무 큰 pammegethēs ☞ 큰
너의 것 to sethen 58b34
넘겨주다 ekdidonai 54a8
—공개하다 54b18
넘다 exallattein 49b13
—벗어나 있다 58a21
→ 변형 exallagē 58b2
→ 변형어 exēllagmenon onoma 57b3,
　58a5
넘어가다 parienai 56b18
네 부분을 가지는 tetraploos 57a34
노년 gēras 57b22, 23
노래 melopoiia 49b33, 35*, 50a10, b16,
　59b10
→ 노래 melos 47b25*, 49b29, 31,
　50a14, 52b21, 22, 23
노래를 부르다 adein 56a29, 31
—노래하다 56b16
→ (불리는) 노래들 adomena 56a28
노모스(시) nomos ☞ 관습
노새 hēmionos 61a11
노예 doulos 54a20
논박 elenchos 61b17
놀라운 thaumastos 60a12, 14, 17
—놀라움을 주는 52a6
→ 놀라움의 인상 to thaumaston 52a4
→ 경이로울 정도로 탁월하게 thaumastōs

56a20
놓다 tithenai 57a3, 9
—짜다 60a34
—쓰다 51b2
—만들다 62b2
—제공하다 59b22
—만들어내다 57b34
—두다 55a23
누이 adelphē ☞ 형제
눈 omma 55a23
늘어나다 parēkein 59b22
늘이다 ekteinein 58b8
→ 늘이다 epekteinein ☞ 연장
→ 늘이다 parateinein 51b38, 55b2
능가하다 hyperballein 56a7, 59b16
→ 과장하다 61b34
능력 dynamis 47a9*
—기능 47a25
—힘 49b35
—효력 50b15
—가능한 범위 51b38*

| ㄷ |

다른 heteros 48a8
→ 다른 수단으로 en heterois 47a17
→ 다르게 heterōs 47a17
다양성 poikilia 59a34
다음에 meta 52a21
단단장격(의 아나파이스토스) 음보 anapaistos
　52b24
단순한 haplous 49b11, 51a11, b33, 52a12,
　14, b31, 53a13, 56a20, 57a31, 59b9
→ 단순한 psilos 47a29
→ 음악 반주 없이 운율만 있는 언어(=운문)
　psilometria 48a11*

무용 orxēsis 48a9

　─춤 62a9

　→ 무용가 orchēstēs 47a27*

　→ 춤에 적합한 orchēstikos 60a1

　─춤에 비중을 둔 49a23

무자비한 성격 sklērotēs 54b14

무조건 pantōs 51b23

무지(의 상태) agnoia 52a30, 56b13

　→ 무지로 인해 di agnoian 53b35

문자 stoicheion 56b20, 22, 24

문제 problēma 60b6, 22, 61b9

　→ 문제 theōrēma ☞ 관찰

물미 saurōtēr 61a3

물시계 klepsydra 51a8

물체 sōma ☞ 몸

미리 가정하다 prohypolambanein 61b1

미치다 mainesthai ☞ 광증

민주제 dēmokratia 48a32

믿다 pisteuein 51b17

| ㅂ |

바꾸다 metatithenai 58b18, 20, 24, 26

　─옮기다 51a33

밖에 exō 53b32, 54b3, 54b7, 55b7, 8,
　59b10, 60a29

　→ 밖의 exōthen 55b25

밖에 (있는) ektos 54b24

밖의 esōthen 55b25

반론 epitimēma, epitimēsis ☞ 비난

반모음 hēmiphōnos 56b25, 27

반전 peripeteia 50a34, 52a15, 17, 22, 33,
　38, 54b29, b9, 10, 55b34, 56a19, 59b10

받아들이다 dechesthai 59b36

발견 anagnōrisis 50a34, 52a29, b10, 11,
　54a4, b19, 20, 55a16, b34, 59b11, 15

→ 발견 anagnōrismos 52a16, 17

→ 발견하다 anagnōrizein 52a36, b5, 6,
　53b31, 35, 54a3, 6, 8, b27, 32, 55a3, 15

→ 발견하다 heuriskein 49a24, 53b25,
　54a11, 55a25

　─찾다 55a9

발생하다 symbainein 51a17, 52a19, 28,
　54b1, 59a23

　─일어나다 51a25, 52a35*, 54a13

　─정해지다 52b3

　─결과하다 58a12

　─불러일으켜지다 60a13

　─속하다 51b8

　─~하게 되다 48b16, 51a13, b29, 53a21,
　55a8, b6

　→ 우리가 겪는 일 to symbainon 48b9

　─사건 53a7*, 53b6

　→ 부수적으로 kata symbebēkos 60b16

발전시키다 proagein 48b23, 49a13

밝히다 apophainesthai 50a7

　─표명하다 50b12

　→ 밝히다 dēloun ☞ 분명한

밤 nyx 61a26

방식 tropos 47a18, b24, 48a9, 57b30,
　58b6, 12

배 naos ☞ 함선

배우 hypokritēs 49a16*, b5, 50b19, 51b37,
　56a26, 59b26, 61b34

　→ 배우의 기술 hypokritikē 56b10

　─연기술 62a5

　→ 발언 방식 ta hypokritika 57a21

배치하다 tattein ☞ 질서

벗어나게 해주다 apallattein 52a25

벗어나다 ekbainein 49a27

베틀북 kerkis 54b37

변형 exallagē ☞ 넘다

　→ 변형어 exēllagmenon onoma ☞ 넘다

변화 metabasis 52a16, 18, 55b29
  ―전개 과정 49a37
  → 변화가 일어나다 metabainein 55b27
  → 변화를 허용하다, 변화를 겪다, 변하게
  하다 metaballein ☞ 전환
보냄 pempsis 52b6
보다 horan 48b10, 15, 53b4, 55a1, 10, 14,
  24, 27, 60a14
  ―알다 54b6
  ―고려하다 61a10
  ―이해하다 51a24
  → 전에 보다 prohoran 48b17
보이다 dokein 53a33, 57b34
  ―생각하다 60b10
  → 보이다 phainesthai 52b35, 53a28,
  58b11, 21, 59a31, b34, 62b6
  ―나타나다 56b5, 8
  ―확실히 60a15
보초 phylax 61a11
보통 사용하는 eiōthos 58b21, 58b4, 5
보편적 katholou 50b12
  ―전체적으로 49b8
  → 보편적인 것 ta kath olou 51b7
  → 전체적 구도 (to) katholou 55b1, 2, 8
복잡한 peplegmenos ☞ 분규
복잡해진 katapeplegmenon ☞ 분규
본 paradeigma ☞ 예
본성 physis 49a15, 24, 51a10, 60a4*
  ―특성 49a4
  ―자연적 본성 48b20
  ―(천부적) 재능 51a24
  ―재능
  → 자연적 순서에 따라 kata physin 47a12
  → 타고나다 phyein 48b22
  ―자연적(이다) 50a1
  ―본성적으로 (~이다) 50b28, 29
  ―본성상 (~이다) 56b23, 57a5, 9

  → 자연철학(적) physikos 47b16
  ―자연적 48b5
  → 자연철학자 physiologos 47b19
본질 ousia 49b24
볼품없는 aeikēs 58b25
부가적으로 나타내다 prossēmainein 57a17
부가하다 prosthēnai 57b19, 60a24
  ―과장하다 60a18*
  ―덧붙이다 61b30
부당한 anaxios 53a4, 5
부분 meros 47b16, 28, 50a8, 11, 51a32,
  33, 52b9, 14, 19, 55b27, 33, 56a6, 14,
  56, b20, 25, 57a11, 15, 24, 27, 58b12,
  59a35, b10, 25, 26, 27, 60a28, 60b3,
  26, 62a15, 62b9, 17
  → 부분적으로 kata meros 56a16
  → 부분 morion 47a11*, 49a34, b26, 51a35,
  56a26
  ―범주 49b32
  ―일종 48b21
  → 많은 부분을 포함하고 있는 polymerēs
  59b1
  → 많은 부분을 가진 pollaploos 57a35
부상 trōsis 52b13
부상을 입히다 plēttein 51a26
부상자 traumatias 53b34
부여하다 hypotithenai 51b13, 55b12
  ―깔아 놓다 54a27
  ―가정하다 61b18
부적합한 aprepes 59b34
  ―적당하지 않은 54a30
  → 부적절하게 aprepōs 58b14
부정하다 apophanai 57b31
부조리한 atopos 60a35, 60b2
  ―이치에 맞지 않는 61b5
  ―부적절한 60a1
부합하는 oikeios ☞ 고유한

분규 plokē 56a9

　→ 분규를 짜다 plekein 56a9

　→ 복잡한 peplegmenos 52a12, 16, b32, 55b33, 59b9, 15

　→ 복잡해진 katapeplegmenon 59a34

분노 orgē 56b1

　→ 격분하다 orgizesthai 55a32

　→ 벌컥 화를 내는 orgilos 54b12

　→ 분노를 묘사하다 chalepainein 55a32

분량 plēthos ☞ 수

분명한 dēlos 50b9, 52b4

　─명백한 51b12

　→ 묘사되다 dēlōsin poieisthai 59a22

　→ 아주 분명한 syndēlos 51a10

　→ 분명하게 (인식하게) 하다 dēloun 50b8

　─밝히다 52a26

　─가리키다 57a7

　→ 분명한 phaneros 49a14, b35, 62a12

　→ 무대 위에서의 en tō phanerō 52b12*

분절사 arthron 56b21, 57a6*

불 pyr 58a29

불가능한 (것) (to) adynaton 51b18, 58a27, 60a27, 61b9, 11

　→ 불가능성 adynamia 60b17*

불가분의 adihairetos 56b22, 24

불가해한 것 barbarismos 58a24

　─이민족의 말 58a31

불꽃 phlox 57b27, 30

불사(不死)하는 athanatos ☞ 죽음

불의한 adikos 56a23

불쾌감을 느끼다 dyscherainein 55a28

불쾌하게 lypērōs 48b10

불합리한 alogon 54b6, 60a13, 36, b23, 61b14, 20, 23

　─(행위) 논리에 저촉되는 60a29*

　→ 불합리하게 alogōs 61b1

　→ 불합리성 61b19

불행 to atychein 52b2

　→ 불행 atychia 52b37, 55b28

　→ 불행 dystychia 51a13, 52a32, b35, 53a2

　─불행한 결말 53a25

　→ 불행에 빠지다 dystychein 53a4

　→ 불행 kakodaimonia ☞ 행복

붙잡다 lambanein 55b9

　─체포하다 55b14

　─살펴보다 53b15

　─갖다 56a14

　─배우다 59a7

　→ 체포 lepsis 55b30

비가운율 elegeion 47b12*

　→ 비가시인 elegeiopoios 47b14

비극 tragōdia 47a13, 50a30, 52b29, 31, 53a19, 23, 35, 59a15

　→ 비극시인 tragōdodidaskalos 49a5

　→ 비극시인 tragōdos 58b32

　→ 비극적인 tragikos 53a27, 30, b39, 56a21, 61b26, 62a3

　→ 비비극적인 atragōdos 52b37

비난 epitimēma 56b14

　─반론 60b21, 61b22

　→ 비판 epitimēsis 61b19

　─반론 62b18

　→ 비난하다 epitiman 56b16, 58b6, 61b3

　→ 비판을 가하다 epitimasthai 55a26, 62a10

　─반론을 제기하다 60b33

　→ 비난하다 enkalein 53a24

　→ 비난 katēgoria 62a5

비방 psogos 48b37

　→ 풍자풍의 시 psogoi 48b27

　→ 비난하다 psegein 58b5

비예술적 atechnos 53b8, 54b20, 28, 31

308

—기술과 상관이 없는 atechnotatos 50b17
비판 epitimēsis ☞ 비난
빈곤 aporia 54b21
(몸을) 빙글빙글 돌리다 kyliesthai 61b31
빼다 aphairein ☞ 단축어
뿌리다 speirein 57b29
뿔 keras 57b35, 60b31

| ㅅ |

사건 to symbainon ☞ 발생하다
사라지다 oichesthai 51a1
사물 pragma ☞ 행위
사용하다 chrēsthai 47a23, b8, 24, 49a22,
    50a13, 32, 52b14, 53b25, 54b3, 21, 26,
    57a12, b3, 13, 30, 58a2, 22, b11, 14,
    59a5, 13, b13, 62a15
    —다루다 52b26
    —따르다 56b3
    —쓰다 58b33
    —이용하다 59a35, 61b20
    —준수하다 50b33
    → 유용한 chrēsimos 59a11
    → 좋은 chrēstos 54a17, 19, 20
    → 재산 chrēma 55b19
사유[의 논변] 방식 dianoia 49b38*, 50a2,
    6, 30, b4, 11, 16, 56a34, 60b5
    → 사유 방식이 보이는 dianoētikos 60b4
사절 운율(의) tetrametros ☞ 운율
사제 hiereus 57b35
    → 여사제 hiereia 55b7
    → 신전 hieron 55a27
    → 사제직 hierōsynē 55b6
사튀로스극의 satyrikos 49a20
    —사튀로스극과 비슷한 49a22
산출하다 paraskeuazein 56a37, b4, 6

—~하게 하다 49a18
—만들어내다 53b7
—구현하다 54a11
—환기(하다) 56a38
살 sarx 58b23
삶(의 방식) bios 50a17
—인생 57b23
삼절 운율(의) trimetros 47b11
삽화 ta epeisodia 51b34, 52b16, 20,
    55b13, 23, 56a31, 59a35, 36, b30
    → 삽화적인 epeisodiōdēs 51b33, 34
    → 삽화를 배치하다 epeisodioun 55b1,
    13, 59b30
색 xhrōma 47a18
    → 색깔 chroia 48b19
    → 색깔 pharmakon 50b2
생각하다 hypolambanein 56b15
    —판단에 도달하다 61a35
    —취급하다 56a25
    → 이해력 hypolēpsis 56a15*
    → 생각하다 oiesthai ☞ 의견
생물 zōon 50b34, 38, 51a3, 4
    —생명체 59a20
    —동물 48b7
생명이 없는 aphsychos 52a34
생생한 enarges 55a24, 62a17
생소한 xenikos 58a22
서두를 꺼내다 phroimiazesthai 60a10
서사시 epopoiia 47a13, 49b9, 14, 18,
    55b16, 59b8, 18, 23, 26, 60a13, 62a2,
    12, 14, b15, 16
    → 서사시 epos 49a5, b16, 18, 58b16,
    60a17, 62b3
    → 서사시적 epopoiikos 56a11, 12,
    61b26
    → 서사시인 epopoios 47b14, 62b4
서술 apangelia 49b11

| ㅇ |

아들 53b20, 21, 54a6, 8, 55b20

아름다운 kalos 50b1, 34, 38, 51a11, 54b11, 58b21

—고귀한 48b25

—좋은 52a10

—훌륭한 52a32, b31, 53a19, 23

→ 아름다움 to kalon 50b37

→ 예술적으로 kalōs 53b26

—탁월하게 51a24

—훌륭하게 61a4

→ 예술적 완성을 위한 kalōs echein 47a10*

—(예술적으로) 훌륭하게 조직된 53a12

—좋은 59b12

아마도 isōs 61a1, 11, b6

아무렇게나 chydēn 50b2

아버지 patēr 53b20

아울로스 aulos 61a18

→ 공연하다 aulein 61b32

→ 아울로스 연주 aulēsis 48a9

→ 아울로스 연주자 aulētēs 61b31

→ 아울로스 연주술 aulētikē 47a15, 24

아이 paidion 55b30

아주 분명한 syndēlos ☞ 분명한

악 kakia 49a33

—열등성 48a3

—악덕 53a8

→ 엉망인 kakos 61a12

→ 악 (to) kakon 61a9

→ 잘하지 못하는 kakōs 56a10

—좋은 성과를 내지 못하는 56a18

→ 악 ponēria 54a28, 56a22, 61b21

→ 악한 ponēros 53a1

악의 mochthēria 53a9

—악의(적) 성(격) 61b19

—악의(적 범죄) 53a15

→ 악한 mochteros 52b36

—초라한 58b30

안정감 있는 stasimos 59b34

→ 스타시몬 stasimon 52b17*, 23

알고서 gi(g)nōskōn 53b28, 38

알다 eidenai 49b17, 18, 53b37, 54b4, 56b10, 60a24, 30

→ 의도적으로 eidōs 53b28

→ 알다 katidein 58b19

알려져 있지 않다 lanthanein 49a38, 55a28

—주목을 받지 못하다 49b1

—간과되다 55a25

—눈에 보이지 않다 60a17

암사슴 elaphos 60b31

앞서 palai 54a9

→ 옛 시인들 hoi palaioi 48b33, 53b27

앞서 규정되어 있다 hypokeisthai 52b1

앞으로 내딛다 proballein 60b19

애원하다 hiketeuein 54a32

애탄의 노래 thrēnos 52b24

—통곡 54a30

야유받다 ekpiptein 55a28, 59b31

—외면받다 56a18

약점 astheneia 53a34

→ 약한 asthenikos 58b27

→ 약점이 있는 katadeēs 50a31

양 (to) poson 52b15, 26

→ 얼마나 많은 의미를 가지는 posachōs 61a32, 34

양극단 akra 57a2, 10

어머니 mētēr 52a26, 53b20, 21, 54a8

어떤 tis, ti 49b32, 50a7, 53a10, 13, 31, 54a19, 56b30

—일정한 50b25

—한 51a33, b3

312

원정군 소집 agermos 51a27
원칙 idea 50b34, 56b3
— 형식 49b8, 58a26
— 형태 58b18
원하다 boulesthai 54b34, 58b8
— ~고자 하다 48a18, 55a19
— (소기의) 56a20
위대한 spoudaios ☞ 탁월성
위치 topos ☞ 장소
유(類) genos 57b8, 9, 11
— 종류 47b8
— 부류 54a20
— 가문 53a11, 54a10
유명한 epiphanēs 53a12
→ 유명한 gnōrimos ☞ 지(의 상태)
유모 hē trophos 54b27
유사한 homoios 53a5, 54a24, 54b10
— 닮은 55a5
— 같은 59a21
— 동등한 48a6
→ 유사성 to homoion 59a8, b31*
→ 마찬가지로 homoiōs 48b14, 49b15, 54a1
— ~만큼 50b2
— 같은 57b17, 20, 28
— 똑같은 방식으로 57b26
→ 비슷하지 않은 anhomoiois 59b30
→ 차이 anhomoiotētas 48a10
→ 거의 유사한 paraplēsios 50a39
유용한 chrēsimos ☞ 사용하다
유의하다 diatērein 54b15
유일한 monos ☞ 오직
유추 to analogon 57b9, 16, 25
육절 운율(의) hexametros ☞ 운율
은유 metaphora 57b2, 6, 30, 58a22, 25, 29, 33, b13, 17, 59a10, 14, b35, 60b12
→ 은유(적으)로 kata metaphoran 61a16,

20, 31
→ 은유를 구사하다 metapherein 59a8
→ 은유를 적절하게 사용하는 metapho-rikos 59a6
음모에 휩싸이다 epibouleuesthai 55b20
음송하다 rhapōdein 62a6
→ 음송시 rhapsōdia 47b22
음악 반주 없이 운율만 있는 언어(=운문) psilometria ☞ 단순한
음악적 mousikos 62a16
음절 syllabē 56b21, 34, 36; 58a2
의견 doxa 61b10
— 평 61b35
— 명성 53a10
→ 예상을 뛰어넘어 para tēn doxan 52a4
→ 의견 oiēsis 61b3
→ 생각하다 oiesthai 51a16, 21, 56b16, 60a20, 61b4, 33
의도하다 mellein 53b18, 21, 34, 38, 54a6, 8
— 운명이다 55b9
→ 아무 의도 없이 eikē 52a10
→ 의도적으로 epitēdes 58b14
— 어떤 의도에 의해 52a7
의미하다 sēmainein 57a29, 30, 61a32
— 뜻하다 52a30
— 나타내다 57a16
— 의미를 가지다 57a13, 14, 15
→ 의미를 가지는 sēmantikos 57a1, 5, 9, 11, 12, 14
→ 아무 의미도 가지지 않는 asēmos 56b35, 38, 57a4, 33
의술 iatrikē 60b20
→ 의술에 관한 iatrikos 47b16
의자 diphros 58b29, 30
의지하다 apantan 54a12
이끌어내다 perainein 49b27

316

→ 많은 변화를 겪다 pollas metabolas metaballein 49a14

전형 paradeigma ☞ 예

절도 to metron ☞ 운율

접촉 prosbolē 56b26, 27, 29

정박해 있다 hormein 57b10

정반대의 enantios 52a22, 53a32
　　→ 반대로 tounantion 50b29, 53a14
　　→ 정반대로 katantikry 61a35

정의 dikaiosynē 53a8

정의하다 horizein 52a15
　　—정하다 52a32*
　　→ 정의 horismos 57a26
　　→ 제한이 없는 ahoristos 49b14
　　→ 정의 horos 49b23
　　—제한 51a6, 10, 15, 59b18
　　→ 정의하다 dihorizein ☞ 구분하다

정착하다 idryesthai 55b4

정치술 politikē 50b6, 60b14
　　→ 정치적으로 politikōs 50b7

정화 katharsis 49b28
　　—정화의식 55b15

정확하게 묘사하다 akriboun 48b11
　　—정확성을 기하다 50a36

제공하다 parechein
　　→ 모방의 대상이 되는 인물 ho parechōn tēn mimēsin 54a27
　　→ 제공하다 synistanai ☞ 조직하다

제대로 따르다 katorthoun 53a28

제물로 바치다 thyein 55a8, b3, 55b4, 5

조각배 skaphē 54b25

조롱하다 diakōmōdein 58b6

조상(彫像) andrias 52a8

조심하다 eulabeisthai 52b28

조직하다 synistanai 47a9, 50a37, b32, 35, 51a29, 32, b12, 52b28, 53b4, 55a22, 59a18, b14, 60a28, 34, 62b10

—제공하다 62a16
　　→ 조직 systasis 50a15, 32, b22, 53b2, 54a14, 34
　　—구조 52a19, 53a3, 23, 31
　　—구성 59b17*, 21, 60a3
　　→ 구조 systēma 56a12
　　→ 조직 synthesis ☞ 결합

존중받을 만한 entimos 49a6

종 eidos 57b8
　　—종류 47a8, 54b19, 55b32, 57a23, 31, 58a34, 58b14, 59b8, 60b7, 61b22, 62b17
　　—요소 49b26, 30
　　—본질적 요소 56a33, 50a13, 52b14, 25
　　—유형 49a8*
　　—모습 61a12
　　—방식 56b9

종기 phagedaina 58b23

좋은 epieikēs 54b13
　　—선한 52b34
　　—교양 있는 62a2
　　→ 좋은 agathos ☞ 뛰어난
　　→ 좋은 chrēstos ☞ 사용하다

주도적으로 이끌다 prōtagōnistein 49a18

주변 마을 perioikis 48a36

주장하다 phnai 48a29, 36, 53a13, 61b7, 62a3
　　—말하다 50a1, 6, 56b17, 60b10, 35, 61a1, 17, 28, b14
　　→ 주장하다 antipoieisthai 48a30

죽다 apothnēskein 52a29, 53a38, b23, 55a11, 60a30
　　—처형되다 52a27

죽음 thanatos 52b12
　　—살인죄 55b31
　　→ 죽게 한 장본인 thanatou aitios 52a9
　　→ 불사(不死)하는 athanatos 61a25

죽이다 apokteinein 52a8, 53b21, 29, 54a6
　—처형하다 52a28
　—죽이다 diaphtheirein 55b23
준수하다 stochazesthai ☞ 목표하다
중간 mesos 50b26, 31, 57a3, 10, 59a20
　—중음 56b33
　→ 중간에 metaxy 53a7, 58a9, 16
　—사이에 52b20
중요한 kyrios 50b19
　→ 일상어 kyrion (onoma) 57b1, 3, 5,
　58a19, 23, 34, b3, 18, 59a2, 14
　→ 중요한 megas ☞ 큰
중의성 amphibolia 61a25
　→ 중의적 amphibolon 61a26
즉흥곡 autoschediasma 48b23
　→ 즉흥적 autoschediastikos 49a9
즐겁게 하다 charizesthai 60a18
증거 sēmeion 48b9, 49a25, 50a35, 53a17,
　55a26, 56a15, 60a17, 62b4
　—근거 48a35, 53a26
　—징표 54b21, 55a20, 59a7
　—몸짓 62a6
증명 pistis 54b28
　→ 증명하다 apodeiknynai 50a7, b11,
　56a37
지각(능력) aisthēsis 51a27
　—감각(적 요소) 54b16
　→ 이해하다 aisthanesthai 61b29
　—감정적으로 반응하다 54b37
　→ 감각할 수 없는 anaisthētos 50b39
　—잘 알려진 61a21
지나치게 lian 60b4, 61b34
　—너무 59a33
　—의심할 여지 없이 61b28
지니다 pherein 54b36
　—가하다 56b14
　—달하다 61b22

지어내다 poiein ☞ 쓰다
지(의 상태) gnōsis 52a30, 56b13
　→ 견해 gnōmē 50a7
　→ 유명한 gnōrimos 51b20, 25
지칭하다 prosagoreuein 48b1, 57b31
　—명칭을 붙이다 47b15
　—명명하다 47b23
직전 eschatos 55b27
질문 erōtēsis 56b12, 57a22
질서 taxis 50b37*
　→ 배치하다 tattein 50b35
짐승 thērion 48b12, 56b24
집안 philia ☞ 친구
집을 떠나 있다 apodēmein 55b17
집정관 ho archōn ☞ 시작하다
짧은 syntomos 55b16

| ㅊ |

차이가 있다 diapherein 51b2, 52a20,
　58b15
　—독보적이다 51a23
　—특출나다 53a8
　—뛰어넘다 62b12
　→ 변하다 diapheresthai 51a34
　→ 차이 diaphora 47b29*, 48a, 8, 16,
　19, 24, b2
　—여러 다른 형태 56b37
차이를 보이는 epidēlos 51a35*
참여하다 koinōnein 48b14
　—관여하다 53b10
　—공통점이 있다 58b4
참인 alēthēs 60a24
　—사실인 60b33
　—진실에 부합하는 60b36
　—진실인 58b19

—필수적 62a13

→ 필연성 (to) anankaion 51a13, 27, 38, b9, 52a4

—필연적인 것 54a34

—필연적으로 54a35, 36

| ㅎ |

하나 heis 51a17, 18, 57a28, 59a23

→ 통일성 to hen 51a1

하루 hēmera 57b23, 24

한눈에 쉽게 볼 수 있는 eusynoptos 51a4

—한눈에 쉽게 파악할 수 있는 59a33

한눈에 파악하다 synhorasthai 59b19

함대 출범 장면 apoplous 54b2

—『출범』 59b7

함락 persis 56a16, 59b6

함선 naos 59a36

—배 57b10

합당한 근거가 있는 eulogos 60a35

해결하다 dialyein 61a10

→ 해결하다 lyein 56a10, 38, 60b22, 61a22

—바꾸다 53b23

→ 해결할 수 있다 lyteon 60b35

→ 해결 lysis 55b24, 26, 28, 31, 56a9, 60b6, 61b24, 62b18

—결말 54a37

해로운 blaberos 61b23

해전 naumachia 59a26

행복 eudaimonia 50a17

→ 행복한 eudaimōn 50a20

→ 행복 to eutychein 52b2

→ 행복 eutychia 51a13, 52a31, 52b37, 55b28

→ 불행 kakodaimonia 50a17

행위 praxis 47a28, 48b25, 49a36, b24, 50a1, 2, 4, 16, 18, 22, 24, b3, 24, 51a18, 19, 28, 31, 32, b29, 33, 52a2, 13, 14, 37, b11, 53b16, 27, 54a18, 59a19, 22, b1, 62b11

→ 행위에 적합한 praktikos 60a1

→ 행위하다 prattein 48a23, 27, b1, 50a21, 61a5, 7

—(~을) 행하다/하다 51b9, 11, 52a36, 53b30, 54a35, 59b24

—범하다 53b35, 36

→ 행위 to pepragmenon 52a29

→ 이전에 일어난 행위 to propepragme-non 55b30

→ 행위 to prattomenon 52a22, 55a25, 61a6

→ 행위자(행위하는 인간/사람/인물) ho prattōn 49b31, 37, 50a6, b4, 59a15, 60a14

→ 드란(=행위하다) dran 48b1

—행위를 (무대 위에서) 실행하다 48a28, 29, 49b26

—행하다 53b22

—하다 59a30

—적용하다 53a25

→ 행위를 (무대 위에서) 실행하다 energein 48a23

→ (극의) 행위에 참여하다 synagōnizes-thai ☞ 경연

→ 행위 pragma 50a5, 15, 22, 32, 37, b22, 51a10*, 33, b22, 53b2, 5, 13, 54a14, 34, b6, 55a17, 56b2

—사물 50b35

→ 행위들의 단순한 전개 hapla pragmata 56a20*

→ 행위들 ta sympiptonta 53b15

(~을) 향해 있다 synteinein 59a27

agathon 선

agathos 뛰어난, 좋은, 효과적인

angelia 고지

agermos 원정군 소집

agnoein 모르다, 알지(깨닫지) 못하다

agnoia 무지(의 상태)

agōn 경연

agōnizesthai 경연하다

agōnismata 경연 작품

adein 노래를 부르다, 노래하다

adelphē 누이

adelphos 형제, 오빠, 남동생

adihairetos 불가분의

adikos 불의한

adynamia 불가능성

(to) adynaton 불가능한 (것)

aeidēs 추한

aeikēs 볼품없는

aēthēs 성격(적 특징이) 없는, 성격 묘사가 없는

athanatos 불사(不死)하는

athroōteros 더 집중된

ainigma 수수께끼

(h)aireisthai 선택하다

(h)airetōteros 더 선택할 만한

aisthanesthai 이해하다, 감정적으로 반응하다

aisthēsis 지각(능력), 감각(적 요소)

aischos 추악한 행위

aischros 추악(醜惡)한

aitia 원인, 이유, 근거

aitiasis 고발

aition 원인, 이유

akouein 듣다

akoustos 들을 수 있는

akriboun 정확하게 묘사하다, 정확성을 기하다

akroasis 공연

akra 양극단

alēthēs 참인, 사실인, 진실에 부합하는, 진실인

alēthinōtata 가장 진실되게

alogia 불합리성

alogos 불합리한, 논리에 저촉되는

(h)amartanein 잘못을 범하다

(h)amartēma 잘못된 행위, 잘못, 착오

(h)amartia 잘못, 결함

ameinōn 더 뛰어난

anaginōskein 읽다

anankazesthai ~일 수밖에 없다

anankaion 필요한, 필수적, 필연적, 필연성

anankē 필연적으로, 필수적으로, 반드시, 필요한, 필연성

anagnōrizō 발견하다

anagnōrisis 발견

anagnōrismos 발견

anagnōsis 읽음

anaisthētos 감각할 수 없는

(to) analogon 유추

anaxios 부당한

anapaistos 단단장격 음보

andreios 남자 같은, 용감한

andrias 조상(彫像)

anēkestos 돌이킬 수 없는

anēr 남자, 사람, 인간, 인물

anthrōpos 인간, 사람

anhomoiois 비슷하지 않은

anhomoiotētas 차이

antechesthai 고수하다

antipoieisthai 주장하다
anōdynos 어떤 고통도 야기하지 않는
anhōmalos 비일관적인
anōnymos 명칭이 없는
axios ~만한
axioun 요구하다
ahoristos 제한이 없는
apangellein 서술하다, 이야기하다
apangelia 서술
apathes 고통이 빠져 있는
apeiros 무수한
apallattein 벗어나게 해주다
apantan 의지하다
apeikazein 묘사하다
apergazesthai 만들어내다
apergasia 기교, 구현
apithanos 설득력이 없는
(h)aplous 단순한
apogignesthai 피하다
apodeiknynai 증명하다
apodēmein 집을 떠나 있다
apothnēskein 죽다, 처형되다
apokrisis 대답
apokryptein 가리다
apokteinein 죽이다, 처형하다
apologos 이야기
apoplous 함대 출범 장면
aporian 빈곤
aposemnynein 품격을 갖추다
apotynchanein 실패하다
apophainesthai 밝히다, 표명하다
apophanai 부정하다
aprepes 부적합한, 적당하지 않은
aretē 탁월성, 덕
arthron 분절사
arithmos 수, 항목
(h)armonia 선율, 어조

(h)armottein 적합하다, 끼워 넣다
artikroteisthai 일치되다
archaios 노(老), 옛
archesthai 시작하다
archē 처음, 원리
architektonikē 전문(적으로 다루는) 기술
asēmon 아무 의미도 가지지 않는
astheneia 약점
asthenikos 약한
asymmetros 균형이 안 잡힌
atechnos 비예술적인, 기술과 상관이 없는
atimazesthai 추방되다
atimos 혐오스러운
atopos 부조리한, 이치에 맞지 않는, 부적절한
atragōdos 비극적인
atychein, atychia 불행
aulein 공연하다
aulēsis 아울로스 연주
aulētai 아울로스 연주자
aulētikē 아울로스 연주술
aulos 아울로스
(apo tou) automatou 저절로
autos 자체, 자신, 만, 바로
autoschediastikos 즉흥적
autoschediasma 즉흥곡
aphairein 빼다, 제거하다
aphērēmenon (onoma) 단축어
aphōnos 말 한마디 없는, 소리를 가지지
  않는, 무성음
aphsychos 생명이 없는

badizein 걷다, 걸어가다
barbarismos 불가해한 것, 이민족의 말
barytēs 저(음)
beltiōn 더 나은, 더 뛰어난, 더 훌륭한, 더
  바람직한, 우(優)
beltistos 최선의

bios 삶(의 방식), 인생

blabera 해로운

boulesthai 원하다, ~고자 하다

brachys 짤막한, 단(短)

brachytēs 단음

geloios 우스꽝스러운, 실소할, 어리석은,
　　웃기는

genos 종류, 부류, 유(類), 가문

gēras 노년

gi(g)nesthai 일어나다, 생기다

gi(g)nōskōn 알고서

glōtta 외래어

gnōmē 견해

gnōrimos 유명한, 잘 알려진

gnōsis 지(의 상태)

graphein 그리다

grapheus 화가

graphē 그림

graphikē 회화

gynē 여자

dasytēs 기음(氣音)

deinos 끔찍한, 두려운, 두려움을 불러일으
　　키는, 지적인

desis 분규

deuteros 두 번째(로 중요한), 차선의, 다음의,
　　둘째

dechesthai 받아들이다

dēlos 분명한, 명백한

dēloun 분명하게 (인식하게) 하다, 밝히다,
　　가리키다

dēlōsin poieisthai 묘사되다

dēmokratia 민주제

dēmos 데모스(=주변 마을)

dihairein 나누다

dihairesis 분할

diakōmōdein 조롱하다

dialektos 언어, 대화

dialyein 해결하다

dianoētikos 사유 방식이 보이는

dianoia 사유[의 논변] 방식

diaponein 세심한 주의를 기울이다

diaporein 당황하다

diastrephein 깨뜨리다, 일그러뜨리다

diatērein 유의하다

diapherein 차이가 있다, 독보적이다, 특출
　　나다, 뛰어넘다

diapheresthai 변하다

diaphtheirein 죽이다

diaphora 차이

didaskalia 설명

didaskein 가르치다

diēgēmatikos 서술식의

diēgēsis 서술(의 형식)

dithyrambikos 디튀람보스의

dithyrambopoiētikē 디튀람보스시

dithyrambos 디튀람보스

dikaios 마땅한, 당연한

dikaiosynē 정의

diholou (di holou) 전체에 걸쳐

dihorizein 정의하다, 구분하다

dihorismos 구분

diplous 이중적인, 이중의, 합성된

diskos 원반던지기

dittos 두 가지

diphros 의자

dichōs 두 가지 방식으로

diōkein 추격하다

diōxis 추격

dokein 보이다, 생각하다

doxa 의견, 평, 명성

doulos 노예

drama 드라마, 극(적 묘사)

dramatikos 극적인, 극 형태의

dramatopoiein 극적으로 묘사하다

dran 적용하다, 행하다, 하다, 행위를 (무대 위에서) 실행하다

dynamis 능력, 기능, 힘, 효력, 가능한 범위

dynatos 가능한 (것, 일), ~일 수

dystychein 불행에 빠지다

dystychia 불행, 불행한 결말

dyscherainein 불쾌감을 느끼다

enginesthai ~내에서 생기다

engys 거의, 별반 다르지 않은

enkalein 비난하다

enkōmia 뛰어난 인간들에 대한 송가

ethos 관례적 용법

eidenai 알다, 의도적으로

eidos 종, 종류, (본질적) 요소, 방식, 유형, 모습

eikazein 그리다

eikē (아무) 의도 없이

eikonographos 초상화

eikonopoios 모상제작자

eikōn 그림

eikos 개연적인, ~같은

(h)eimarthai (~하게) 되어 있다

(h)eimarmenē 운명

einai 있다, 사실이다

(h)eis, mia, (h)en 하나, 통일성

eisagein 등장시킨다

eiōthos 보통 사용하는

ekbainein 벗어나다

ekdidonai 넘겨주다, 공개하다

ekthesis (오뒤세우스를) 내려놓는 장면

ekpiptein 야유받다, 외면받다

ekplēktikos 놀라움을 가져다주는, 돋보이는

ekplēxis 경악

ekstatikos 자기 자신으로부터 벗어나는

ekteinein 늘이다

ektos 밖에 (있는)

elaphos 암사슴

elegeion 비가운율

elegeiopoios 비가시인

elenchos 논박

eleein 연민을 느끼다

eleeinos 연민을 불러일으키는, 연민을 느끼는

eleos 연민

eleutheros 자유로운

embolima 막간 노래

emmetros 운율을 가진, 운율에 맞춰 쓰는, 운율(의 수단)에 의한

empoiēteon (~을 통해) 구현되어야 한다

enaleiphein 칠하다

(to) enantion 정반대의

enarges 생생한

energein (무대 위에서) 실행하다

enōn (~에) 포함되어 있는

entimos 존중받을 만한

entolē 명령

entynchanein 만나다

exangellein 표현한다

exallagē 변형

exallattein 넘다, 벗어나 있다

(h)exametros 육절 운율(의)

exapantan 속이다

exarchein 시작하다

exēllagmenon (onoma) 변형어

exodos 엑소도스

exō 밖에, 제외하고

exōthen 밖의

epainein 칭송하다

(ta) epeisodia 삽화

epeisodioun 삽화를 배치하다

epeisodiōdēs 삽화적인

epektasis 연장(어)

epekteinein 늘이다

epekteinesthai 장음이 되다

epektetamenon onoma 연장어

epibouleuesthai 음모에 휩싸이다

epidēlos 차이를 보이는

epieikēs 좋은, 선한, 교양 있는

epiktētos (태어난 후에) 획득된

epistolē 편지

epitaxis 명령

epitattein 명령하다

epitēdes 의도적으로, 어떤 의도에 의해

epitiman 비난하다, 비판을 가하다, 반론을 제기하다

epitimēma 비난, 반론

epitimēsis 비판, 반론

epopoiia 서사시

epopoiikos 서사시적

epopoios 서사시인

epos 서사시

ergon 예술작품, 작업, 효과, 과제

(h)ermēneia 전달

erōtēsis 질문

(h)espera 저녁

eschatos 직전

esōthen 밖의

(h)eteros 다른

eudaimōn 행복한

eudaimonia 행복

eueides 모습이 훌륭한

euthys 곧바로, 바로

eulabeisthai 조심하다

eulogos 합당한 근거가 있는

eumnēmoneutos 쉽게 기억하는

euplastoi 쉽게 형상화하는

euprosōpos 얼굴이 잘생긴

(h)euriskein 발견하다, 찾다

eusynoptos 한눈에 쉽게 볼/파악할 수
있는

eutelēs 평범한, 경박한

(to) eutychein 행복

eutychia 행복

euphrainein 쾌감/즐거움을 주다, 기쁘게
하다

euphyous 타고난 재능을 지닌

euphyias 천부적 재능

euchesthai 기원하다

euchē 기원

ephexēs 계속(해서), 일련의

echthra 적대감

echthros 적대적인

zētein 집착하다, 찾다, 탐색하다

zōgraphos 화가

zōon 동물, 생물, 생명체

ēdē 이미

(h)ēdonē 쾌감

(h)ēdynein 적절하게 섞다, 예술적으로
장식하다

(h)ēdys 쾌감을 주는

(h)ēdysma 예술적 매력

ēthikos 성격적인, 성격을 표현하는, 성격이
중심이 되는

ēthographos 성격화가

ēthos 성격, 개인적 성향

(h)ēlios 태양

(h)ēmera 하루

(h)ēmionos 노새

(h)ēmiphōnos 반모음

(h)ērōikos 영웅시의

(h)ērōos 영웅시의

thanatos 죽음, 살인죄

thaumastos 놀라운, 놀라움을 주는

thaumastōs 경이로울 정도로 탁월하게

theatēs 관객

theatra 공연, 극장(에서의 공연)

theos 신

thespesios 신적 (존재)인

theōrein 관찰하다, 구경하다, 보다, 살펴
보다, 고찰하다, 인식하다

theōrēma 문제

theōria 관찰, 고찰

thērion 짐승

thoinan 마음껏 즐기다

thrēnos 애탄의 노래, 통곡

thyein 제물로 바치다

iambeion 이암베이온, 단장격(의 이암보스)
시, 단장격(의 이암보스) 운율

iambizein 이암비제인('풍자하다')

iambikos (단장격의 이암보스 운율로) 풍자
하는

iambopoiein 풍자시를 쓰다

iambopoios (단장격의 이암보스 운율로) 풍자시를
쓰는 시인

iambos 풍자시

iatrikē 의술

iatrikos 의술에 관한

idea 형식, 원칙, 형태

idios ~에만 있는, ~에만 나타나는, ~에
고유한, ~에 특징적인, 특유의, ~에
속하는, 장점을 가진

idiōtikos 통상적; to mē idiōtikon 비통상성

idryesthai 정착하다

(h)iereia 여사제

(h)iereus 사제

(h)ieron 신전

(h)ierōsynē 사제직

(h)ikanos 충분한, 적정한

(h)ikanōs 충분히, 적절하게

(h)iketeuein 애원하다

(h)ippos 말

(h)istoria 역사서술

(h)istorikos 역사가

isōs 아마도

katharsis 정화, 정화의식

kath autēn 그 자체로

kath ekaston 개별적으로, 개별적인

katholou 전체적으로, 보편적인

kakia 열등성, 악덕, 악

kakodaimonia 불행

kakos 엉망인, 잘하지 못하는, 좋은 성과를
내지 못하는

katadeēs 약점이 있는

kataleipein 남겨두다

katalogos 목록

katantikry 정반대로

katapeplegmenon 복잡해진

katapsēphizesthai 단정하다

katēgoria 비난

katidein 알다

katorthoun 제대로 따르다

keleuein 명령하다

kerannynai 혼용하다, 혼합하다, 희석하다

keras 뿔

kerkis 베틀북

kitharisis 키타라 연주

kitharistēs 키타라 연주자

kitharistikē 키타라 연주술

kineisthai 움직이다

kinēsis 동작

kinētikos 동적인

klaiein 울음을 터뜨리다

klepsydra 물시계

koinos 공통된, 함께 주고받는

koinōnein 참여하다, 관여하다, 공통점이

있다
kommi 고무
kommos 콤모스
korē 처녀
koryphaios 코로스의 지휘자
kosmēthēnai 치장되다
kosmos 장식
krazein 소리 지르다
kreittōn 더 우월한, 더 나은
krisis 판결
kyliesthai (몸을) 빙글빙글 돌리다
kyrion (onoma) 일상어
kyrios 중요한
kōlyein 막다, 가로막다
kōmazein 술 마시고 흥청망청 놀다
kōmē 마을
kōmōdein 조롱거리로 만들다
kōmōdia 희극
kōmōdopoios 희극시인
kōmōdos 희극배우

lambanein 붙잡다, 체포하다, 살펴보다,
　갖다, 배우다
lampros 화려한
lanthanein 알려져 있지 않다, 주목을 받지
　못하다, 간과되다, 눈에 보이지 않다
legein 말하다, 부르다
lektikos 말을 주고받기에 자연스러운,
　대화에 적합한
lexis 언어적 표현, 언어, 말, 표현, 표현방식,
　대화, 구어, 발언, 문장
leukographein 흑백으로 그리다
leukos 흰
lepsis 체포
lian 너무, 지나치게, 의심할 여지 없이
logos 언어, 말, 대화, 이야기, 문장, 대화편,
　저술, 논의

longchē 창끝
loipos 나머지, 남은
lypērōs 불쾌하게
lysis 해결, 결말

mazos 가슴
mathēsis 인식
mainesthai 미치다
makros 긴, 장음인
manthanein 인식하다, 알다
mania 광증
manikos 광적인
machē 전투
megaloprepeia 웅장함(의 인상)
megas 중요한, 방대한, 웅장한, 큰
meizōn 더 긴, 더 큰, 더 우월한
megiston 가장/제일 중요한, 최적의
megethos 크기, 길이, 과장
methodos 탐구
meli 꿀
mellein 의도하다, 운명이다
melopoiia 노래
melos 노래
meros 부분
mesos 중간, 중음
meta 다음에
metabainein 변화가 일어나다
metaballein 발전하다, 변화를 허용하다,
　바뀌다, (다른 무엇이) 되다, 이행하다,
　(~에) 빠지다, 변하게 하다
metabasis 변화, 전개 과정
metabolē 전환
metaxy 사이에, 중간에
metapiptein 떨어지다
metatithenai 바꾸다, 옮기다
metapherein 은유를 구사하다
metaphora 은유

metaphorikos 은유를 적절하게 사용하는

metriazein 적정하다

metrikē 운율학

metron 운율

mēkos 길이, 장음

mēkynein 길이를 늘이다

mētēr 어머니

mēchanē 기계장치

miaros 혐오감을 주는

mignynai 혼합하다

mikros 작은, 사소한, 조금, 짧은, 소(小)

mikrotēs 축소

miktos 혼합한

mimeisthai 모방하다

mimēma 모방된 것

mimēsis 모방

mimētēs 모방 시인, 모방자

mimētikos 모방하는, 모방되어야 하는, 모방능력을 가지고 있는

mimnēskesthai 유념하다, 회상하다

mimos 소극(笑劇)

mnēmē 기억

mnēmoneuein 기억하다

mnēstēr 구혼자

monos 오직, (오직 ~)만, 기껏해야, 유일한

morion 부분, 범주, 일종

morphē 형체, 형태

mousikos 음악적

mochthēria 악의, 악의(적) 성(격), 악의(적 범죄)

mochteros 악한, 초라한

mytheuma 구성

mythos 구성, 이야기, 이야기 전개, 행위들의 전개, 행위들의 구조

myouros 마무리되지 않은

myrios 만(萬)

naumachia 해전

naos 함선, 배

nekros 시체

nomizein 관례적이다

nomos 관습, 노모스(시)

nyn 오늘날, 지금, 요즘

nyx 밤

xenikos 생소한

xenos 이방인

onkos 규모

onkōdēs 무게감 있는

odynēros (신체의) 고난을 수반하는

odynē 고통

oiesthai 생각하다

oiēsis 의견

oikeios 고유한, 고유의, 부합하는, 적절하게 속하는, 고유하게 속하는, 속하는, 개인 적인, 원래의

oikia 가문

oikoi 집에

oikonomein 처리하다

oiktros 동정을 불러일으키는

oinos 포도주

oinophlyx 술꾼

oinochoeuein 포도주를 따르다

oichesthai 사라지다

oligakis 드물게, 극히 일부, 몇 줄로

oligos 소수의, 적은, 소형의, 왜소한, 조금

(h)olos 전체, 전체성, 전체적인, 독자적인

(h)omalos 일관적인

omma 눈

(h)omoios 유사한, 닮은, 같은, 동등한

onoma 명칭, 단어, 어(語), 이름, 명사

oxytēs 고음

hoplon 무구, 무기

horan 보다, 알다, 고려하다, 이해하다

orgē 분노

orgizesthai 격분하다

orgilos 벌컥 화를 내는

orthos 정당한, 옳은, 똑바로

orthotēs 옳음, 참된 것으로 인정되는 것

(h)orizein 정의하다, 정하다

(h)orismos 정의

(h)orman 끌다

(h)ormein 정박해 있다

(h)oros 정의, 제한

orxēsis 무용, 춤

orchēstēs 무용가

orchēstikos 춤에 적합한, 춤에 비중을 둔

oulē 흉터

ousia 본질

opse 나중에, 뒤에

opsis 공연, 시각적인 것, 시각적 묘사, 시각적 장치, 시각적 요소, 시각적 효과

pathēma 감정, 고통(을 가져오는 불운)

pathētikos 고통이 지배적인, 고통이 중심이 되는, 고통을 묘사하는

pathos 고통(을 가져오는 불운), 형태

paidion 아이

pais 자식

palai 앞서

palin 이에 반해, 도리어

pammegethēs 너무 큰

pammikros 너무 작은

pantōs 무조건

paradeigma 예, 전형, 본

paradedomenos 전승된

pareilēmmenos 전래의

paralogizesthai 잘못 추론하다

paralogismos 오류 추론

paraplēsios 거의 유사한

paraskeuazein ~하게 하다, 만들어내다, 구현하다, 산출하다, 환기(하다)

parateinein 늘이다

paraphainein 선보이다

paraphylattein 감시하다

parōn 현재의

parelēlythos 과거의

parechein 제공하다

parēkein 늘어나다

parienai 넘어가다

parodos 파로도스

parōdia 파로디아

pas, pasa, pan 모든, 온전한

paschein 겪다, 경험하다, 속한다, 그렇다

patēr 아버지

pauesthai 멈추다

peira 시험

peirasthai ~하려고 하다, 해보다

pempsis 보냄

peperi 고추

perainein 이끌어내다

perainesthai 일어나다, 사용되다

perideraion 목걸이

periergazesthai 과장하여 연기하다

perihodos 회전

perioikis 주변 마을

peripeteia 반전

perittos 현저하게 더 많은

periōdynia 극심한 고초

persis 함락

pithanos 설득력이 있는

pithēkos 원숭이

pinein 마시다

pisteuein 믿다

pistis 증명

planē 떠돌아다님

plekein 분규를 짜다

plēthos 수, 분량

plēn 단지

plēroun 싫증 나게 하다

plēttein 부상을 입히다

plokē 분규

poiein 쓰다, 묘사하다, ~하게 하다, 만들다, 만들어내다, 저지르다, 행위(하다), 허용하다, 불러일으키다, 산출하다, 결과를 가져오다, 부여하다, 지어내다, 꾸며내다, 조직하다, 짜다, 말하다, 다루다, 제시하다

poiēma 시, 작품

poiēsis 시

poiētēs 시인

poiētikē 시예술

poikilia 다양성

poiotēs 성질

polemos 전쟁

polis 도시

politikē 정치술

politikōs 정치적으로

pollakis 자주, 대개, 여러 차례

pollaploos 많은 부분을 가진

polymerēs 많은 부분을 포함하고 있는

polymythos 여러 개의 구성을 가진

polys 많은, 방대한, 큰, 대체적, 대부분의, 여럿의

ponēria 악

ponēros 악한

posachōs 얼마나 많은 의미를 가지는

(to) poson 양

pote 어떤 때는, 한때

pragma 사물, 행위

praktikos 행위에 적합한

praxis 행위

prattein 행위하다, (~을 행)하다, 범하다

prepon 적합한

proagein 발전시키다

proagoreusis 예언

prohairesthai 선택하다, 선호하다

prohairesis 선택

proballein 앞으로 내딛다

problēma 문제

progegenēmenon 앞서 일어난 일

prologos 프롤로고스

prohoran 전에 보다

propepragmenon 이전에 일어난 행위

prosagoreuein 지칭하다, 명칭을 붙이다, 명명하다

prosbolē 접촉

prospoieisthai (~인) 척하다

prossēmainein 부가적으로 나타내다

prosthēnai 부가하다, 과장하다, 덧붙이다

prosōdia 강세의 변화

prosōpon 가면, 얼굴

proteros 훨씬 이전에, 한층 더 우월한, 옛날

prohypolambanein 미리 가정하다

prōtagōnistein 주도적으로 이끌다

prōtos, ē, on 최초의, 첫째의, 가장 일반적인, 최선의, 초기, 초창기, 첫 번째, 첫(걸음), 최초로, 첫째로, 처음에, 먼저, 일차적으로

ptōsis 굴절

ptōcheia 구걸

pyr 불

pōs 어떤 식으로든

rhadios 쉬운

rhathymos 경솔한

rhapōdein 음송하다

rhapsōdia 음송시

rhēma 동사

rhēsis 대사

rhētorikē 수사술

rhētorikōs 수사적으로

rhythmos 리듬

sarx 살

satyrikos 사튀로스극의, 사튀로스극과
　비슷한

saurōtēr 물미

saphēneia 명료성

saphēs 명료한

(to) sethen 너의 것

semnos 품격 있는

sēmainein 의미하다, 뜻하다, 나타내다,
　의미를 가지다

sēmantikos 의미를 가지는

sēmeion 증거, 근거, 징표, 몸짓

sigynon 창

sidēros 쇠

skaphē 조각배

skeuopoios 도구제작의

skēnē 무대

skēnographia 무대배경

sklērotēs 무자비한 성격

skopein 검토하다

sophistēs 소피스트

sophos 영리한

speirein 뿌리다

spoudazesthai 진지하게 받아들여지다

spoudaios 탁월한, 월등한, 좋은, 신중한,
　위대한

spoudē 진지(한 대응)

stadiōn 스타디온

stasimon 스타시몬

stasimos 안정감 있는

stoicheion 문자

stoma 입

stochazesthai 목표하다, 준수하다, 성취
　하다

sybotēs 돼지치기

syncheisthai 이루어지다, 결합되다, 합성

되다, 혼란에 빠지다

sykophantein 트집 잡기식 공격을 하다

syllabē 음절

syllogizesthai 추론하다

syllogismos 추론

symbainein 일어나다, 정해지다, 발생하다,
　결과하다, 불러일으켜지다, ~하게 되다

(to) symbainon 우리가 겪는 일, 사건

symballesthai 기여하다

(kata) symbebēkos 부수적으로

symperilambanein 끌어들이다

(ta) sympiptonta 행위들

sympytos 자연적인, 태어나면서부터 지닌

synagōnizesthai (극의) 행위에 참여하다

synapergazesthai 완성하다

synhaptein 결부시키다, 조합하다

syndesmos 결합, 결합사

syndēlos 아주 분명한

synechēs 연속적인

synētheia 습관

synthesis 배합, 결합, 구조, 조직

synthetos 합성된, 조작된

synistanai 조직하다, 제공하다

to synholon 공통점

synhorasthai 한눈에 파악하다

synteinein (~을) 향해 있다

syntithenai 구성을 짜다, 놓다

syntomos 짧은

syrinx 쉬링크스

systasis 조직, 구조, 구성

systēma 구조

sphodra 극히

schedon 거의

schēma 형식, 형태, 종류, (몸)동작

schēmatizein 동작에 싣다

sōzesthai 목숨을 구하다, 살아남다

sōma 몸, 물체

sōteria 구원

taxis 질서
tapeinos 저속한
tattein 배치하다
tachy 금방
teleios 완결된
teleutaios 마지막의
teleutan 끝나다, 결말에 이르다
teleutē 끝
telos 끝, 목적, 목표
teratōdēs 기괴한
tetrametros 사절 운율(의)
tetraploos 네 부분을 가지는
toigaroun 그러므로
toxon 활
topos 장소, 위치
tote 당시에는
tragikos 비극적인
tragōdia 비극
tragōdodidaskalos 비극시인
tragōdos 비극시인
trapeza 탁자
traumatias 부상자
trimetros 삼절 운율(의)
triploos 세 부분을 가지는
tropos 방식
(hē) trophos 유모
trochaios 장단격(의 트로카이오스) 음보
trōsis 부상
tynchanein 성공하다, 달성하다, 우연히
　발생하다
tychē 우연
tychōn, ousa, on 자의적인, 아무, 우연적인,
　적합한

(h)ydarēs 장황한

(h)yios 아들
(h)ymnos 신들에 대한 찬가
(h)yparchein 실제로 있다, 이다, 속하다,
　성취하다
(ta) (h)ypenantia 불일치
(h)ypenantios 모순적인
(h)ypenantiōma 모순적인 것
(h)yperballein 능가하다, 과장하다
(h)yperechein 우월하다
(h)ypodeiknynai 선보이다
(h)ypothesis 전제
(h)ypokeisthai 앞서 규정되어 있다
(h)ypokritēs 배우
(ta) (h)ypokritika 발언 방식
(h)ypokritikē 배우의 기술, 연기술
(h)ypolambanein 취급하다, 생각하다, 판단에
　도달하다
(h)ypolēpsis 이해력
(h)ypotithenai 부여하다, 깔아 놓다, 가정
　하다
(h)ysteros 나중의, 뒤의, 후배
(h)yphērēmenon (onoma) 단축어

phagedaina 종기
phainesthai 보이다, 나타나다, 확실하다
phallika 남근가(男根歌)
phanai 말하다, 주장하다
phaneros 분명한
pharmakon 색깔
phaulos 천한, 저속한, 열등한, 경솔한, 저급한,
　나쁜
pherein 지니다, 가하다, 달하다
pheugein 회피하다
phthartikos 파멸을 야기하는, 고난을 수반
　하는
phialē 잔
philanthrōpos 인간적인 공감을 얻는

philia 호감, 친근한 관계, 집안
philos 친구, 사랑하는 사람
philosophos 철학적인, 철학자
phlox 불꽃
phoberos 무서운, 공포의, 공포를 불러
일으키는
phobos 공포
phortikos 저속한
phrittein 전율을 느끼는
phroimiazesthai 서두를 꺼내다
phronimos 이성적인
phylax 보초
phyein 타고나다, 자연적, 본성적으로,
본성상
physikos 자연철학(적), 자연적
physiologos 자연철학자
physis (자연적) 본성, 특성, (천부적) 재능
phōnē 소리
phōnēeis 모음

chairein 쾌감을 느끼다
chalepainein 분노를 묘사하다
chalkeus 구리세공인(=대장장이)
chalkeos 청동의
chalkos 청동
charizesthai 즐겁게 하다
cheimazesthai 갖은 풍파를 겪다
cheimainein 고난을 묘사하다
cheirōn 열등한, 악한, 열
chorēgia 코로스 후원자의 (금전적) 지원
chorikos 코로스의, 코로스 부분
choros 코로스
chrēma 재산
chrēsthai 사용하다, 다루다, 따르다, 쓰다,
이용하다, 준수하다
chrēsimos 유용한
chrēstos 좋은

chroia 색깔
chronos 시간, 한순간, 시기
chrōma 색
chydēn 아무렇게나
chōra 나라
chōizein 나누다
chōris 따로, ~없이

psegein 비난하다
pseudangelos 거짓 사자
pseudēs 거짓의
pseudos 거짓
psilometria 음악 반주 없이 운율만 있는
언어(=운문)
psilos 단순한
psilotēs 기음을 내지 않는 음
psogos 비방, 풍자풍의 시
psychagōgein 마음을 사로잡다
psychagōgikos 마음을 사로잡는 데 효과
적인
psychē 마음, 영혼, 생명
hōsperanei ~와 마찬가지로

336

고유명사(그리스어 알파벳 순)

338